테러리즘 : WTF?

무기, 전술 그리고 미래

Weapons, Tactics & Future

도서출판 윤성사 052
테러리즘 : WTF?
무기, 전술 그리고 미래

초판 1쇄 2020년 3월 2일

지 은 이 오드리 카셀레이프, 데이비드 메릭
옮 긴 이 조호대, 조민상, 김동준

펴 낸 이 정재훈
디 자 인 (주) 디자인 뜰

펴 낸 곳 도서출판 윤성사
주 소 서울특별시 서대문구 서소문로27, 충정리시온 409호
전 화 편집부_02)313-3814 / 영업부_02)313-3813
전자우편 yspublish@daum.net
등 록 2017. 1. 23

ISBN 979-11-88836-42-0 (93350)
값 17,000원

Terrorism: WTF?
Weapons, Tactics & The Future
by Audrey Casserleigh & David Merrick
Kendall Hunt publishing company, 2013

이 도서의 국립중앙도서관 출판예정도서목록(CIP)은 서지정보유통지원시스템 홈페이지
(http://seoji.nl.go.kr)와 국가자료공동목록시스템(http://www.nl.go.kr/kolisnet)에서
이용하실 수 있습니다.(CIP제어번호: CIP2020003498)

테러리스트에 대한 심도있는 고찰
테러리즘의 동기, 전술, 미래

테러리즘: WTF?

무기, 전술 그리고 미래

오드리 카셀레이프 · 데이비드 메릭 지음
조호대 · 조민상 · 김동준 옮김

Terrorism: WTF?

Weapons, Tactics & the Future

도서출판 윤성사
YOONSEONGSA

서 • 문

정말 무기, 전술, 미래(WTF · Weapons, Tactics and Future)는 테러인가? 그 용어는 너무 자주 사용되어 모든 사람들이 테러리스트이거나 테러에 대항하거나, 테러리스트를 돕거나, 타인을 위협하는 것처럼 보인다. 그리고 시간은 결코 멈추는 법이 없기 때문에, 대표적인 테러 사건이 일어난 일자와 오늘 사이에 매일 시간적 간격이 더 생기게 된다. 이 때문에 기억이 흐려지고 이해가 어려워진다. 우리는 단 하루도 텔레비전이나 웹사이트를 보면서 "또…… 틀렸어." 라고 투덜거리지 않는 날은 없다. 우리가 지난 20년간 "테러와의 전쟁(War on Terror)"을 하는 시대에 살고 있지만, 많은 사람들이 여전히 현 상황을 이해하지 못한다. 우리 교육 과정은 (그리고 이 책은) 이것을 바꾸고자 한다.

학생들은 매년 더 어려지는데 이것 때문에 나이가 들어가는 교수들은 곤란하다는 조롱하는 듯한 이야기가 학계에 있다. 학생들은 성인기에 막 들어서고 있지만, 우리의 나이 차이는 수십 년 정도 되고 문화적 차이는 수백 년이다. 현재 미국인들의 삶까지도 여전히 변화시키고 있으며 충격적인 국내 사건이었던 9/11 사건 당시, 이 글을 읽는 많은 독자들은 어린 아이였을 것이다. 어린 독자들에게 "9/11 사건 이전"의 세계는 없으며 지금의 세계만 있을 뿐이다. 그래서 무기, 전술, 미래(WTF: Weapons, Tactics and Future)는 테러리즘에 속한다. 왜 이것이 우리와 상관이 있을까? (우리는 이 질문에 대답할 것이지만, 테러리즘 자체가 매우 흥미로운 주제이므로 책을 끝까지 읽기 바란다.)

이 글은 학생들을 위해 썼으며, 우리가 절대 원한 적은 없지만 필요한 선물이다. 우리는 갑자기 연단에 서서 완전히 편향적이고 중립적이지 못한 방식으로 강의를 할 수도 있다. 비논리적인 의견은 실제 글에서 빼고 그러한 상황이 벌어질 때 여러분들에게 알려주기 위해 최선을 다하겠다. 이 횡설수설을 계속 보셨다면 1분만 더 참아주시길 바란다.

오드리(Audrey)로부터:

나에 대해 잘 알고 있지만 계속 사랑해 주는 나의 가족에게. 가족이 없었다면 자아가 너무 커서 사회적 활동이 어려웠거나 제 심장은 비어 있었을 것입니다.

최고의 실력자인 딘 라스무센(Dean Rasmussen)에게. 그는 우리가 의지할 줄을 던져주고 어려운 상황에서 보호해 주었으며 항상 적절한 상황에서 웃어주었습니다.

그리고 성공적인 팀을 조직하려는 천재와 바보들의 그룹 중 가장 용감한 모임인 우리 직원분들에게, 여러분들은 일을 즐거움으로, 금요일을 축복으로 만들어주었습니다.

데이비드(David)로부터:

내가 일을 할 수 있도록 주말, 저녁, 가족들과의 식사를 포기한 홀리(Holly), 데이비드(David), 체이스(Chase) 덕분에 이 책이 나왔습니다. 감사합니다. 제가 잠이 부족한 날이나 짜증이 났던 날들에도 여러분들을 사랑합니다.

동료분들, 항상 끊임없는 노고에 감사합니다. 여러분들의 도움이 없었다면 어떤 것도 이뤄지지 않았을 것입니다.

마지막 편지:

검시관처럼 우리의 유머는 병적이고, 어둡고, 건조합니다. 우리의 연구와 주제를 매우 심각하게(대부분) 다루고 있지만 가볍게 다루거나 웃을 때 더 좋은 학습을 이끌어내기도 한다고 생각합니다. 유머로 테러리즘과 특이 폭력(extraordinary violence) 행위로 인한 압도적인 잔인함에 대체되는 기분을 느낄 수 있길 바랍니다. 우리의 삶의 목적은 다른 사람들에게 경고 역할을 하여 여러분들이 저자들을 자신의 생각대로 반대하거나 불만을 가지고 판단할 수 있도록 하는 것일 수도 있습니다. 이 책을 통하여 여러분들이 생각하고, 질문하고, 고민하고, 평가하고, 배우고…… 그리고 웃을 수 있게 될 것이라 약속합니다.

오드리(Audrey)와 데이비드(David)

2013년 5월

역•자•서•문

최근 국제사회와 국내에서는 4차 산업혁명 시대를 맞이하여 급속히 변화하고 있으며, 그에 따라 테러양상도 점차 복잡화, 다양화, 첨단화되고 있다. 현대사회는 초고령화와 초고층화 및 지하화 등으로 인하여 테러가 발생하였을 시 대형피해가 눈앞에 잠재하고 있고 더불어 인공지능이나 신기술 및 고도화된 사고가 발생하기 때문에 테러에 대한 정의와 연구가 상당히 중요한 관심사가 되어 가고 있다.

국내에서 테러는 언제나 일어날 수 있는 분야이지만, 학자나 공부하는 학생에게는 낯설고 관심 밖의 분야이고, 국민보호와 공공안전을 위한 테러방지법에서는 형식적인 부분만을 규정하고 있다. 테러는 복잡하고 다양하여 발생되면 많은 인적 · 경제적 피해가 발생할 수 있어 적절한 예방, 대비, 대응, 복구가 이루어져야 한다. 사람으로 인한 인위적 재난의 하나인 테러가 발생했을 때 합리적인 시간동안 현장을 둘러싼 환경의 안전성을 유지할 수 있도록 모든 면에서 준비되어야 한다는 전제가 필요하다. 이러한 전제에도 불구하고 현재의 방법은 테러에 대한 깊은 통찰 없이 큰 사고가 발생하게 되면 임시방편으로 대응하는 전통적인 방법에 머물러 있다.

이에 반해 유럽에서는 200년 전부터 테러에 대한 관심이 시작되었고, 1793년에 로베스피에르는 테러는 목적이 있는 폭력의 조합이라고 조심스럽게 강조하면서 연구를 시작하였다. 국내에서는 2016년부터 법이 제정되었으나 그 근거만 명시되었을 뿐 구체적인 실행 방안은 규정되어 있지 않다.

이 책은 미국 플로리다 주립 대학교의 오드리 카셀레이프(Aurdrey Casserieigh) 교수가 집필한 『TERRORISM: WTF?』의 번역서로써 테러리즘의 정의부터 테러의 역사, 테러의 형태, 무기와 전술, 테러리즘의 모델 등 테러에 필요한 정보에 이르기까지 기본에 충실하면서 최근 해외 테러의 실제 사례도 포함하였다.

이 책을 번역하면서 국내에는 아직 익숙하지 않은 용어들이 많아 우리나라에 실제 사용되는 단어로 변환을 해 좀 더 쉽게 읽혀질 수 있도록 구성하였다.

이 책을 발간한 취지는 테러로부터의 안전에 대해서 쉽게 접근할 수 있고 우리나라에 맞는 테러안전정책의 기초를 다지는데 있다. 아무쪼록 이 책이 테러를 이해하고 안전에 적용하려는 대학(원)생, 안전정책자, 안전실무자들이 테러의 심도 있는 지식 습득을 위해 활용되기를 바라며, 또한 국내 교육현장 및 산업현장에 널리 활용되기를 기대한다.

아울러 이 책의 출간을 위해 노력해 주신 윤성사 정재훈 대표님을 비롯하여 관계자 여러분의 노고에 감사드린다.

2020년 2월

역자 씀

목차 Terrorism: WTF?

Terrorism: WTF?

CHAPTER 01

테러리즘의 정의

테러리즘의 정의

테러리즘 정의의 핵심은 “어떤 사람에게 테러리스트인 사람은 다른 사람에게 자유 투쟁가이다.”라는 흔한 구절에 나와있는 자유 투쟁가 대 테러리즘의 문제이다. 더 명확히 말해서 만약 어떤 사람이 폭발시키거나 파괴하거나 공격하는 행위가 옳다고 믿는다면, 그 사람들이 테러리스트라고 생각하지는 않을 것이다. 이 관점의 문제와 누구를 적으로 볼 것인가에 대한 사안은 갈등 그 자체만큼 오래된 문제이다. 대의명분에 가담하며 “내가 그 적이고 나는 영웅과 싸울 것이다!” 라고 생각하는 사람은 없다.

테러리즘 연구의 선구자 중 한명인 월터 래커(Walter Laquer)는 특정 상황에서 테러가 독재에 대항하는 정당한 수단이 될 수 있는지 질문한다. 우리가 변화하는 테러 규정 범위를 다룰 것이기 때문에 이 질문은 특히 관련이 있다.

테러 정의와 관련된 오늘날의 문제는 테러라는 단어를 남용한다는 점이다.

우리가 테러리즘, 테러리스트, 두렵게 하다(terrorize)와 같은 단어들을 남용할 때 무엇이 정말로 테러인가를 결정짓는 특성을 이해하기 어려워진다.

용어의 남용과 오용으로 인하여, 통계 수치가 부풀려지고 우리가 그 용어에 무감각해지고 세상은 당면한 문제로 혼동하게 된다. 우리가 세상에 둔감하게 될 때 테러에 대한 내성이 바뀐다.

거스 마틴(Gus Martin)은 현대 시대의 테러를 관찰하고 규정하는 연구를 하고 있다. 이 연구에 따르면 오늘날의 테러는 정밀하지 않은 조직 기반 네트워크와 관련되어 있으며 이 네트워크는 정치적인 이유로 민간인을 대상으로 일방적인 폭력을 휘두른다. 마틴의 연구는 행위의 목적보다는 조직의 구조나 대상에 더 중점을 두었다.

테러리즘이라는 단어는 언제 처음 사용되었는가?

테러리즘이라는 단어는 프랑스 혁명과 관련 있는 공포 정치(Reign of Terror) 시대에 맥시밀리언 로베스피에르(Maximillan Robespierre)가 처음으로 사용하였다. 로베스피에르는 테러리즘이란 목적이 있는 폭력이라고 주의 깊게 강조하였으며 1793년에 다음과 같이 유명한 말을 하였다.

“평화 시기의 민주 정부에 활기를 가져다 주는 것은 바로 미덕이며, 혁명 시기에는 미덕과 테러이다. 즉, 테러 없는 미덕은 치명적이며 미덕 없는 테러는 무력하다. 테러는 단지 정당하고 즉각적이며 엄하고 완강한 것일 뿐이다.”

래커(Lacquer)의 정당한 테러에 관한 질문에 결정적인 문제점은 무엇인가?

이론상으로는 실제 독재가 일어나고 있다면, 알아차리고 반독재 행동을 하는 유일한 집단이 소규모 테러 집단이어서는 안된다. 실제 독재 상황에는 독재 상황에서 당신이 겪게 될 수 있는 일들을 세계가 인식하게 하고 폭압으로 시달리는 사람들을 도울 수 있게 되어야 하지 않겠는가?

마틴(Martin)이 내린 테러에 관한 정의에 결정적인 문제점은 무엇인가?

한 조직의 구조가 테러를 규정하는데 결정적인 요인이어서는 안되며, 마틴이 언급한 조직 기반 구조가 단독 행위자, 즉 "외로운 늑대(lone wolf, 자생적 테러리스트)" 현상의 전조가 될 것이다. 만약 테러리스트가 조직 기반 구조의 일부분이 되어야 한다면, 신발 폭탄 테러리스트인 리차드 리드(Richard Reid)나 포트 후드 기지 총기 난사 사건 범인인 하산 소령은 테러리스트라고 불릴 수 없을 것이다.

이 시기에 테러리즘이라는 단어의 사용은 긍정적인 의미를 담고 있었고 혁명적인 행동을 묘사하는데 사용되었다. 심지어 로베스피에르는 국가의 목표를 달성하기 위한 체계적인 방법으로 테러리즘을 권고하기도 하였다.

이 단어의 탄생에서 흥미로운 점은 미덕과 테러가 함께 쓰였다는 점이다. 당연히 목적 없이 두려움만을 주기 위하거나 살상을 위해서만 하는 테러는 테러리즘이 아니다. 한 명의 범인이 12명을 사살한 2012 오로라(Aurora) 극장 총기난사 사건, 28명이 사망하였고 그 중 20명은 아이들이었던 2012년 샌디 훅(Sandy Hook) 초등학교 총기 난사 사건과 같이 최근 폭력적인 행동들은 우발적이고 특이한 행동들이었다. 목적이나 정치적인 동기가 없이 정신 건강이 불안정한 범인이 단독으로 저지른 범죄이다. 이러한 우발적이고 특이한 폭력은 미덕이 없다. 즉,

변화를 일으키기 위한 수단으로써 의도한 행위가 아니며, 대상은 체제, 정부 혹은 정치 조직의 상징도 아니다. 이러한 행동들로 사람들이 역경이나 불의로 관심을 가지게 되지도 않았다. 이 행동들은 사람들을 공포에 떨게 하는 범죄이며 끔찍하지만 테러리즘은 아니다.

테러리즘을 규정하려는 노력을 폭력을 옹호하는 것으로 오인하지 마시기 바란다. 책의 뒷부분에서 테러리즘을 경감하고, 예방하고 방지하는 것에 대해 다룰 것이다. 유일하게 여러분에게 요청하는 것은 바로 무엇이 테러리즘인지 평가할 때 일부분의 종합보다 더 큰 전체를 고려하고 평가해야 한다는 점이다.

태도로 테러리스트 규정하기

테러리즘을 규정하는 것은 이 책에서만이 아닌 전세계적인 과제이다. 유엔에서는 이 관점 대 행동이라는 수수께끼를 풀고자 수십 년간 전세계 지도자들을 소집해왔다. 코피 아난(Kofi Annan) UN 전 사무총장은 테러리즘 구성 요소를 규정하는 일을 재임기간 중 우선 과제로 정했다. 단 하나의 정의로는 외세의 점령을 막으려는 정당한 투쟁과 테러의 차이를 구분하기 어려워질 것이라는 이슬람 국가의 우려를 제기하고 있다. 특히 9/11 사태 이후에 UN은 이 우려와 특이 폭력 행위 간의 간극을 메우고자 했다. UN이 노력을 기울인 결과라고 할 수 있는 2006년 테러 퇴치를 위한 연합-글로벌 대테러 전략을 위한 권고 사안 보고서는 대량 학살과 순교를 미화하는 지나친 국수주의와 외국인 혐오 메시지에 관련된 도덕적 측면을 집중해서 다루었다.

이는 래커(Laqueur)처럼 정치나 마틴(Martin)처럼 조직에 집중하지 않았기 때문에 놀라운 관점이다. UN 위원회는 태도와 믿음을 강조한다. 심리나 인격적 특성 중 극도의 국수주의(열성적인 자국 사랑)는 외국인 혐오 (나와 다른 사람들을 증오하는 것)에 중점을 두는 것은 테러리즘 정의에 매우 흥미로운 관점이다! 이러한 특성들을 본다면, 모든 문화권에서 극도의 국수주의적인 사람들과 (예를 들면 미국의 경우에는 독립 기념일에 엉클샘처럼 입고 다니는 사람을 생각해보아라) 외국인을 혐오하는 사람들을 (미국의 경우 KKK단을 생각하면 된다) 찾을 수 있을 것이다. 이러한 심리적인 특성과 특이 폭력 행위를 결합함으로써 테러리스트를 규정하는 흥미로운 시도를 할 수 있다.

유엔과 유엔 회원국들은 아직도 테러에 관한 정의를 합의한 바 없다. 이러한 불합치는 국제적인 대테러 안건이나 프로그램을 논의할 때 문제가 된다. 세계 지도자(와 테러리스트)가 합의한 정의 없이는 테러 방지 협력을 도모하는 일이 어렵다. 유엔이 내린 정의의 영향력의 예는 전쟁 포로나 비전투원의 상해, 학대, 고문을 방지하는 1949년 제네바 협정 "전시 상황에서 민간인 보호"에서 찾아볼 수 있다. 제네바 협정은 헤이그 국제 형사 재판소에서 전쟁 범죄자를 박해하는 토대가 되었다. 테러에 관한 정의를 합의한다면, 유사한 과정이 발생할 수 있다.

만약 정신이상이 있다면 어떻게 될까?

다른 주요 사안은 테러범 중 정신적으로 불안정한 사람과 그렇지 않은 범죄자 사이에 구별을 하는 일이다. 심지어 일부 연구자들은 범죄가 공포를 불러일으키는 것이기 때문에 범죄자는 테러리스트가 아니지 않겠느냐는 주장을 하기도 한다.

범죄 행위와 테러리스트 행위 구별은 행위의 결과에서 나타나기도 한다. 범죄 행위는 범죄자가 개인적인 목표를 추구하며 이익을 위해서 한다. 반면 테러리스트는 두렵게 하거나 협박을 함으로써 변화시키려는 목표를 가지고 있다. 일반적으로 대부분의 정의에서 테러리즘을 단순히 범죄 행위로 보는 발상 대신 테러리즘을 정치적 변화의 수단으로 본다. 한 사회에서 테러리즘의 존재는 그 사회가 너무 경직되어 있거나, 제제를 받아 일반적인 정치 수단으로 사회가 변화된 것을 의미한다고 보기도 한다. 또한 정치적 수단으로써의 테러리즘은 구성원이 인식해오지 못하는 사회 고유의 문제가 있다는 것을 의미할 수도 있다.

변화가 테러리즘 폭력 행위의 목표라면, 폭력적인 행위만으로 테러리즘으로 볼 수 없다.

- 변화를 위한 운동+폭력 =테러리즘
- 개인적 이익+폭력=범죄
- 폭력≠테러리즘
- 변화를 위한 운동≠테러리즘
- 개인적 이득≠테러리즘

폭력이 고의적으로 행해졌을 때 범인의 정신 상태를 평가한다. 정신 상태는 이해나 동기에 직접 영향을 주고 그 반대도 그렇다. 폭력적인 가해자가 정신적으로 불안정하다고 여겨졌을 때 우리는 다른 방식으로 그 폭력을 인지하고 평가한다. 극히 드문 경우에 정신이상자가 테러 행위를 저질러 왔다.

시어도어 카진스키(Theodore Kaczynski)는 성인으로써 사회에 융합되기 어려움을 겪었지만, 다른 사람들의 말에 따르면 훌륭한 수학자였다. 20대 초반에 수학 교수로 근무하면서 카진스키는 심각한 신경 쇠약을 경험한 것으로 보이며, 이로 인하여 사회에서 스스로를 완전히 고립시키는 결정을 하게 되었다.
몬태나 주에서 스스로를 고립시키고 현대적 설비를 이용하지 않은 채 자족적으로 살면서, 미국 정부, 엔터테인먼트 산업, 기업 기술과 같이 적으로 여긴 몇몇 대상에게 익명의 우편물을 보내는 운동을 시작했다. 20대 후반에 카진스키는 대학과 항공사에 폭탄이 담긴 우편을 익명으로 발송하였고 FBI는 범인을 대학 및 항공사 폭파범(University and Airline Bomber)이나, 유나바머(UNABOMBER)라 불렀다. 그 후 15년 간 카진스키는 적이라 인지한 대상들을 임의로 분류하여 익명으로 폭탄 우편물을 발송했다. 카진스키는 유나바머라는 별명을 받아들이고 가끔 유나바머라고 폭발물에 서명하여 메시지를 보내기도 하였다. 폭탄은 점차 치사율이 높아졌고 카진스키가 체포되기 전까지 총 23명의 부상자와 3명의 사망자가 발생했다. 카진스키가 그의 선언문 중 하나를 언론에 발표하게 하였고 그의 동생이 선언문을 발견하고 신고하여 체포된다.
형법상으로 정신이상으로 분류되지만 카진스키는 정신이상 사실을 인정하지 않았고 결국 국내 테러범으로 양형 거래(plea bargaining, 플리바게닝)를 하게 된다. 카진스키는 현재 수감중이며 포괄적인 정신 평가를 한 후, 망상형 정신분열증으로 진단받았다. 성인기 초기에 발현되는 경우가 많은 이 병은 카진스키가 기이하고 폭력적인 행동을 보인 이유이다.

테러리즘이 무슨 의미인지 모르기 때문에 이를 남용한다.

테러리즘의 보편성을 이해하기 위해서는 담론의 이론적 경계를 뛰어 넘어야 한다. 그리고 이 활동은 개념화하려는 노력 이상의 행위이다. 일관적인 정의의 부족으로 대테러 협정을 맺거나 시행할 수 없고 테러리즘의 특징인 특이 폭력을 이해하기도 어렵다. 실질적이고 이용 가능한 합의된 정의 없이 우리는 테러리즘이란 단어를 의미가 모호해질 때까지 남용하여 왔다. 일례로, 한 대학원생은 맡게 될 업무가 두려워서 아침에 직장에서 상사의 발걸음을 들으면 겁에 질린다(terrorize)고 말하기도 했다! (공정하게 말하자면 우리는 꽤 끔찍한 상사이긴 하다.) 최근에 사람들이 우스꽝스러울 정도로 테러리즘이라는 말을 남용하는 것이 새로운 일이라고 생각한다면 약 35년 전인 1978년에 래커(Laqueur)는 다음과 같이 썼다.

"… 이 용어가 사용되는 모호함 – 정말 순 부주의함–은 매체 뿐만 아니라 정부에서도 있고 그 분야의 학생들에게서도 보여진다. 테러리즘은 반란, 시가전, 내란, 폭동, 지방 유격전, 쿠데타의 동의어이며 그 외 수십 개의 의미가 될 수 있다. 이 용어의 무분별한 사용은 통계 수치를 부풀릴 뿐만 아니라, 테러리즘의 특성과 대처 방안을 이해하는 것을 어렵게 한다."

공중 납치와 정치적 극단주의자의 시대라고 할 수 있는 1970년대에 사람들이 이 용어를 남용했다면, 왜 우리는 그들로부터 배우지 못했을까? 오늘날에도 여전히 무엇이 테러리즘인가는 모호하다. 정의가 얼마나 다양한 지는 그저 미국에서 발생하는 다양한 테러리즘 정의들만 찾아도 알 수 있다.

먼저, 미 법전 타이틀 22의 2656f(d)조에는 다음과 같이 명시되어 있다.

"테러리즘은 계획적이고 민간인을 대상으로 지방의 그룹이나 비밀 요원들이 정치적인 동기를 가지고 저지르는 폭력이다."

이 정의의 가장 흥미로운 제약 조건은 민간인이어야 한다는 피해자의 범위이다. 이 정의를 바탕으로 보면 1983년 이슬람 지하드 세력이 일으킨 베이루트 미 해병대 폭탄 테러(bombing of Marine barracks)는 테러 사건으로 분류되지는 않는다. 또한 이 정의의 제약 조건에 따르면 정치적 동기가 있는 조직에 의한 해외에 있는 미국 군인에 대한 공격은 "테러리즘"으로 부를 수 없다.

더 나아가 법에는 국제 테러를 "민간인이나 한 국가 이상의 영역에 끼치는 테러리즘"으로 보고 있다. 이것은 특히 한 국가에 여러 민족이 사는 이 국가에서 매우 협소한 정의이다. 이 정의를 충족 시키기 위해 필요 조건은 미국 시민이 아닌 사람이 테러 사건에 가담한다는 것이다. 국내에는 1984년 지방 선거를 이기기 위해 라즈니쉬(Rajneeshee) 사이비 종교 집단이 오리건 주의 한 식당의 음식에 독약을 뿌린 사건도 있었다. 이 사건의 모든 가담자는 밝혀지지 않았지만 이 중 한 명이라도 영주권을 획득했거나 "체류중인 외국인" 이라면 이 사건은 미국 법에서는 국제 테러로 규정될 것이다.

모든 군사 조직의 상위 조직인 미 국방부는 테러리즘 구성 요소에 대한 고유의 정의가 있다. 국방부는 테러리즘을 다음과 같이 규정한다.

"두려움을 심어주기 위하여 불법적인 폭력을 계산적으로 사용하거나 위협하는 것. 즉, 일반적으로 정치적이거나 종교적 혹은 이념적인 목표들을 추구하며 정부나 사회를 강압하거나 위협하기 위해 의도된 것."

국방부의 정의는 피해자의 유형을 테러리즘을 구성하는 결정적인 요소에서 배제하면서 두려움과 강압에 초점을 맞추고 사건의 목표에 중점을 둔다.

하지만 거기에 그치는 것이 아니다. 더 나아가 국내 연방 법을 집행하는 것이 임무인 연방 수사국(FBI)은 테러리즘을 다음과 같이 규정한다.

"… 정치적이나 사회적 목표를 진척시키는 데에 있어서 정부나 주민 혹은 어느 구성 요소를 위협하거나 강압하기 위해, 사람이나 재산상에 힘과 폭력을 불법적으로 사용하는 것 (28 미국연방규정집 0.85 조항)"

연방 수사국의 정의에는 이전에 언급되지 않은 재산이라는 구체적인 용어가 추가되었다. 재산상의 피해가 다른 정의에 포함되어 있을 지도 모르지만, FBI가 재산에 휘두르는 폭력 행위를 포함시킴으로써 고의적인 방화와 같은 사건이 범죄에서 테러로 바뀌었다. FBI가 정의에 포함시킨 일은 막대한 영향을 끼쳤다. 재산상의 범죄를 포함하게 되면서, 9/11 사태 이전에 지구해방전선(ELF: the Earth Liberation Front)은 FBI의 국내 테러 단체 상위 리스트에 오르게 되었다.

"또한 흥미로운 것은 국내 사건만 다루는 FBI가 더 나아가 국제 테러를 규정할 필요가 있다고 느낀 것이다. "국제 테러는 미국이나 다른 국가의 형법에 위반되거나, 미국이나 다른 국가의 관할권 내에서 발생시 형법상 위반이 되는 폭력적인 행동이나 사람의 생명에 위험할 수 있는 행동이다. 이 행동들은 협박이나 강압을 통해서 주민을 위협하거나 강제하거나, 정부 정책에 영향을 끼치기 위해서나, 혹은 암살이나 납치를 통해 정부의 수칙에 영향을 끼치고자 의도된 것처럼 보인다. 국제 테러리스트의 범죄는 미국 외에 지역에서 이루어지거나, 이루고자 하는 수단이나 강제하거나 협박하고자 하는 사람 혹은 범죄자가 활동하거나 망명을 요청하는 곳이 국경을 초월한다. (FBI, 2012)"

상기의 정의에서 흥미로운 점은 국내 불법 범죄에서 다른 나라에 발생하는 범죄로 관점이 이동한 것이다. 국제 관할권이나 지휘권이 없는 FBI는 국외에서 발생한 폭력 행위나 인간의 생명에 위험한 행동은 미국 관할권 외에서 벌어졌으며 형법 위반시 테러리즘이라고 밝혔다.

또한 국제 테러의 FBI 정의에 흥미로운 점은 암살과 납치라는 용어가 사용되었다는 것이다. 암살은 다양한 사람들이 다양한 이유로 저지르는 구체적인 행동이기 때문에 테러리즘의 정의에 포함되는 경우가 거의 없다. 이런 용어가 복잡한 제약 조건을 만들기 때문에, 테러 정의에는 보통 그러한 구체적인 행동이 포함되지 않는다. 예를 들어, 존 힝클리(John Hinckley)가 배우인 조디 포스터(Jodi Foster)에게 집착하여, 레이건(Reagan) 대통령을 저격한 사건은 명백히 암살 시도로 규정된다. 살인미수에 그쳤지만 성공했다면 정신적으로 불안정했던 힝클리의 암살 시도는 현재 FBI의 정의 체계에서는 테러리즘으로 구분되었을 것이다. (더 복잡하게 힝클리가 온두라스(Honduras)에서 온 "체류 외국인"라면 국제 범죄에 해당되었을까?)

FBI 정의에 납치라는 용어가 포함되는 것 또한 흥미롭다. 대부분의 납치는 금전상의 이득 때문에 납치된 사람을 보내주는 대가로 몸값을 기대하며 행해진다. 국내 역사상 가장 유명한 납치 사건은 1932년 유명하고 부유한 부모를 둔 20개월 된 린드버그 주니어를 납치한 사건이다. 아이의 무사 귀환을 위하여 5만 달러의 몸값을 지불했지만 불행히도 아이는 사망했고 부모를 다시 보지 못했다. 여러분들이 예상한 바와 같이, 이 일은 국내에서는 매우 중요한 사건이지만 결코 테러 행위가 아니며, 명백히 영리 목적의 범죄 사업이다.

테러리즘을 규정하는 것의 핵심은 공통 언어를 가질 수 있는 것이며, 무엇이 테러리즘인지 보편적으로 동의하며, 훗날 용의 테러리스트에게 집행할 수 있는 국제 법을 갖추는 것이다.

테러리즘 정의의 공통점

정의 간의 차이를 알아내기 위하여 슈미드(Schmid)와 종만(Jongman)은 존재하는 정의의 몇 가지 공통점을 찾아내었다. 다음의 되풀이되는 요소는 연구자가 살펴 본 109개의 전세계 정의에서 발견되었다(슈미드Schmid & 종만Jongman, 2005).

- 폭력이나 힘: 정의 중 83.5%
- 정치적: 65%
- 두려움과 공포(terror)에 대한 강조: 51%
- 위협: 47%
- 심리적인 영향과 기대하는 반응: 41.5%
- 대상과 피해자의 차이: 37.5%
- 국제적, 계획된, 체계적이고 조직된 행동: 32%
- 전투, 전략, 전술 방법: 30.5%

폭력 문제가 테러리즘의 모든 정의에 포함되었지만 꼭 사람을 향한 폭력만을 의미한 것은 아니었다. 명시되지는 않았지만 의미로는 범죄인 폭력이었다. 심지어 일부 정의에서는 범죄나 불법성을 암시하지 않았다.

근원적인 정의에서 특성은 폭력이나 힘의 사용이다. 기브스(Gibbs)는 "테러리스트-*국가나 비국가활동세력*-는 왜 비밀스럽고 은밀한 폭력에 기대는가? 그들은 오직 그러한 폭력을 통해서나 용납할 수 없는 손해나 죽음을 수반하는 합법적인 수단을 통해서만이 실현할 수 있다고 생각하는 목표를 추구하기 때문이다.

"라고 저술했다.(기브스Gibbs, 1989) 이것은 로베스피에르(Robespierre)가 "테러는 정의에 불과하다"라고 말한 것과 관련되었으며 국정 운영 기술로 사용될 수 있다.

"정당한 폭력"이나 전쟁은 어떠한가?

정당한 폭력에 대한 질문은 우리가 테러리즘을 이해하는 것을 돕는다. 흔히 사용되는 구별법에서는 국가에서 사용한 힘은 정당하며 비국가행위자에 의한 폭력은 정당하지 않은 것으로 본다. 이 구별법은 테러리즘과 전쟁의 차이를 말한다. 선포되었으며, 모든 당사자가 인지하고 있는 전쟁에서는 보통 군인인 국가 행위자가 폭력이나 폭력의 위협을 휘두른다. 그러나 한 관할구역에서 정당한 정치적 폭력이라고 여겨지는 행동은 다른 곳에서는 범죄로 여겨질 수 있다. 외국 군인이 (정당한 정치적 행위자) 현지 시민들이 범죄나 테러로 규정하는 방식으로 행동하였을 때 이러한 현상이 발생한다.

이론가 카를 폰 클라우제비츠(Carl von Clausewitz)는 "맹목적이고 자연스러운 힘으로 여겨지는 원시적인 폭력, 증오, 적대감"이 전쟁을 구성한다고 말했다. 클라우제비츠(Clausewitz)는 이 말을 전통적인 전쟁(두 큰 국가가 참여하는 전쟁)에 적용하고자 하였지만, 전쟁은 이러한 방식으로 더 이상 발생하지 않았고 그의 설명은 현재 국가 행위자 만큼 비국가 행위자에게도 해당된다.

혁명적인 충돌이 있었던 나라는 다른 방식으로 정치적인 폭력을 본다. 전쟁과 테러리즘을 구분함에 있어서 역사적으로 우위에 있었던 쪽은 무엇이 정당한 투쟁을 나타내는지 규정하기 위한 노력을 적게 기울였다. 시민들이 사회 체계인 존재하는 정부를 전복시키고자 시도하는 혁명 상황에서는 혁명이라는 이름 하에 행해지는 첫 폭력 행위들은 테러리즘으로 간주될 수 있다. 가담자를 어떻게 바라볼 것인가는 혁명의 결과이다. 혁명이 승리하면 가담자는 국가적 영웅이 된다.

만약 혁명이 실패하면 가담자는 정치적 반체제 인사이거나 테러리스트이다.

UN이 2006년 테러리즘 정의를 새로 내리려 했을 때 "시민의 죽음이나 시민에게 심각한 신체적 상해를 일으키려고" 의도된 행동들을 포함하고자 했다. 일부 국가는 테러리스트의 동기로서 정치적 의제의 유무가 필수적인지 의문을 제기하며 이 제안에 이의를 제기했다. 민간인 살해에 반대하는 이 주장은 종종 배타적인 종교 근거를 기반으로 불쾌한 집단을 제거하려는 동기를 반영한다.

또한 시민들이 외세 점령에 저항하는 경우 정치적 폭력의 적법성에 이의가 제기되었다. UN은 외국 점령군과 싸우는 시민들이 당면한 문제를 인식하였지만 정당하더라도 어떠한 이유도 테러리즘을 정당화해주지는 못한다고 강조했다.

대량학살은 어떠한가? 테러리즘인가?

국가간 원인 간, 폭력 간의 관계를 더 어렵게 만드는 것은 인종 청소 즉 대량학살이다. 폭력의 목표는 바람직하지 않다고 여겨지는 사람들을 완전히 몰살(가해자입장에서는 완곡어법으로 "인종 청소"로 칭해지며 객관적인 관찰자 입장에서는 대량학살로 칭해진다)시키는 것이다. 이 행위들은 국가 지원을 받은 테러리즘으로 명명될 수 있다.

과거에 정치적인 동기가 대량학살에 적법성을 주기 위해 필요하였다. (즉, 우리가 이 사람들을 몰살시키면 남은 사람들에게 더 많은 자원이 남게 될 것이다.) 그러나, 실제 대량 학살은 증오나 외국인 혐오증에 기반해 있다. 이미 붐비는 지역에서 이러한 추가적인 명명법은 테러리즘 주요 정의에 거의 영향을 미치지 않으며 심지어 대량학살 개념을 격하시켰을 수도 있다.

무고한 사람들의 역할

종종 무고한 사람들의 유무(테러 행위에서 무고한 사람들의 역할)로 테러와 다른 사건이 구별된다. 베냐민 네타냐후(Binyamin Netanyahu)는 테러리즘을 "…정치적 목적을 위해 두렵게 하기 위하여 무고한 사람을 고의적이고 체계적으로 죽이거나, 불구로 만들거나, 위협하는 것"이라 말하며, 테러리즘의 정의를 내릴 때 이 개념을 도입했다. 테러리즘, 어떻게 서양이 이겼는가(How the west can win), (네타냐후Netanyahu, 1986) 네타냐후는 후기 글에서 "테러리즘은 정치적 목적을 위하여 두렵게 하기 위해 민간인에게 고의적이고 체계적인 폭행을 저지르는 것"이라 말하기 위해 정의를 수정하면서 "무고한 사람들"을 "민간인"으로 바꾸었다. 네타냐후(Netanyahu), 테러리즘에 맞서기(Fighting Terrorism, 1995) 또한 대테러 활동을 위해 연합하기(The Uniting Against Terrorism) 보고서에서 자결권을 위한 투쟁까지 포함한 어떠한 활동도 민간인과 비전투원을 고의적으로 살해하거나 불구로 만들기를 정당화하지 않음을 주장하며 이 무고한 사람들과 관련된 메시지를 반복해서 서술했다. (코피 아난(Kofi Annan) UN 사무총장, 2006)

테러리즘 같은 것이 없다면?

궁극적으로 어떠한 세계적인 정의가 모든 나라에 적용이 되고 테러리즘을 지지하는 자나 반대하는 자나 모두 동의하는 하나의 정의가 있다는 것은 중요하다. 하지만 만약 더 이상 테러리즘 같은 것이 없기 때문에 하나의 정의가 존재할 수 없다면? 우리가 테러리즘이라 생각하는 모든 것이 전쟁이나 범죄행위 분류에 구분될 수 있다면? 전쟁이라는 분류에서는 수적으로 너무나 우세한 군대가 적과 교전을 시작하거나 영향을 주기 위해 비전통적인 수단을 사용하는 일방적인 전쟁이 있다.

우리가 테러리즘이라 규정하는 유명한 사건을 예로 들어보자. 최근을 살펴보면 1995년 오클라호마 시티(Oklahoma City) 폭탄테러 사건이 있었다. 당시 뮤러 연방 정부 청사 (Murrah Federal Building)가 무너졌고, 보육 시설에 있던 19명의 아이들을 포함한 168명이 사망하였다. 이 테러의 동기는 루비 리지(Ruby Ridge)와 웨이코(Waco)에 실패한 연방 조직의 현장 급습 작전들에 대한 보복이었다. 이것이 특이 폭력 행위라는 것은 당연하지만 복수가 동기였다면 여전히 테러리즘에 해당될까?

이러한 예시는 독자를 불쾌하게 하거나 화나게 하고자 실은 것이 아니라 테러리즘이라는 용어의 주관적인 속성을 강조하기 위한 것이다.

사실, 무엇이 테러리즘인가에 대한 합의된 정의 없이는 공통적인 이해도 없다. 이 장의 주요 사안은 누락된 것을 강조하고자 하는 것이 아니라, 여러분 스스로 정보에 입각한 결론을 내릴 수 있도록 무엇이 가용한 지 알려주기 위함이다. 이러한 결론을 내렸을 때, 여러분의 생각을 뒷받침 할 수 있는 수단이나 이론을 알게 되고 정보에 기반한 대화를 계속 할 수 있게 될 것이다.

미국 독립 혁명이 시작되기 전에 자신들을 "자유의 아들들"이라고 지칭하는 소규모 집단이 허수아비를 태우고 1765년 인지조례(Stamp Act)에 참여한 공직자들의 집을 훼손시키거나 부수었다. 자유의 아들들은 우리가 현재 생각하는 테러리스트 정의와 일치한다. 자유의 아들들은 폭력과 재산 파괴를 통하여 국가를 전복시키고 변화를 선동하려는 목적이 있는 반국가적 행위자였다. 비대칭적 전술을 이용하여 비밀리에 활동하고 향후 있을 추가적인 폭력행위로 협박하였다. 보스턴 차 사건(Boston Tea Party)과 자유의 아들들의 활동은 식민지 정부와 시민간의 갈등을 부추겼고 결국 미국 독립 혁명으로 막을 내렸다.

그렇다면 다음과 같은 질문을 생각해 볼 수 있다. 만약 이것이 공식적인 전쟁이 되지 않았다면? 전쟁이 선포되면, 테러라고 규정된 폭력 행위가 재정의되거나 테러가 아니었다고 여겨질 수 있는가? 혁명과 테러의 차이는 무엇인가?

루비 리지(Ruby Ridge) 사건은 1992년 위버(Weaver) 일가와 FBI, 연방보안국 폭발물 단속국(ATF)이 대치하다가 위버의 아내와 아들이 연방 정부에 의해 사망한 사건이다. 또다른 예로, 멕시코 웨이코(Waco)에서 경찰 병력과 종교 집단 다윗파(branch davidians)가 50일간 대치했다. 연방 정부는 진압을 위해 불을 질렀고 그 결과 67명의 신도들이 사망했고 그 중 대부분이 여성과 어린아이였다.

주요 용어

- 심리적 특성
- 비전투원
- 특이 폭력
- 미덕
- 테러리즘의 도덕적 측면
- UN

토론 주제

1. 특이 범죄가 테러리즘에서 유일한 공통점이라면, 특이 범죄를 정의의 기반으로 이용할 수 있을까? 왜 그런가? 왜 그렇지 않은가?

2. 테러리즘 정의에 포함될 수 있는 측면은 어떤 것이 있는가?

3. 전쟁처럼 테러리즘의 보편적인 정의가 있을 수 있는가? 왜 그런가? 왜 그렇지 않은가?

MEMO

CHAPTER 02

테러리즘은 왜 존재하는가

2장

테러리즘은 왜 존재하는가

테러리즘은 새로운 현상이 아니며 우리의 일생 동안 사라질 현상도 아니다. 이러한 의견은 이 주제에 관련된 거의 모든 교과서나 기사에 실렸다. 사실 테러리즘은 변화를 일으킨다는 점에서 효과적일 수 있다는 인식 때문에 존재한다. 역사를 통틀어 모든 테러 단체에 대해 생각해보아라. 그들은 모두 무엇인가를 원했다. 테러 단체는 사회적이나 문화적 제한을 변화시키고자 했으며 다양한 이유로 변화를 일으킬 수단으로 테러리즘을 택했다. 요점은 그들이 무엇을 변화시키고자 했는지가 아니라 왜 테러리즘을 이용했냐는 것이다.

테러리즘 연구에 주요 질문은 '도대체 왜 테러리즘이 존재하는가?'이다. 이 질문에 대답할 수 있다면 우리는 애초에 테러 단체가 조직되는 것을 예방하는 전략이나 정책을 고안할 수 있다. 그렇긴 하지만, 이 질문에 쉽게 대답할 수 있거나 해결될 수 있다면 테러리즘 연구의 필요성은 낮았을 것이며 우리는 이미 모든 해결책을 알았을 것이다.

테러리즘으로 이르는 길

어떤 사람도 어느 날 아침에 기상해서 커피 한잔을 내리고 갑자기 테러를 감행하겠다고 결정하지는 않는다. 사람이 폭력의 변화를 전파시킬 적절한 행동이라고 결정하게 되는 과정이 있다. 극단주의자나(/와) 테러리스트의 관점이나 행동이 정확하고 적절하다고 믿게 되는 이 변화와 세뇌의 과정은 **급진화**(radicalization)라고 부른다. 급진화로 이르는 길은 다양하지만 부분적으로 이성적인 선택, **심리적인 모범 사례**, 문화적, 조직적 영향이라는 세 가지 요소로 설명될 수 있다.

각각의 폭력적인 극단주의자나 테러리스트가 되는 방식은 다르며 이 구성요소의 일부 특성을 포함할 수 있다. 게다가 단일 사건들이나 상황이 개개인의 급진화에 중요한 영향을 끼칠 수 있다. 이러한 **연관된 사건들**은 한 사람이나 한 공동체 안에서 급진화를 간단하게 만들거나 가속화시키는 분위기의 요인이 될 수 있다.

이성적인 선택 모델

이성적인 선택 모델은 테러리즘 연구에 있어서 구체적이지 않다. 경제학에서 이 모델은 인간은 자신에게 유리한 방식으로 행동한다는 점을 설명한다. 즉 사람들은 자신의 이익에 따라 움직인다. 이것은 이해하기 쉬

운 개념이며, 다양한 방식으로 쉽게 설명될 수 있다. 만약 당신이 학생이라면 미래에 당신에게 이득이 되기 때문에 대학에 입학할 것이다. (이것은 학계 이론이 아니기 때문에 모두가 솔직할 것이라고 사람들을 믿지는 마라.) 당신은 당신의 관점에서 가장 최선의 이득이라고 생각하기 때문에 자원(시간과 돈)을 학위를 따는 데 쏟는 만큼(새로운 경력을 쌓는 일과 같은) 다른 기회를 포기하기로 선택했다. 그 반대도 해당된다. 이성적인 선택은 우리가 평소와는 다르게 우리의 행복에 해로운 행동을 고의적으로 하지는 않는다는 것을 보여준다.

테러리스트(민간인을 대상으로 폭력 행위를 저지르는 사람)를 "미친", "정상이 아닌" 혹은 정신적으로 불완전한 사람으로 보기 쉽다. 이러한 설명은 우리에게 정신 건강 대피소를 제공한다. 즉 이러한 행동들을 이해하지 못하면 미친 사람들의 행동이라고 치부할 수 있다. 안타깝게도 이러한 쉬운 탈출구는 부정확하며, 테러리스트들은 거의 정신병을 앓지 않는다. 사실 연구자인 마르크 세이지먼(Marc Sageman)은 170명이 넘는 테러리스트들을 인터뷰하고 전기를 읽어 본 결과 그가 뽑은 표본 집단의 테러리스트들은 일반 사람들보다 정신병을 앓는 비율이 낮았다. 다시 말해서, 테러리스트들은 임상적으로 정신 이상이 있는 사람이 아니며, 최소한 이 대학(이나 여러분들이 일원인 공동체…)의 사람들보다 더 정신병을 앓는 빈도도 높다고 할 수 없다.

이성적인 선택 이론이나 정신 건강 결함이 없다면, 어떤 사람이 버스를 폭발시키거나 비행기를 공중 납치하거나 인질을 살해하거나 폭발 조끼로 자살하거나 하는 성향이나 능력을 어떻게 설명할 수 있을까? 그에 대한 답은 우리가 사욕을 어떻게 규정하는가에 달려있다. 비영리 조직이나 학교, 도서관 혹은 선거 운동에 자원해서 참여한 적이 있는가? 아마 여러분은 노숙자에게 음식을 제공했거나, 가정폭력 피해 여성 보호소에 주기 위해 통조림 음식을 모았거나 추수감사절 음식을 준비했을 것이다. 이러한 행위가 자원봉사의 정의이다. 각 활동은 자원이 들고 거의 보상을 얻지 못하거나 아예 얻지 못한다. 이러한 행동들을 한 것이 어떤 방면에서 혜택이 있었는가? 물질적으로는 그렇지 않다. 오히려 소비했다. 당신은 봉사하기 위하여 자신의 자원을 이용하였다. 시간을 들이고 가스나 돈, 물자를 제공했다. 물질적인 관점에서는 적은 것을 위하여 이러한 행동을 했다. 자원 관리라는 냉정한 관점에서 보았을 때 여러분은 출발했던 것보다 더 적은 자원을 들고 가게 된 것이다. 여러분의 자원 봉사 노력은 온전히 손실이었다.

그것은 이러한 모든 행위가 쓸모 없다는 것을 의미하는가? 어떠한 자원 보상도 받지 못했지만, 자원봉사자로서 자기의 이익을 위해 행동한 것인가? 물론 그렇다. 자원은 차치하고, 이성적인 선택 모델은 무형의 보상에도 적용된다. 그 전 사례에 적용해보면 여러분은 여러분의 행동에 "좋은" 기분을 느꼈다. 여러분이 믿는 것을 대가로 자원을 주는 선택 사항들을 따져서 선택했다. 여러분은 자원을 기여한 것에 대한 무형의 보상을 받았으며, 보상이 비용의 가치가 있다고 느꼈다.

테러리스트들은 같은 판단을 내린다. 그들은 이성적인 행위자이며 사욕이 있다. 분명히 테러리스트들은 다른 가치관이 있지만 사실 이들은 자신의 대의명분을 이루는 보상을 위하여 자신의 제한된 자원을 교환한다. 여러분은 (아마도) 같은 선택을 내리지 않을 것이지만, 테러리스트들은 여러분과는 다른 도덕적 틀을 가지고 노력한다. 이들의 도덕적 믿음과 가치 체계, 참고 범위는 우리의 관점과 다르며, 이 때문에 테러리스트들은 우리가 불쾌하다고 여기는 결정을 내린다.

테러리스트 관점에서 이성적인 선택을 뒷받침하는 증거는 더 있다. 분명히, 어떻게 테러리스트와 테러 단체가 그들의 자원을 이용하는지 살펴보면 이성적인 의사 결정을 찾을 수 있다. 명심할 것은 모든 사람들의 자원(시간, 돈, 보급품, 인력)은 제한되어 있다는 점이다. 허허벌판에서 테러리스트가 나무를 날려버렸다는 기사를 읽은 적이 언제인가? 전혀 그런 경험이 없을 것이다. 왜 그럴까? 나무를 날려버리는 것은 자원(시간, 폭발물, 수송, 계획 노력 등)이 들지만 테러리스트에게 가치 있는 어떤 것도 제공하지 않는다. 누구도 나무가 폭발한 것에 신경 쓰지 않을 것이고, 그렇다면 사회 조건을 전혀 변화시키지 않을 것이다. 비용 대비 이익이 너무 적다. 이성적인 테러리스트는 모집, 무기 인수, 선택, 대상 선별, 공격 시기, 공격 방법 부분에서 끊임없이 이와 같은 비용 대비 편익 분석을 한다. 테러 단체는 작전의 영향력을 최대화하고 주변 환경이나 사회를 변화시키기 위해 이성적인 결정을 한다.

유사한 이성적 결정 과정은 국가나 조직이 대테러 방침을 이용할 때도 사용된다. 대상이 방어시설을 갖추거나 (성공적인 공격 확률을 줄이면서) 공격하기 어렵게 되어 있다면, 그 대상은 더 성공 확률이 높은 것으로 바뀐다. 이는 이성적인 결정이며 모든 방면의 테러리즘에서 보인다.

테러리스트는 전혀 "미치지" 않았으며, 특정 결과를 달성하기 위하여 목표 기반 활동을 수행하는 이성적인 행위자라는 사실을 부인할 수 없다. 그러나, "이성적인" 것을 "도덕적인" 것이나 "옳은" 것으로 혼동해서는 안된다. 합리성은 이성적인 테러리스트가 자기 자신이나 조직의 이익을 위해서 행동한다는 것을 의미한다.

심리적인 모델과 요인

정신적으로 건강한 사람이 폭력을 저지르고 테러리스트가 되거나 지지자가 되는 것을 이해하기는 어렵다. 무고한 사람들이나 무관한 시민들을 대상으로 폭력을 휘두르는 선택은 대부분의 사람들에게 이해하지 못 할 일이다. 심리학자들은 수십 년간 급진화 과정을 조사했고, 그 분야에서 우리가 테러리즘을 이해할 수 있도록 도울 일부 모델이 탄생했다.

테러리스트들의 심리적 요인에 대한 초기 연구는 테러리즘을 증후군으로 보았다. 즉 테러리스트들은 테러리스트 주변 환경과 조건을 조사함으로써 설명될 수 있는 심리 질환을 앓고 있다고 여겨졌다. 이 증후군 모델은 테러리즘의 "근본 원인"을 밝히는 것에 기반해 있다. 즉 가난, 정치적 무능력, 교육의 부재, 국민총생산(GNP)의 감소와 같은 요인이 있다.

증후군 모델은 특정 개인이 다양한 근본 원인에 노출되었을 때 테러리스트로 변화할 수 있다는 것을 의미한다. 이 모델은 왜 (상대적으로) 일부 사람들이 사회적 변화를 가져오기 위하여 폭력적인 극단주의나 테러리즘에 의지하는지 설명하지 못했다. 우리가 사람에게 영향을 끼칠 수 있는 외부 조건에 대한 실증적인 증거를 수집하는 동안, 왜 같은 자극에 다르게 반응하는지 설명하는 내부 조건 및 동기를 조사하고 측정하기는 어렵다. 즉, 왜 일부 사람들은 테러리스트가 되고 다른 사람들은 그렇지 않을까?

테러리즘으로 가는 계단

테러리즘과 관련된 현대 심리 이론 중 하나는 파탈리 모가담(Fathali Moghaddam, 2005)이 개발한 **테러리즘으로 가는 계단 모델**(Staircase to Terrorism model)이다. 계단 모델은 계단을 오르는 비유를 사용하여 테러리즘으로 가는 심리 과정을 묘사한다. 개개인은 1층에서 시작해서, 다양한 조건과 결정을 통해 위로 오르게 되고 각 계단은 그 사람이 테러리즘에 더 가깝게 해준다. 단일 통로를 통한 이 유형의 의사 결정은 이성적인 결정 과정에 따라서 하는 행동을 설명하는데 유용하다고 증명되었다.

계단 모델의 1층은 많은 사람들이 있는 공간이다. 1층에서 개개인들은 사회 내의 물질적 조건과 자기 계발에 집중한다. 한 사람이 **상대적인 빈곤**(relative deprivation)을 겪고 있다면 (나머지 사회 구성원과 비교해 불평등한 손해나 인지된 손해) 전체적인 불만족으로 인해 그 사람은 2층을 오를 것이다. 인지된 빈곤의 상대적인 측면은 중요하며 이 상대성으로 매우 가난한 사람들도 자신이 속한 사회 계층의 다른 사람들과 자신의 또래 사람들과도 자신을 구분 짓게 한다. 절대적인 빈곤에서 사는 사람이지만 생계 유지를 하고 있고 좋거나 좋지 않은 미래 전망을 가진 사람은 자신이 불우하다고 생각하지 않을 수 있다. 즉, 그 사람의 사회 관계망의 다른 사람만큼이나 그 사람은 잘 살고 있다. 그러나 자신이 가진 적은 재산을 잃을 것이라고 예상되거나 위협받는 사람은 상대적인 빈곤에 시달린다. 테러리즘 요인을 살펴보면 극단주의자의 행동 요인이 되는 것은 거의 항상 상대적인 빈곤이다.

계단 모델의 1층은 계층 이동 시도 중심이다. 인지된 불평등 조건과 상대적 빈곤 때문에 2층에 있는 사람은 그 부당성을 시정하고자 하는 해결책이나 기회를 모색한다. 인지된 손해를 정당한 (극단적이 아닌) 개선이나 수정하는 기회가 있을 때 계단을 오르는 일은 끝날 수 있다.

2층은 분노나 공격성을 표출하는 것을 배우는 잠재적인 테러리스트와 관련이 되어 있다. 일단 공격성이나 불만족을 표출하는 것을 배우게 되면 그 사람은 분노를 표현할 기회를 찾게 되고 다음 단계로 진입할 준비가 된다.

> 목하담(Moghaddam)은 프로이트(Freud)의 전위된 공격 행동(displaced aggression) 이론을 이용하여 중동지역에서 반미감정은 실제로 서민들이 정부에 갖고 있던 분노를 미국으로 전가시킨 결과라는 것을 보여준다. 전위된 분노의 예로는 집의 수도와 전기가 끊겼는 데 고용주를 탓하기가 있다. 이 예에서 임금 체불은 문제의 원인으로 파악되고 요금을 제때 지불하지 못한 것에 대해 분노를 표출하게 한다.

계단 모델의 3층에서는 잠재적 테러리스트들이 실제 테러 단체에 접하게 된다. **도덕적 관여**(moral engagement)라는 개념을 통해 신입은 테러 단체의 도덕적 믿음에 따른다. 도덕적 관여는 조직이 잠재적 테러리스트들을 모집하고 세뇌하며 개개인의 믿음 체계를 전복시켜서 조직의 도덕적 틀에 맞게 한다. 테러 단체의 믿음 체계 (도덕적 틀)는 일반 사회에서 보여지는 도덕률과는 다르다. 신입들이 테러 단체의 일원이라는 것을 굳게 믿게 하기 위하여, 도덕적 관여를 통해 (계단 전 단계에서 겪은) 인지된 부당함은 공통의 적에서 기인했다는 믿음을 주입한다.

조직의 신입은 다양한 방법으로 설득되어 조직의 도덕 틀에 맞춰지고 우리의 가치관과 규범을 수정하는 것은 **인지 재건**(cognitive reconstrual)이라 부른다. 인지 재건을 하는 동안 개개인의 도덕률은 변한다. 보통 사람인 대상을 사람이라고 보지 않는 것과 심리적 거리를 만드는 일은 살인을 더 쉽게 해준다. 도덕 비관여와 인지 재건은 일반적으로 이전 관계를 끊고 새로운 믿음 체계에 몰입하고 타인을 두려워하거나 불신하게 한다. 이러한 방법들은 테러 단체가 기존 도덕 체계를 뒤집고 조직의 체계로 대체하게 하였다. 테러 단체의 불법적이고 은밀하고 위협받는 속성은 이 효과를 매우 증폭시켜준다. 신입이 테러 단체에 들어가면 그 사람은 새로운 조직이 (외부인이나 정부에게) "박해"받는 것을 느끼게 되어 전체적인 도덕적 관여가 쉬워지면서 신입의 도덕 체계를 바꾸게 된다.

5층에서 그 사람은 완전히 테러 단체에 몸을 담고 조직의 목표를 이루기 위한 기술이나 능력을 개발한다. 신입이 소규모의 은밀하고 내밀한 조직에 몰입함에 따라, 조직 목표의 합리성이 더 높아지고 조직의 열망에 따라 자신을 더 정비하게 된다. 신입은 훈련을 받거나 조직을 지원할 특정 역량이 생기거나 임무를 받게 됨으로써 신입의 몰입과 세뇌가 완수된다. 일단 세뇌가 완료되면 조직을 떠나거나 계단을 내려가려는 시도는 더 이상 가능하지 않다. 계단 모델의 5층에서는 "우리 대 그들"이라는 사고 방식이 공고하게 되고 개개인은 6층이나 마지막 층으로 오를 준비를 갖춘다.

6층(과 마지막 층)에서는 테러리스트들이 살인을 하거나 상해를 입힐 수 있는 공격을 감행하는 준비를 한다. 테러리스트들은 살인을 하거나 다양한 폭력적인 방법을 사용하는 훈련을 받는 시기가 이 때 이다. 이전 도덕적 개입을 확장시킴으로써 대상은 외부인이거나 "그들"이라는 낙인이 찍힌다. 타인이나 외부인으로 규정하고 조직의 위협이라고 생각하면서 대상을 사물화하는 과정은 적이 누구인지 분명히 보여준다. 이러한 전 과정은 4층에서 채택된 새로운 도덕적 틀을 기반으로 이루어졌으며 테러리스트들이 일반적으로 특이 범죄나 살인을 예방하는 도덕 체계를 회피할 수 있게 해준다. 계단 모델의 6층에 이른 테러리스트는 동기를 부여 받고 훈련되었으며 도덕적으로 준비가 되어있고 전체 조직의 지원을 받으며 명백히 위험한 사람들이다.

계단 모델은 극단주의나 테러리즘으로 가는 단계 이해를 도울 설명적 프레임워크로 고안되었다. 계단 모델은 특히 이슬람 극단주의자와 테러리스트를 관찰한 후 고안되었지만 다른 연구자들은 다른 유형의 테러리스트와 테러 단체와 비교하여 모델의 일부를 입증했다.

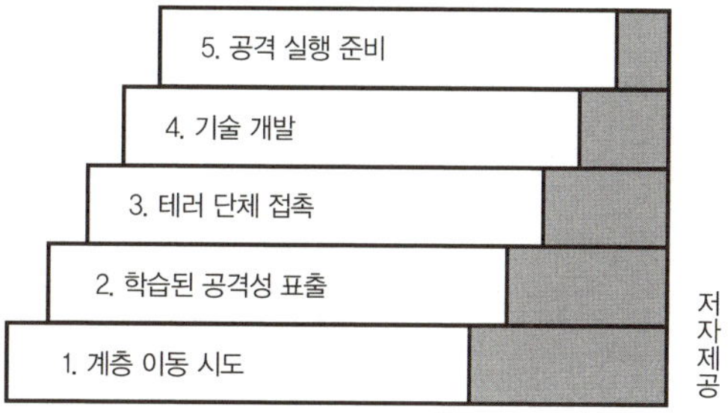

계단 모델 시각 자료

하지만, 이 모델에는 문제가 있다. 특히 계단을 오르는 것(각 계단을 정의하는 일련의 조건과 행동이 주어지고 다음 단계로 발전할 것)이 미리 예정되어 있다는 것이다. 항상 그렇지 않을 수 있다. 급진화의 길은 다양하며 잠재적 테러리스트는 다음 단계에 오르지 않거나 테러 공격을 감행하지 않을 수 있으며, 계단을 오르거나 내려갈 수 있다. 게다가 이 모델은 모든 테러리스트들이 이 모델의 모든 단계를 경험한다고 보여주면서, 다음 단계를 건너 뛰는 것을 반영하지 않는다. 또한 계단 모델은 조직을 세우거나 창설자가 되거나 지도자 위치에 오른 사람들을 다루지 않는다. 어떻게 이 모델에서 사람들이 변화하는가에 대한 다양함은 다른 모델에서도 드러난다. 즉 테러리즘으로 가는 규정된 길이 단일하지 않다.

수단으로써의 테러리즘

테러리즘에 대한 다른 심리 연구와 초기 연구는 테러리즘을 증후군이나 조건보다는 수단으로 본다. 이 접근은 테러리즘의 근본 원인을 규정하는 시도들을 최소화하고 테러 공격을 무기나 기술로 본다. 로베스피에르(Robespierre)가 말했듯 개인이나 정부가 목표에 다가가기 위하여 폭력적인 방법을 사용하는 것처럼, 개인이나 조직은 테러리즘을 이용한다. 이 접근에서 테러리스트의 정의는 환경에 입각한 심리 조건에 기인하지 않지만, 정의는 간소화해 전술로 테러리즘을 이용하는 사람을 의미한다.

테러리즘 "근본 원인"의 중요성을 최소화하는 것이 이 모든 것을 고려하지 않아도 된다는 것은 아니다. 근본 원인(가난, 개인적인 불만, 인지된 부당함, 정치적 환경 등)을 제공하는 조건은 우리의 이해에 여전히 중요하지만 기여 요소 정도의 수준이다.

수단으로써의 테러리즘 접근은 특정 사회에서 한 사람이 같은 요인의 영향을 받으며 어떻게 다른 사람들과 달리 테러리즘을 선택하게 되는지 잘 설명해준다. 게다가 수단으로써의 테러리즘 접근은 어떠한 행위자든 테러 공격 수단을 이용함으로써 테러리스트가 될 수 있다는 것을 시사한다. 테러 단체와 목표가 광범위하고 단일 "테러리스트 프로필(terrorist profile)"이 없기 때문에 테러리즘을 수단으로 보는 개념은 오늘날의 전세계 조건에 부합한다.

우리는 정보의 시대에 살고있다. 다음 30분(이나 그 이하 시간) 동안 여러분은

© Sashkin, 2013. Used under license from Shutterstock, Inc.

어떻게 효과적인 테러 공격을 감행할 수 있는지 상세한 정보를 찾을 수 있다. 알카에다(Al Qaeda)는 폭발물을 설치하고 소총을 다루고 의심을 받지 않고 돌아다닐 수 있는 방법을 알려주는 화려한 잡지를 분기별로 (온라인에서) 출간한다. 테러 공격을 어떻게 시행할 지에 대한 정보를 간단히 이용 가능한 점이 수단으로써의 테러리즘에 관한 주장을 뒷받침한다. 그러나 전술을 사용하면 자동적으로 당신이 테러리스트가 되는 것인가? 한 명의 총기 소지자가 학우를 교실에서 쏜다면 이 사람은 테러리스트로 봐야하는가?

미국에는 현재 시대를 "글로벌 테러리즘 전쟁(GWOT: The Global War on Terrorism)"로 보는 추세가 있다. 이 개념 및 정의는 미국이 단일 적인 세계적 조직, 최소한 구성원이 비슷한 생각을 지닌 조직과 투쟁하고 있다는 인식을 담고 있다. 그러나 우리가 테러리즘을 수단 개념으로 적용한다면 인식 가능한 적에 대한 글로벌 테러리즘 전쟁(GWOT) 주장은 연관성이 떨어진다. 글로벌 테러리즘 전쟁(GWOT)은 총과의 전쟁(War on Rifles)이나 (수정 헌법 제 2조 인용을 지나치게 하지 마시길 바란다. 우리는 미국에서 총기 규제를 옹호하는 것이 아니다) 암살과의 전쟁(War on

Assassination), 은행 강도와의 전쟁(War on Bank Robbery)과 유사하다. 이것들은 우리가 해결하고 싶은 것이지만 국가가 전쟁을 선포하는 목표는 아니다.

강압의 수단

토마스 셸링(Thomas Shcelling, 1966)은 군대가 적을 "피해" 입히는 데 사용될 수 있으며 피해의 공포는 적이 피해를 피할 수 있도록 동기를 부여할 수 있다고 저술했다. 폭력을 휘두를 것이라 위협하며 적이 정책이나 방향을 바꾸도록 하는 이 강압적인 행동은 수단으로써의 테러리즘에 기반이다. 셸링(Shcelling)의 주장은 국가나 주의 분쟁과 외교에 중점이 있지만 비국가 행위자나 테러리스트에 쉽게 적용될 수 있다. "피해의 힘은 협상력이다. 이것을 이용하는 것이 공격적인 외교(vicious diplomacy)이지만 어쨌든 외교이다."(셸링Thomas Shcelling, 1966). 어떤 한 조직이 테러리즘을 이용할 때 "공격적인" 외교력을 보일 수 있다. 즉 강압을 전술로 사용할 수 있다.

문제는 수단으로서의 테러리즘은 우리가 싸우고 있는 것으로 테러리즘을 대신하고 우리가 적을 더 잘 규정하게 한다. 현재 시대에 서양이나 미국의 관점에서 우리는 적을 서양의 이익을 노리는 이슬람 극단주의 조직의 느슨한 네트워크로 보고 있다. 이전 시대에 적은 반체제적 정치 조직이나 분리주의자, 무정부주의자로 규정되었다. 이러한 유형의 각 테러 단체는 테러리즘을 수단으로 이용했지만 다른 이유로 사용했다. 효과적으로 하기 위하여 우리는 조직 목표 뿐만 아니라 기여 요소에 집중하고 대항해야 한다.

문화 · 조직적 영향

누구도 떨어진 진공 상태에서 살지 않는다. 즉 우리는 가족, 친구, 동료, 학우 그리고 수 없이 많은 타인들로부터 영향을 받는다. 매체가 풍부한 문화는 즉각적으로 전세계에 영향력을 넓히고 우리의 의사소통 범위는 상상력에 의해서만 제한될 정도이다. 극단주의자와 테러리스트도 같은 환경에 산다.

마사 크렌쇼(크렌쇼Marthar Crenshaw, 1981)는 테러리즘은 소규모의 사람들 중에 긴밀한 관계가 있는 조직 활동이라고 저술했다. 개인의 성향을 이해하려 할 때 조직 정체성의 유무는 매우 중요하다. 수 십년 간 연구자들은 조직 변화가 개개인의 테러리스트 발전이나 행동에 미치는 중요성을 이해해왔다. 테러리즘에 관련된 대부분의 심리 연구는 폭력적인 도덕적 틀을 받아들이고 살해할 의지를 갖게 된 것을 설명하기 위해 잠재적 테러리스트의 인지된 부당함과 불만족과 함께 테러 단체의 놀라운 영향력에 대해 다룬다.

개인과 조직간의 관계는 테러리스트 사이의 신뢰와 연대를 쌓고 조직의 믿음 체계를 강화한다. 궁극적으로 이 조직의 결속력을 강화하는 것이 각 테러리스트들이 그 체계에 더 결속하게 한다. 테러 단체는 유일한 테러리스트의 안전과 휴식 제공처가 되고 이 지원 체계는 개개인의 지속된 참여에 중요하다.

연관된 사건

가끔 개인이나 조직이 테러를 선택하게 하는 단일 사건이나 연속된 사건이 발생한다. 이러한 연관된 사건들은 유명하고 눈에 띄며 그 예시로는 폭발 테러, 정부 탄압, 갑작스러운 권한이나 특권 박탈 및 축소가 있다. 이러한 유형의 사건이 발생하면 사람들의 불신이나 불만족이 커지고 그에 대항하는 활동을 일으키게 할 수 있다. 예를 들어 루비 리지(Ruby Ridge)와 웨이코(Waco) 사건은 법집행 역사에서는 연관된 사건으로 여겨지며, 맥베이(McVeigh)와 니콜스(Nichols)가 오클라호마 시티(Oklahoma City)에 있는 뮤러 연방 정부 청사 (Murrah Federal Building)를 폭발시킴으로써 복수하는 동기 부여가 되었다.

이러한 연관된 사건의 대응에는 시위, 집회, 청원서, 선거 운동과 같이 평화롭고 합법적인 활동이 있을 수 있지만 폭력과 테러리즘이 될 수 있다. 대응 활동 선택은 개인의 문화적 도덕적 틀 뿐만 아니라 그 사람이 테러리즘으로 가는 길의 어디에 서 있느냐에 따라 달려있다. 반체제 조직에 의한 갑작스러운 붕괴는 도덕적 개입 과정을 가속화 시킬 수 있으며 테러리즘을 증폭시키고 일으킬 수 있다.

우리는 테러 공격이나 다른 폭력적인 사건이 종종 변화를 일으키는 연관된 사건이라는 사실을 부인할 수는 없다. 이러한 사건의 경우에 연관된 사건은 거의 추가적인 테러리즘을 일으키는 경우가 없지만 테러의 위협에 대응하기 위해 정책이나 사회적 변화가 일어난다. 일례로 미국에서 2001년 9/11 사태 이후에 연방 정부에서 법적, 행정적 변화가 일어났다. 이러한 변화는 미국의 보안과 안보를 강화하기 위해 입법이나 행정직에 있는 사람들이 일으키지만 9/11 사태라는 기폭제가 없었다면 존재하지 않았을 조치나 정책이 포함되었다.

연관된 사건은 매체의 영향을 상당히 받는다. 이 책의 후반부에서 테러리즘에 미치는 매체의 영향에 대해 더 깊게 다루어 볼 예정이며, 많은 방식으로 매체가 연관된 사건이 발전하게 한다는 것은 주목할 사안이다. 이러한 주요 사건이 공공 정책 결정을 이끄는데 중요하며, 이 사건들이 극단주의나 테러리즘을 양성하거나 고무시킬 수 있지만, 이 사건들로 인해 공격에 가담한 사람들이 악명을 갖게 하고 그 사건들을 보도한 사람들을 인정해준다.

도덕성과 테러리즘

사건을 테러리즘으로 규정하거나 개인을 테러리스트로 인지하는 것은 관점에 달려있다. 이를 잘 보여 주는 "어떤 사람에게 테러리스트인 사람은 다른 사람에게 자유 투쟁가이다."라는 옛 말이 있다. 개인이나 조직의 행동이 한 관점에서는 테러리즘으로 분류될 수 있지만 다른 관점에서는 같은 사람이나 같은 행동이 영웅적이거나 사회나 공동체를 보호하는 행위로 보일 수 있다. 다시 말해, 테러리즘과 "정당한" 정치적 폭력을 우리는 어떻게 구별하는가? 우리는 테러리즘의 정당성을 자세히 살펴보았을 때 계속 모호한 문제가 발생할 것이라고 생각하지만 그렇지 않은 경우가 많다. 테러리스트들이 정당하지 않거나 비도덕적인 방식으로 폭력 이용을 결정하기 때문에 우리는 테러리스트들을 "미친" 사람이나 "비이성적인" 사람으로 낙인 찍지 말아야 한다. 우리의 도덕적인 틀로 이러한 사건들을 보지만 사회적 도덕성은 테러리스트들의 도덕성과는 다르다. 한 사람이 테러리즘으로 가는 길에서 나아가고 있다고 가정했을 때 그 사람은 "타인"이나 압제자를 향한 폭력을 허용하는 도덕적 관점으로 관점을 전환하게 된다.

테러리즘은 상해, 죽음, 재산상의 피해를 초래하는 특이 폭력을 일으킨다. 그러나 이 폭력은 범죄자의 행동이나 "단순한" 살인과 연관된 폭력과는 다르다. 무엇이 다르며, 우리가 그 구별이 분명한 방식으로 테러리즘을 규정할 수 있을까? (1장 참고.) 실제로 테러 공격으로 인한 죽음은 살인이지만 그 이상일 수 있다.

이전의 사례들을 통해 우리 사회에는 살인이 사람들을 통치하는 법에 따라 정당화될 수 있는 많은 조건이 있다는 걸 알 수 있다. 이러한 행동은 혐오스러울 수 있지만 보통 살인으로 규정되지 않는다. 대부분의 미국인들에게 친숙한 **도덕적 틀**(moral frame)을 바탕으로, 예방 차원에서 무고한 시민들을 공격하거나 살해하는 것은 정당화되지 않지만 스스로를 보호하기 위해 살인하는 것은 정당화 될 수 있다. 우리는 도덕적으로 테러리즘과 살인을 어떻게 구분하는가? 어떻게 테러리즘과 전쟁을 구분하는가?

일반적으로 우리가 위의 예시와 테러리즘을 구별하게 하는 3가지 요소가 있다. (1) 범인이 누구인가 (2) 누구를 공격하는가 (3) 범인의 의도이다. 모든 요소가 테러 활동이나 공격에 적용되는 것은 아니지만, 공격의 도덕성을 알아내는 것을 돕는다.

어떤 사람이 집에 침입하여 집주인이 침입자를 총으로 쏘아 죽였다면, 살인죄에 해당되는가? 대부분의 미국 관할 구역에서는 살인이 아니다. 어떤 사람이 거리에서 공격을 당해 자신을 보호하다가 싸움 도중에 폭행을 한 사람을 죽였을 경우, 살인죄에 해당되는가? 이때도 대부분의 미국 관할구역에서는 살인이 아니다. 군대가 전투 작전을 실행할 때 목표는 적군을 죽이거나 불구로 만드는 것이라면 이때도 살인죄에 해당되는가? 일반적으로 받아들여지는 국제 협약에서는 살인죄에 해당되지 않는다. 군대가 합법적으로 지시된 군사 작전에 참여하던 도중 실수로 민간인을 죽였을 때, 살인죄에 해당되는가? 이와 같은 "부수적 피해(collateral damage)"의 예들은 모든 전쟁 지역에서 전투 작전 도중에 일어난다. 이와 같은 경우에, 군 사령관이나 군대가 등한시하거나 불법적으로 작전을 하지 않는 이상 전범이나 살인죄로 처벌받지 않는다. 다시 말해, 살인죄가 아니다.

1. 테러리즘은 개인이나 비국가 조직이 저지른다. 일부 국가가 테러리즘을 후원하거나 지원하므로 애매한 부분이 있다. 3장에서 이에 대해 더 다룰 것이다. 국가의 군대가 공격이나 폭력을 행하면 이것을 테러리즘으로 분류하기 어렵다. 일반적으로 테러리스트들은 보통 징병된 사람이 아니며 군인도 아니고 테러 행위의 원인을 모르는 사람들도 아니다. 테러리스트들은 무지한 졸병들이 아니다. 강제되거나 강압적으로 행동을 하는 것이 아니며, 인지하고 있으며 공모하고 있다.

2. 테러리즘은 무고한 행인들을 대상으로 한다. 이 문맥에서 무고함은 분쟁이나 갈등에 관여되지 않았음을 의미한다. 즉 피해자는 행인이며 보통 민간인이다. 공격의 명백한 무차별성은 두려움과 공포심을 키운다. 상황에 따라서, 배치되거나 무지한 전투원에게 행해진 공격은 보통 테러리즘으로 분류되지 않는다.

3. 공포는 테러리즘의 의도이다. 보호할 때에는 공포를 불러일으키기 위함이 아니라 생명을 보호하기 위함이 목적이다. 또한 가택에 침입한 범죄자는 개인적 이득을 추구할 가능성이 높으며 공포는 부차적인 요인이다. 부수적 피해로 목격자에게 공포심과 두려움을 일으키지만 그것이 공격의 의도는 아니다.

이러한 요소들은 테러 공격을 식별할 수 있는 완전하고 누구나 이용 가능한 도덕 나침반을 만들어주지는 않지만 정당한 폭력과 테러리즘을 식별하게 해주는 가치 있는 도덕 프레임워크를 제공한다. 이 프레임워크를 기반으로 볼 때 도덕적으로 정당화되는 테러리즘의 상황이나 예가 있는가? 자기 방어적 폭력이 정당화된다면, 같은 수칙이 테러리즘에도 적용될 수 있는가?

이러한 질문에 대답하기 위해 우리는 정말로 정당화될 수 있는 테러리즘의 예를 찾기 위하여 몇 가지 예를 연구한 사울 스밀란스키(스밀란스키Saul Smilansky, 2004)의 연구를 살펴보아야 한다. 스밀란스키는 북아일랜드의 아일랜드 공화국군(IRA: Irish Republican Army)과 영국 정부와의 아일랜드 공화국군의 투쟁을 살펴보았다.

북아일랜드 시민들은 영국 시민이기도 하므로 모든 영국 시민들에게 부여된 권리와 보호를 누릴 수 있다. 그 권리 중에는 정치적 권리나 종교의 자유, 대의권, 잘 작동되고 지지를 받는 지방 정부의 혜택이 있다. 시민들이 보호 조치들이 적절하지 않다고 생각하면, 남쪽으로 몇 마일 이사해서 영국의 지배를 받지 않는 아일랜드 공화국에 거주할 수 있다. 전체 아일랜드의 56%를 차지하는 아일랜드 공화국은 문화적 종교적 자유와 시민들을 위한 보호 조치가 있는 자유롭고 개방된 사회이다. 북아일랜드 시민은 아일랜드 공화국에 자유롭게 이주하거나 아일랜드 공화국에 연관된 활동을 할 수 있다.

북아일랜드의 아일랜드 공화국군(IRA: Irish Republican Army)은 북아일랜드의 영국 규칙을 철폐하고 두 아일랜드를 통합하기 위해 조직되었지만, 아일랜드 공화국군은 가톨릭을 대변하고 영국은 프로테스탄트적 규칙을 가지면서 갈등의 양상이 종교적인 색채를 띄었다. IRA의 수사법과 성명과는 달리, 북아일랜드의 프로테스탄트 신자와 가톨릭 신자의 상대적 환경은 그다지 심각하지 않았다. 북아일랜드에 거주하는 가톨릭 신자가 느끼는 상대적 빈곤은 더 억압적인 환경에 거주하는 다른 문화권의 사람들이 경험하는 것에 비교해보면 가벼운 정도였다. IRA가 영국 규칙의 대표자들이나 상징에 대항해 폭력적인 조치를 취하면, 영국 정부의 보안 조치로 인해 상대적인 빈곤이 높아지고 이러한 조치들은 테러 행위를 부추기면서 연관된 사건이 되었다. IRA 사건에 대한 영국의 반응은 자기실현적 예언을 만들고 테러리즘은 계속 반복되는 사이클이 되었다.

스밀란스키(Smilansky)는 테러리즘이 정당화될 수 있는 경우에(억압적인 정부나 조직에 대항해 사회나 단체를 보호하기 위해 하는 폭력) 테러리즘이 성행하지는 않았다. (상기의 IRA 사례를 포함하여) 테러리즘이 성행하는 경우에, 테러리즘은 정당화되지 않았다. 이로써 테러리즘은 일부의 경우에 억압된 자들의 정당화될 수 있는 수단이 될 수 있다는 결론에 이르게 된다. 이에 해당되는 경우는 드물거나 없다. "자유 투쟁가" 인용문은 문제를 복잡하게 하려는 그릇된 시도인가?

왜 테러리즘이 여전히 존재하는가

테러리즘이 무고한 대상들에게 가해지는 정당하지 않은 폭력으로 보여져 왔다면 왜 여전히 이용되는가? 간단히 말해 효과가 있기 때문이다. 여러분이 (기대하거나) 찾는 답변은 아닐지 모르지만 실제로 테러리즘은 효과가 있다. 이 문장의 문제점은 우리가 어떻게 "효과가 있다"는 것을 정의하는가이다.

테러 단체가 폭력을 통해 공언한 목표를 완전히 이루는 경우는 거의 없다. 그러나 테러 공격이 테러 단체의 대의명분에 맞는 방식으로 사회를 변화시키는데 있어서 성공적일 수 있다. 그렇지 않은 경우에 전체적인 목표는 요원하더라도 조직의 대의명분에 관심이나 지지를 이끌어 내는 점에서 테러리즘은 "효과적이다".

사례 연구

● 마드리드 열차 폭탄 테러 ●

2004년 3월 11일 스페인 마드리드 지역 내와 주변 지역에서 10개의 폭발 장치가 4대의 통근 열차에서 폭발했다. 이 폭발은 각 폭발 간의 몇 분 내에 이루어지도록 시간이 맞춰져 있었고 연계된 이 공격으로 191명이 사망하고 1,841명이 다쳤다.

대상이 된 모든 열차는 마드리드에서 약 18마일 떨어진 알칼라 데 에나레스역(Alcalá de Henares Station)에서 출발했다. 4개의 열차에는 아침에 출근하려는 사람들로 붐볐고 열차가 역에 들어서거나 근처에 갔을 때 폭발했다. 3개의 장치는 폭발하지 않았으며 나중에 해체되었다. 이 장치들은 범인을 색출하는데 중요한 증거가 되었다.

스페인 정부는 40년 넘게 자유 조국 바스크(ETA: Euskadi Ta Askatasuna) 의 바스크(Basque) 분리 독립 운동과 갈등을 빚게 된다. ETA는 스페인 북부지역의 바스크 지역 자치권이라는 목표 아래 1959년 설립되어 마르크스주의의(Marxist) 이념을 상당 부분 포함시켰다. 20세기 후반부에 이 단체는 1998년 휴전이 선언되기 전까지 납치, 강도, 암살을 저질렀다. 휴전이 계속되지 않았고 ETA는 2000년 초반에 테러 공격을 재개했고 그 결과 새로운 정부 탄압의 흐름이 나타났다.

당연히, 스페인 정부가 거의 즉각적으로 ETA가 2004년 마드리드 열차 폭발 사건(2004 Madrid train bombing)의 책임이 있다고 선언했다. 고위 정부 관료의 공개 발언을 포함한 초기 고발을 통해 ETA가 책임이 있다는 것은 "의심할 여지가 없다"고 선언했다. 숙적을 색출한 결과 스페인 내에서 9/11 사태 이후 미국에서 일어난 상황과 매우 유사하게 국민의 결속력이 생겨났다. 폭력에 대항한 평화로운 시위가 테러 다음날 벌어졌고 스페인 사회는 숙적인 분리주의자들을 탓하기 쉬운 분위기가 되었다. 그러나 폭발 사건이 벌어진 지 사흘도 되지 않아서 조사의 초점은 알 카에다(al Qaeda)와 연계된 이슬람 극단주의자로 옮겨갔다. 폭발되지 않은 장치에서 발견된 물리적 증거를 기반으로 일어난 이러한 초점의 변화는 스페인 지도층이 반기지 않았으며, 사람들이 정부가 무능력하고 부패했다고 인식하면서 한때 평화로웠던 시위는 반정부 및 반이슬람 시위로 변모했다.

폭발 사건 당시에 스페인은 이라크 침공 문제에 미국과 협력을 맺고 페르시아만(the Gulf)에 스페인 군대를 파병했다. 미국을 지원하는 이 결정은 약 90퍼센트의 국민들이 반대표를 던질 정도로 스페인 사람들의 지지를 받지 못했다. 열차가 폭발하고 나서 정부의 공공 성명서는 ETA의 탓으로 돌렸지만 물리적 증거는 이슬람 극단주의자와 연계되어 있음을 보여주었고, 스페인 경찰은 알 카에다(al Qaeda)와 연계된 사람을 추적해서 체포했다. 용의자들을 체포한게 알려지자 사람들은 범인과 정부에 분노했다. 더 확실한 확인 차에서 유럽의 알 카에다 조직은 테러 사건을 일으켰다는 비디오 테이프를 유출했다.

이 폭탄 테러를 일으켰다고 주장하는 조직은 이 사건이 스페인이 이라크에서 미국을 군사적으로 계속 지원한 것에 대한 보복이라고 밝혔다. 그러자 대중들은 정부가 이라크에 파병하지 않았다면 이 사건이 일어나지 않았을 수 있다는 점과 알 카에다(al Qaeda)가 스페인을 목표로 하지 않았을 것이라는 결론을 내렸다.

폭발 사건이 일어난 사흘 뒤, 스페인 총선이 열렸다.

대중이 정부에 분노하고 이슬람 테러리스트들이 최근의 끔찍한 사건을 주동했다는 점을 점점 더 확신하게 되면서 스페인 사회 노동당(Spanish Socialist Workers Party)이 현 정부를 뒤집고 놀랄만한 승리를 거두었다. 폭발 사건이 발생한 지 6일 째 되던 날인 선거가 있은 지 사흘 후, 스페인은 새로운 총리가 선출되고 새 정부가 출범했다. 선거 한 달 후, 새 총리는 모든 스페인 군대에 귀국을 명령했다. 이라크에서 미국 주도 연합에 스페인이 했던 지원은 막을 내렸다.

사건이나 여파를 피상적으로 검토하더라도, 결과가 스페인이나 유럽의 이슬람 알 카에다(al Qaeda) 조직에 유리했음을 알 수 있다. 스페인 새 정부는 이라크 전쟁의 지지를 취소하고 모든 스페인 군대를 귀국시켰다. 이 결과가 3월 11일 공격의 의도된 목적이었을까 아니면 그저 우연이었을까? 미국과 유럽의 유명 매체는 이라크 파병을 취소할 정당이나 정부를 선출함으로써 스페인 유권자가 테러리스트들을 "유화시켰다" 고 주장한다. 이러한 유화 주장은 알카에다와 그 세력의 성공을 의미한다. 안타깝게도 이 문제는 분명하지 않다.

마드리드 폭발 사건의 책임이 있는 알 카에다(al Qaeda) 세력이 성공했다고 전 세계의 많은 지역에서 가정하는 것은 새 정부가 폭발 사건이 있은 지 사흘 후 출범되었다는 사실에 기반한다. 새 정부는 이라크에서의 미국 주도 전쟁에 덜 우호적이며 결과적으로 스페인 군대를 철수시켰다. 테러를 일으킨 원인이라고 생각되는 국가 정책을 바꾸기 위해 사람들이 투표 했기 때문에 표면적으로 마드리드 폭발 사건이 스페인 사람들에게는 강압적인 것처럼 보인다. (고통에 대응하여 범인이 원하는 대로 투표하게 된) 이 합의가 강압적인 것처럼 보인다. 이 장의 앞에서 이야기했던 것처럼 이런 유형의 (정부 정책을 변화시키기 위한) 테러리즘 사용은 공격적인 외교 유형이다. 그러나 최근 마드리드 폭발 사건의 분석에 따르면 진정한 강압적 협상은 이 경우에 없었을 수 있다.

강압적인 협상은 몇 가지 중요한 요소를 가지고 있다. 첫 번째로 테러리스트는 피해를 입히기 위해 증명된 능력을 지니고 있어야 한다. 알 카에다 조직이 스페인과 유럽에서 그 능력을 가지고 사용했다는 것은 분명하다. 두 번째로 강압적인 협상에서는 공격자의 요구가 충족되면 그 범인은 추가적인 공격을 삼갈 것이다. 즉 스페인이 요구(이라크와 아프가니스탄에서 철수하는 것)에 응하면 추가적인 폭발 사건은 일어나지 않을 것이다. 이 제한적인 능력은 (공격을 하지 않을 의지) 알 카에다가 지금까지 보여주지 않은 능력이며 스페인 사람들은 그것이 진짜인지 확신하지 못한다. 게다가 요구에는 이라크와 아프가니스탄에서 철수가 포함되었지만 아프가니스탄에서 스페인의 지원은 취소되지 않았다. 스페인 사람들은 2001년 침공과 그 이후의 전쟁을 옳고 정당한 것으로 생각했다. 요약하여 스페인 사람들은 실제로 테러리스트 요구를 맞추려 투표를 한 것이 아니었다. 그들은 주어진 현 상황에서 테러 위협에 가장 잘 대응할 것이라고 생각되는 정당에 투표하였다. 이 사건은 행동 = 반응 사건의 사례이며 반드시 강압적이라고 할 수 없다.

전반적으로 보자면, 마드리드 폭발 테러 사건은 스페인 정치계에 중요한 영향을 주었고, 그 영향을 알 카에다와 그의 세력에게 이득을 주었다. 폭발 사건은 유럽에서 알 카에다의 능력을 증명하는 사건이었고 그 결과 세력이 더 늘고 인지율이 높아졌다. 이 관점에서 우리는 여전히 마드리드 폭발 테러 사건을 성공적인 테러 공격이라 부르지만 스페인이 강압적으로 조치를 취했는 지는 분명하지 않다.

2007년 알 카에다(al Qaeda)는 스페인에 일으켰던 테러 공격과 그에 따른 변화가 자랑스럽다고 말했다. 그 모든 물리적 증거, 체포, 그에 따른 유죄 선고에도 불구하고 이 두 주장은 마드리드 열차 폭탄 테러와 알카에다 조직원들간의 직접적 연관 정도를 보여준다. 많은 공모자들이 다양한 이슬람 알카에다 조직과 연관관계가 있었지만, 바스크 무장 단체 ETA와는 없었다.

주요 용어

- 인지적 재건
- 이성적 선택 모델
- 도덕적 개입
- 급진화
- 도덕적 틀
- 상대적 빈곤
- 심리적 모델
- 테러리즘으로 이르는 계단 모델
- 연관된 사건
- 공격적인 외교

토론 주제

1. 사용된 전술이 당신이 테러리스트인지 아닌 지를 결정하는가? 왜 그런가? 왜 그렇지 않은가?

2. 글로벌 테러리즘 전쟁(GWOT: The Global War on Terrorism)이란 무엇인가?

3. 재건과 도덕적 개입을 시행하지만 테러리스트가 아닌 단체의 예는?

MEMO

CHAPTER 03

테러리즘의 유형

3장

테러리즘의 유형

이제 행위자를 알고 테러리즘의 동기를 이해하고 있기 때문에, 여러분은 다른 유형의 테러리즘을 배울 수 있다. 중요한 것은 이러한 카테고리를 이해했을 때 그룹들이 오직 한 유형의 그룹에만 분류될 수 있거나 다양한 정의로 구분될 수 있다는 것을 인지하는 것이다. 일반적으로 우리가 테러 단체를 "초국가적인" 이나 "종교적인" 것으로 규정할 때, 그 조직의 초기 동기나 목적이 이러한 묘사로 가장 잘 드러난다. 이 장의 마지막까지 읽는다면, 여러분이 여러분의 친구나 가족에게 깊은 인상을 남기기 위해 권위적으로 "국가 지원을 받는 전세계의 종교적 반체제인사들"인 조직에 대해 계속 이야기하는 것을 쉽게 할 것이다.

반체제인사, 자경단의 테러리즘

국내 테러리스트들은 지역 수준에서 시작한다. 현지에서 소비하는 것처럼 이 사람들은 현지인인 테러리스트들이며 자국에서 폭력을 휘두른다. 이전 장에서 언급되었듯이, 테러리스트는 항상 변화의 동기 부여를 받고 불법적인 행위를 하지만 이성적인 사고를 한다. 국내 테러리스트(Domestic terrorist)는 자국내 정부나 다른 그룹의 사람들을 배척하는 테러를 저지르는 "아래로부터(from below)" 행동하는 행위자이다. 이 국내 행위자들은 폭력적인 정치 행동을 통하여 변화를 추구하는 자경단원일 수 있으며 자경단원은 채식주의자, 무슬림, 아이티 사람, 뉴욕 주 시민과 같이 특정한 유형의 사람을 대상으로 하는 경우도 있다. 이 나라에서 반체제인사들과 자경단원들을 결집시키는 공통점은 바로 외부인을 두려워하는 **외국인 혐오증**(xenophobia)이다. 자국의 우월성에 대한 믿음이 토착민 보호주의(nativism)와 결부되면 국내 혐오 단체가 생기는 것이다.

사례 연구

● 쿠 클럭스 클랜(KKK: Ku Klux Klan) ●

KKK단이 "다르다"라고 규정 지으며 함께 살고 싶지 않은 사람들의 리스트는 매우 광범위하며 백인이 아닌 사람들, 이민자, 비기독교인, 공산주의자를 포함한다. 미국에서는 여전히 활발하며 단원이 약 3,000에서 5,000명에 이른다고 추정된다. KKK단 일원은 전통적으로 비밀리에 만난다. 폭력적인 행동을 할 때, 단원들은 자신이 누구인지 숨기기 위하여 하얀 가운을 입고 뾰족한 모자를 쓴다. 이 단체가 변장을 선택한 것은 테러리즘에서는 독특한 현상이다. 즉 KKK단의 의복은 대 KKK단의 시작이었던 1860년대 이래로 계속 사용되었으며 현재는 (스페인에서 비슷한 의복인 까삐로떼(Capirote)를 입은 것을 보지 않았다면) 유일하게 KKK단을 의미하는 상징적인 요소가 되었다.

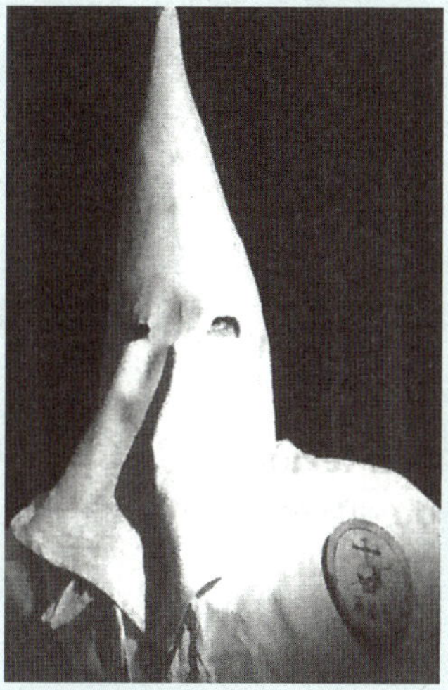

© Stefano Penzari, 2013. Used under license from Shuttershock, Inc.

KKK Mask

흥미롭게도, 평등이나 통합과 관련된 미국 정책 때문에 외국인 혐오 단체는 정부 관리나 상징을 목표로 하기도 한다. 토착민 문화 보호주의자(nativist) 혐오 단체는 미국 정부가 백인 분리주의자 단체에 대응한 조치를 종종 언급한다. 전형적인 예 중 하나가 웨이코(Waco)와 루비 리지(Ruby Ridge) 사건에서의 연방 조치이다. 티머시 맥베이(Timothy McVeigh)와 테리 니콜스(Terry Nichols)는 둘 다미 육군으로 복무한 적 있던 젊은 백인이었다. 이 두 범인의 오클라호마 시티(Oklahoma City)에 있는 뮤러 연방 정부 청사 (Murrah Federal Building)폭발 테러 동기는 루비 리지(Ruby Ridge)와 웨이코(Waco) 포위 작전에 있어서 정부의 대처에 대한 보복이었다.

자경단이나 반체제 테러리스트의 경우에 정부가 대상일 수 있지만 테러 단체는 정부의 지원이나 공직자 중 아는 사람이 있을 수 있다. 혼란스러운가? 그에 대한 설명은 예시를 들어서 해보겠다.

낙태 반대나 낙태 찬성 운동은 합법적인 낙태를 허용하는 미국의 법을 바꾸기 위한 노력으로 이루어졌다. 대부분의 낙태 반대 운동은 평화로웠고 법을 바꾸기 위한 전통적인 정치적 방법이 사용되었다. 그러나 낙태 반대 이유에 사람들이 관심을 기울이도록 하기 위해 폭력을 자행한 신의 군대(AOG: Army Of God)와 같은 국내 테러 단체가 있어 왔다. AOG를 포함한 이러한 조직들은 건물 폭발하기, 의사와 가족 살해, 정치인 협박과 같은 명백한 국내 테러 행위를 저질러왔다. 어떠한 정부 관료도 이러한 종류의 폭력을 낙태법을 바꾸기 위한 노력으로 지지하지 않지만, 일부 사람들은 법을 바꾸거나 폐지하려는 그 열망은 지지한다. 행동은 지지하지 않지만 이념은 지지할 때, 이러한 유형의 지지를 "이념적 지지"라 부르기도 한다. (4장 참고)

루비 리지(Ruby Ridge, 1992년 8월)

랜디 위버(Randy Weaver) 가족은 정부를 매우 불신하고 종말론을 믿고 있었기 때문에 아이다호 북부 지역에 작은 오두막집에 살았다. 위버는 아리안 네이션(Arian Nation)과 약한 유대 관계를 갖고 있었고, 불법 화기를 정보원에게 판매한 혐의로 폭발물 단속국(ATF)에 수사를 받았다. 위버는 정보원이 되라는 권유를 받았지만 거절했고 법정에 서게 되었다. 재판 날짜가 옮겨졌지만 위버는 그 사실을 몰라서 연방 법원에 출두하지 못했다. 이 때문에 법원 체포 영장이 나왔다. 미국 경찰은 위버가 투항하도록 여러 시도를 하였지만, 시간이 지나감에 따라 위버의 불신에 대항해 점점 더 높은 수준의 협박과 감시를 동원했다. 한밤중에 위버의 아들과 경찰간의 짧은 총격전(으로 아들은 사망하였으며) 이후 집은 포위되고 9일간의 진압 작전이 시작된다. 진압 기간 동안 위버는 총에 맞아 다치고 아내는 총에 맞아 사망하였다. 남은 위버 가족은 투항하였고 랜디 위버는 법원에 출두하지 않은 것 이외에 모든 혐의에 무죄 판결받았다.

웨이코(Waco) 진압 사건 (1993년 2월–4월)

데이빗 코레쉬(David Koresh)는 다윗파(Branch Davidians)라고 불리는 작은 기독교 종파를 이끌었다. 다윗파 신도들은 텍사스 웨이코의 교외 작은 지역에 살고 있었다. 코레쉬는 일부다처제, 미성년 강간, 아동 학대 혐의가 있지만 불법 무기 소지로 기소되었다. 수색 영장 집행 첫 시도는 4명의 요원과 6명의 신도를 죽게 한 총격전으로 이어졌다. 50일 간의 진압 작전이 시작되었고 진압 기간 동안 FBI는 안에 억류된 아이들의 안전을 점점 더 우려했다. 진압 마지막 날, 그 단지 내의 세 곳에서 원인 불명의 화재가 일어났다. 결국 아이들을 포함한 76명의 사람들은 나오길 거부하고 불에 갇혀 사망하였다.

반체제 목표와 대상

반체제 테러리스트들은 그 사회의 정치적 계획 틀을 바꾸고자 노력한다. 이 테러리스트들은 어느 정도 수준의 자치권을 추구하는("우리끼리는 좌파가 되고 싶을 뿐이다.") 분리주의자이거나 사회 구조의 중대한 변화를 보고 싶은 것일 수도 있다. ("우리 정부가 좌익 성향이 있다는 것이 마음에 들지 않는다.") 대부분의 경우에 반체제 인사들은 분명한 목표가 있다. 즉 그들은 왜 자신들이 무엇인가를 원하는지 이야기 할 수 있으며 그들은 테러리즘을 자신의 대의명분에 대한 인식을 높이기 위한 수단으로 사용하고 있다. 1960년대와 1970년대 미국이 베트남전을 끝내게 하려는 테러 공격이 있었다. 그 목적을 달성하기 위하여 반체제 테러 단체는 반대하는 정부나 사회 구조의 상징을 종종 목표로 한다. 아일랜드 공화국군(IRA: Irish Republican Army)은 영국 군대나 경찰서를 목표로 하기도 하였다. 이탈리아의 붉은 여단(Red Brigades)은 마르크스주의적인 사회를 건설하고 북대서양 조약(North Atlantic Treaty)에서 이탈리아를 탈퇴시키고자 하였고 정치인들을 암살이나 납치하였다. 다시 말해, 이 사람들은 자신들이 반대하는 상징에 집중한 것이다.

부분적으로 혁명적인 테러리즘

테러리즘 연구에서 가끔 사용되는 용어가 있다. 바로 **부분적으로 혁명적인 테러리즘**(sub-revolutionary terrorism)이다. 이 용어로 독자들은 혼란스러울 것이다. 여러분들이 약간 임신할 수 없는 것처럼 약간 혁명적일 수 없다. 테러리즘 행위가 혁명을 이끄는 운동이 되는 것은 가능하지만 그 둘 사이의 구분을 없애 주지는 않는다. 변화라는 미명하에 현 정부에게 폭력을 휘두르거나 폭력의 위협을 가하는 국내 반체제 인사의 행동들은 테러리즘이다. 성명서나 청원서, 대의명분의 존재로 혁명이 되는 것은 아니다. 시민들이 대의명분 때문에 공개적으로 집회할 때 여러분의 운동이 혁명이 된다. 만약 더 광범위한 현 정치 상황이 유지되면 혁명은 실패한다. 새로운 정치 패러다임이 시작되면 혁명은 성공한다. 한 국가가 혁명을 하게 되면 보통 한 가지 유형의 결과만 나온다. 바로 누군가는 이기고 다른 누군가는 진다는 점이다. 혁명 운동이 승리하면 혁명에 이르는 모든 이전의 행위들은 “영웅적인 관점”에서 규정된다. 정부가 이기고 혁명을 진압하면 모든 초기 반체제 인사들은 폭동을 선도하는 테러리스트로 남는다.

반체제 테러리즘과 혁명 간의 차이에 대해 사람들은 종종 질문한다. 답변의 일부분은 승리자의 눈에 달려있다. 사람들의 관심을 대의명분과 운동으로 끌기 위하여 현 정부 소유 재산을 파괴했던 보스턴 차 사건(Boston Tea Party)과 같은 역사적인 행위를 살펴보면 명백히 테러리즘이다. 그러나 보스턴 차 사건(Boston Tea Party)은 식민 정부와 그 지역의 시민들 간의 전쟁이었던 미국 독립 혁명(American Revolution)이 일어나는 데 기여했다. 혁명을 일으킨 자들이 그 갈등의 승리자가 되어 우리는 혁명으로 이르는 행위들을 패배했을 때와는 매우 다른 방식으로 바라본다. 영국이 미국 혁명에서 승리하였다면, 처벌을 받게 된 반란군이 일으킨 보스턴 차 사건(Boston Tea Party)과 같은 사건은 폭력과 테러리즘 행위 였다고 언급되었을 것이다. (영국 교과서는 여전히 그런 식으로 쓰여 있다.)

국가 지원을 받는 테러리즘

“위에서부터의” 테러리즘 이라고 불리는 국가 지원을 받는 테러리즘(state-sponsored terrorism)은 국민들을 대상으로 정부가 자행한다. 대중이나 국제 신뢰를 져버리면서 활동을 강제하거나 집행하기 위하여 테러 전술을 사용하면서 정부 지원을 받는 테러는 인지된 적이나 원치 않는 조직을 제거하는 시도를 한다. 국가 지원을 받는 조치들은 잔혹하거나 폭력적이며 전쟁이 선포된 곳 이외의 곳에서도 발생한다. 즉 일반적으로 정부가 합법적인 수단으로 대처할 수 없는 민간인이나 개인들을 대상으로 한다.

이러한 폭력을 자행하는 행위자들은 국가 요원이기도 하며 때때로 현 정부의 일원일 수 있다. 은밀히 행동할 수 있으며 일부 경우에는 특별한 휘장을 두른 조직(이나 정부의 정규군이) 국가의 지원을 받는 테러리즘을 수행해왔다.

정부가 국민을 대상으로 테러 전술을 사용하기로 결정하면 그 조치를 은밀하게 수행함으로써 정부는 무슨 일이 벌어졌는지 몰랐다면서 "그럴듯한 부인(plausible deniability)"을 할 수 있다. 이에 대한 예는 로버트 무가베(Robert Mugabe) 현 대통령에 반대하는 사람을 민간인 복장을 한 암살단이 정규적으로 살해하고 있는 짐바브웨(Zimbabwe)에서 찾을 수 있다. 무가베는 "자유 선거"를 통해 33년 동안 정권을 잡고있는데, 무가베에 대한 반대표를 던지거나 반대의 목소리를 내는 것에 대한 절대적인 두려움을 일으키 위해 암살단이 선거가 열리기 전에 정적이나 그의 가족들을 포함한 민간인들을 살해했다.

군대를 이용한 국가 지원을 받는 테러리즘의 예는 이라크 북부 지역의 쿠르드 소수 민족에 가한 할랍자 가스 테러(Halabja gas attack)가 있다. 이라크 정부의 명령을 받아 정부는 바그다드(Baghdad) 북부에 있는 작은 쿠르드 마을에 화학무기를 살포했다. 오늘까지도 기체 화합물이 사용된 무엇인지 밝혀지지 않았으며 머스타드 가스, VX 가스, 사린 가스, 타분 가스가 화합된 것으로 추정된다. 이라크 쿠르드족 사상자는 약 7,000에서 8,000명으로 추정된다.

또한 국가의 지원 범위에서 국내와 국외를 구분 짓는 것은 중요하다. 정부가 보통 대대적으로 알리지 않고 은밀하게 테러 행위를 하고 정부는 국민이나 국외의 국민을 대상으로 테러 행위를 지시할 수 있기 때문이다. 짐바브웨(Zimbabwe)나 이라크(Iraq)의 이전 두 가지 예 모두 국가 지원을 받은 국내 테러 사건이지만 국가 지원을 받은 국제 테러 사건도 많다.

가장 유명한 국가 지원을 받은 국제 테러 단체의 예는 이스라엘이나 미국을 적으로 보는 팔레스타인 해방 기구(PLO: Palestine Liberation Organization)이다. (PLO는 1991년 공식적으로 국무부의 해외 테러 단체(FTO: Foreign Terror Organization) 리스트에서 삭제되었다.) PLO는 팔레스타인 독립 국가 건설을 목표로 창설되었으며

PLO의 대의명분을 이루기 위해 다른 나라에 폭력을 자행하는 것을 옹호했다. 국가 지원의 완벽한 예로는 PLO와 연합한 PLEP, PPP, PLF와 같은 다른 조직들이다. 이 조직들은 팔레스타인 운동을 위해 테러를 실제로 자행했다. 국제 당사자 누구도 PLO가 관련 없다고 생각하지 않았지만 엄밀하게 PLO는 다른 조직을 탓하고 자신들과 별개의 조직이라고 주장할 수 있다. 가장 최악의 예시들은 국제상 비밀리에 부쳐져 있겠지만, PLO는 이스라엘에서 폭탄을 터트리거나 국제 비행기를 공중 납치하고, 여객선을 납치하기 위하여 작전용 무기를 사용했다. 아칠리에 라우로(Achillie Lauro)여객선에서 PLO세력이 휠체어를 탄 유대인 남성을 사살하고 바다로 던지기도 하였다.

국가 지원을 받는 테러리스트의 목적과 대상

국가 지원을 받는 테러 단체의 대상은 반체제 테러리스트의 목적과 유사하다. 조직이 어떻게 유래되었고 어떻게 지지를 얻게 되었는지만 다르고, 두 가지 유형의 테러리즘의 목표는 유사하기 때문이다.

많은 방면에서 국가 지원을 받는 테러리즘 목표와 대상은 반체제 테러리즘 목표와 대상이 정도와 심각성 면에서 다르다. 국가 지원을 받는 조직은 "큰 사건을 벌일" 용의가 있다. PLO는 여객선 아칠리에 라우로(Achillie Lauro)와 국제 여객기를 납치하는 것을 지지했다.

국제적 그리고 초국가적인

국제 테러(International terrorism)는 일반적으로 정책이나 정치적 관계에 영향을 주기 위해 다른 나라의 국민을 대상으로 테러를 하는 개인으로 가장 잘 정의된다. 국가간 적대적인 관계에 있는 예는 아주 많다. 예를 들어, 아일랜드 대 영국, 이스라엘 대 팔레스타인, 인도 대 파키스탄, 한국 대 북한, 미국 대 캐나다가 있다. 그러므로 다른 나라에 폭력을 자행할 수 있는 사람들은 항상 있다. (그저 독자 여러분이 놀라는 모습을 보기 위해 미국 대 캐나다라는 것은 농담으로 써보았다.)

국제 테러의 경우에는 행위자는 국가의 지원을 받거나 그렇지 않을 수 있다. 국가가 테러를 지원하는 예로 앞서 팔레스타인을 언급했다. 팔레스타인의 조치 중 많은 부분은 이스라엘이나 미국을 대상으로 한 것이었다. 북아일랜드의 아일랜드 공화국군(IRA: Irish Republican Army)의 경우에 영국을 대상으로 한 많은 조치들은 국가의 지원을 받지 않고 일어났다. IRA의 경우에 정치적 변화를 위해 시민 조직이 함께 뭉쳤고 일부 사람들은 변화를 강제하기 위해 폭력을 휘둘렀다. 이러한 예에서 중요한 것은 어떤 나라의 행위자들이나 나라는 다른 나라의 사람이나 상징을 대상으로 테러를 저지른다는 것이다.

복잡한 사례 연구

● 2008 뭄바이(Mumbai) 테러 사건 ●

2008년 라시카이타이바(Lashkar-e-Taiba)라고 불리는 파키스탄 테러 단체는 뭄바이라는 인도의 도시에서 11명의 다른 대상들을 공격했다. 이 테러는 특이 폭력으로, 범인은 경찰서 밖의 길거리와 유명한 고급 호텔에 있는 사람들을 무차별적으로 사격하였다. 호텔 테러는 3일간 지속되었고 테러리스트 한 명만 살아남고 164명은 사살되었으며, 뭄바이 테러 사건(Mumbai Attacks)이라 불리며 상징적인 사건이 되었다. 그런데 이상한 점이 있다. 라시카이타이바(Lashkar-e-Taiba)는 파키스탄 지도자가 배후에 있는 폭력적인 그림자 정부로 묘사되는 파키스탄 정보부(ISI: Inter-Service Intelligence agency)의 지원을 받았을 수 있다. 만약 라시카이타이바(Lashkar-e-Taiba)가 파키스탄의 지원을 받았었다면 국제 테러를 국가 지원을 받은 테러리즘으로 볼 수 있고 이는 뭄바이 사건을 전쟁 행위로 재규정할 수 있다.
상황을 더 복잡하게 하지만 결과적으로 더 잘 테러 단체를 규정하기 위하기 위해 초국가적 테러리즘(transnational terrorism)이라는 개념도 있다. 여러 다른 나라에서 와서 다른 나라에 폭력을 자행하기 위해 뭉쳐진 테러리스트들이 있다면 초국가적 테러리즘이다. 이것의 가장 좋은 예는 알 카에다(al Qaeda)에 의한 9/11 사태이다. 9/11 사건의 경우에 범죄자들은 이집트, 사우디아라비아, 레바논, 아랍에미레이트를 포함한 여러 나라 출신이었다. 그들은 모여서 자국을 제외한 다른 나라인 미국을 공격하였고 이 때문에 9/11 사건이 초국가적인 사건이다. 또한 초국가적 테러 단체에 중요한 것은 이 테러리스트들은 특정 국가와 연루된 것이 아니다. 국제적으로 활동하고 일부 테러 지원국에서 피난처를 가지고 있지만 국가 지원을 받는 것이 아니다.

종교적인 테러리즘

여러분들은 결정을 내리거나 문제를 해결하는 것을 방법이 별로 생각나지 않을 것이다. 종교적 테러리즘의 경우에는 조금 생각날 수 있다. 종교적 테러리즘은 믿음 때문에 폭력적인 행동을 제재하거나 명령하는 다른 종류의 세속적인 신념으로 이뤄진다. 모든 테러리스트들은 자신의 대의명분에 열의를 보이지만 종교적 테러리스트들은 폭력 사용에 대한 신성한 지침과 승인이 있다고 믿는다. 신성한 개입이 있어야 하거나 거의 모든 종교가 살인을 부정적으로 보기 때문에 사람을 살해하거나 상해를 입히는 능력은 종교와 대치된다.

종교적 테러리즘에서 유념해 둘 점은 테러 행위자와 주류의 믿음 실천가들 간의 차이이다. 거의 모든 주류 신앙에서 믿음이란 이름 하에 특이 범죄가 있었지만 주된 신도들이나 대다수를 반영하는 것은 아니다.

종교적 테러리즘에서의 일부 테러 단체는 주류 종교를 믿는 사람이 아니다. 두 가지 유명한 예시가 있는데, 옴 진리교 도쿄 지하철 폭발 테러(Aum Shinrikyo Tokyo subway bombing), 라즈니쉬 샐러드 바 독극물 테러(Rajneeshee salad bar poisoning) 사건은 둘 다 사이비 종교 집단 활동이었다. 사이비 종교 의식은 작은 종교적 운동으로 특정 사람이나 사물을 숭배하며, 주류 종교의 일부분을 사이비 종교 교리에 넣기도 한다.

옴 진리교(Aum Shinrikyo)의 경우 사이비 종교 지도자가 세계 종말을 예언했고 정부 관료가 많이 사용하는 지역에 있는 도쿄 지하철을 공격했다. 이 공격의 동기는 분명하지 않지만 동기 중 일부는 인지된 부당함의 징벌과 세계 종말 예언에 관심을 끌기 위해서 였을 것이다.

라즈니쉬(Rajneeshee) 종교 집단의 테러는 미국 역사상 가장 큰 생화학 테러 중 하나이다. 투표 인구의 많은 사람들을 제거함으로써 지역 선거에 영향을 미치고자 라즈니쉬 신도들은 오리건주의 달라스에서 10개의 샐러드바에서 살모넬라균을 살포했다. 사망자는 없었으나 이 사건으로 751명의 건강이 악화되었다. 이 종교 집단의 노력에도 불구하고 이 테러 공격을 통해 원하던 선거 결과를 얻지 못했다.

종교적 테러는 조직을 정의하기 위하여 상기의 정의 중 어떤 것과도 함께 쓰일 수 있다. 옴 진리교(Aum Shinrikyo)와 라즈니쉬(Rajneeshee) 종교 둘 다 종교적 국내 테러 단체의 예이다. 종교적 국제 조직의 예는 PLO이며 알 카에다(al Qaeda)는 초국가적 종교 조직의 예이다.

종교적 테러리즘의 목표와 대상

현대 종교적 테러리스트들은 대상을 선정하는 데에 거의 한계가 없다. 즉 알 카에다(al Qaeda)는 9/11 사태에 거의 3,000명의 사람들을 살해했다. 대상 선정을 할 때 제한이 없는 것은 다른 반체제나 국가 지원을 받는 테러리스트, 종교적 테러 단체가 종종 이룰 수 없는 목표를 가지거나 지시를 받기 때문이다. 게다가 종교적 테러리스트의 동기는 지리정치적인 것이 아니며 종교적 믿음이나 이해한 지시 사항들에서 기인한다.

억제되지 않은 이러한 폭력은 종교적 테러리스트의 특징이며 제한 받지 않고 대상 선정하거나 제한없이 피해를 입힌다. 종교적 해석에 따라 파괴가 정당화된다면 거의 모든 것이 대상이 될 수 있다. 매우 중요한 민간인, 즉 무고한 사람들은 테러 대상에서 더 이상 예외가 아니다.

마지막으로 어떠한 무기든 종교적 테러리스트에게 적절한 것이 될 수 있다. 다시 말해 신이 그 조직을 지원한다면 왜 대량 파괴를 일으킬 수 있는 무기를 사용하지 않는가? 비현실적이나 성취할 수 없는 목표 아래, 무기에 대한 이러한 논리는 종교적 테러리스트들은 이성적인 선택 모델의 범위를 넓힌다. 이성적 선택 모델은 다른 유형의 많은 테러리스트의 동기 부여가 된다.

사례 연구

● 알 카에다(al Qaeda) ●

알 카에다(al Qaeda) 연구는 테러리즘의 양상을 변화시켰다. 이 연구의 매혹적인 점은 조직의 계속된 변화이다. 알 카에다(al Qaeda)에 대해 말할 때 빈 라덴(bin Laden)에 의해 창설된 조직과 이라크 알 카에다(AQI: al Qaeda in Iraq), 알 카에다 아라비아반도 지부(AQAP: al Qaeda in the Arabian Peninsula), 이슬람 마그레브 알 카에다(AQIM: al Qaeda in the Islamic Maghreb)와 같은 급증한 다른 다양한 알 카에다 조직을 구별하는 것은 중요하다. 알 카에다가 가입하였을 때 중동국가에 서양 국가들이 너무 많은 영향력을 끼치므로 "먼 적(far enemy)"을 공격하기 위해 빈 라덴(bin Laden)이 창설한 그 조직은 종교적인 테러 단체이었다. 빈 라덴(bin Laden)의 사고를 이해하기 위해 여러분은 그에게 영향을 미친 사상가나 철학자를 이해해야 한다. (간단히 다룰 것이며 너무 오래된 역사는 다루지 않을 것이다.)

1차 세계대전 이후에 영국은 중동 국가를 분할하였는데 고유의 믿음 체계와 각 부족의 영역에 대해 신경 쓰지 않았다. 잠시 동안(1914–1921) 이집트 왕국(Kingdom of Egypt)은 영국의 보호령이 되었지만 이로 인해 대규모 봉기가 일어나고 결국 영국은 이집트 자주권을 인정했지만 실효 지배를 하였다. 계속해서 이집트 내부에서 영향을 주었고 주로 투자(돈, 돈, 돈)를 통해서 지도자의 유형이나 정치에 막대하게 영향을 끼쳤다. 1920년대까지 소수의 이슬람 지도자들만이 이집트에서 이슬람 식의 생활 방식이 사라지는 것에 대한 비판을 하였다. 함께 시위하기 위하여 이러한 이슬람 지도자들과 사상가들은 이집트를 이슬람 국가로 돌려 놓기 위하여 무슬림형제단(Muslim Brotherhood)이라는 정치적인 조직을 이집트에 창설했다. 하산 알반나(Hasan al Banna)는 무슬림형제단(Muslim

Brotherhood)의 창립자이다. 그는 이집트에서 영국의 영향으로 신실한 무슬림 신도들이 부패되고 있다고 믿었으며 가정, 개인, 국가가 이슬람의 기본적 형태로 돌아가야 한다고 촉구했다. 알반나(al Banna)의 슬로건 중 하나는 무슬림형제단(Muslim Brotherhood)의 구호에도 있는데 바로 "신이 우리의 목표이며, 선지자는 우리의 모범이며 쿠란은 우리의 헌법이며 지하드는 우리의 길이며 순교는 우리의 갈망이다." 이집트 정부는 이 신도의 폭동을 반대하였고 그를 암살했다.

이슬람 국가 반식민 운동이 벌어지는 동안, 다른 유명한 이집트 철학자인 사이드 쿠틉(Sayyid Qtub)은 주목할 만한 사람이다. 무슬림형제단(Muslim Brotherhood)의 일원인 쿠틉(Qtub)은 미국 교육대학원에서 2년간 공부하였기 때문에 독특한 사례로 꼽힌다. (교육대학원은 교사를 양성하는 곳이다) 1948년에서 1950년까지 미국에서 거주하는 동안 쿠틉(Qtub)은 그가 발견한 성생활과 부패함에 충격을 받고 미국의 여성들은 외설적이라고 글을 썼다. (1948년에 정말로 그랬을까?) 캠퍼스에서 쿠틉(Qtub)은 술(서양의 쾌락주의와 부패 영향의 상징)을 마시는 파티에 가게 되었다. 쿠틉(Qtub)은 이집트로 귀국했고 "모든 나라가 미국과 같다면 의심할 여지없이 인류의 재앙이다."라고 글을 쓰며 우려를 표출했다. 서구 영향에 반대하는 시위를 벌이고 이집트에서 투옥되었지만 죽지는 않았고 알반나(al Banna)의 암살 사건으로 그는 순교자가 되었다. 감옥에 있을 때 쿠틉(Qtub)은 이정표(Signpost) (때로 이정표(Milestone)라 불리는 진리를 향한 이정표(Ma'alim fi al-Tariq))라는 가장 영향력 있는 이슬람 철학 책에 글을 썼다. 극단적 폭력을 포함한 어떤 형태의 저항 입장을 담는 이정표(Signpost)는 이슬람에 끼치는 서구의 부패 영향을 막기에 적절했다. 쿠틉(Qtub)은 더 나아가 이슬람을 보호하기 위해서 폭력적인 조치는 보호를 위해 수동적으로만 사용되어서는 안되며 적극적으로 사용되어야 한다고 말하기까지 했다. (빈 라덴(bin Laden)이 쿠틉(Qtub)의 글을 열렬히 지지했다는 사실은 당연하다.) 결국 이집트 정부는 쿠틉(Qtub)을 처형하였지만 책은 이미 출간되었고 계속해서 모든 이슬람 운동에 영향을 주며 오늘날 이슬람 극단주의자도 인용하고 있다.

이전에 강조하였듯, 많은 주류 종교들은 종교적 교리를 사용하는 극단적 운동을 벌이며, 많은 종교는 종교를 법의 규칙의 지침서로써 여긴다. (미국 독립 선언서(Declaration of Independence)와 미국 헌법에 얼마나 많이 신이 언급되는지 아는가?) 이슬람 근본주의가 정치적 규칙을 옹호하기 위해 사용되면 지지자를 이슬람교도인으로 불러야 한다. 이슬람교도인들은 근본주의자나 이슬람의 극단적 보수주의의 형태를 지지하기 때문에 많은 이슬람 극단주의자들은 스스로를 이슬람교도인으로 규정한다. 예를 들어, 무슬림형제단은 전통적으로 이슬람 조직의 할아버지라고 여겨져 왔다. 그들은 이슬람이 무슬림의 유일한 생활 방식이 되어야 한다고 믿으며 무슬림 삶의 모든 방면은 이슬람으로 통제 받아야 하며 다른 종류의 정부나 규칙이 끼어들어서는 안된다고 믿는다.

샤리아 법(Sharia Law, 이슬람 율법)

© Paul Cowan, 2013. Used under license from Shutterstock, Inc.

샤리아는 (비록 엄격한 법전은 아니지만) 이슬람 법의 근본이며, 일상 생활의 거의 모든 부분을 다룬다. 샤리아는 본래 "물 마시는 곳으로 이끄는 길"이라는 뜻으로 따르는 자에게 오는 상쾌한 평화를 상징한다. 샤리아는 크게 두 곳, 쿠란(Quran, 신의 말) 순나(Sunnah, 예언자 무함마드의 언행)에서 기원했다. 이살람 학자나 개인의 샤리아 해석은 피크흐(fiqh, 회교 법학)라고 불리며 인적 요소로 인해 샤리아 이행이 매우 다양하게 나타났다.

빈 라덴(Bin Laden)과 테러 단체 규정의 필요성

1979년부터 1989년까지 소련은 아프가니스탄을 침공하고 전쟁을 치렀다. (더 많은 역사적 사실을 알기 위해서 계속 이 글을 읽는다면 더 이해가 쉬울 것이다.) 시기는 냉전시대 때였으며, 미국은 소비에트가 아프가니스탄 통제권을 얻을까 두려워서 미국은 소비에트를 무찌를 수 있도록 아프간 사람들에게 무기를 공급했다. 이에 관한 정치적 관계는 약간 복잡하지만, 전쟁이 대리전으로 보일까 두려워 직접 아프간 사람들에게 무기를 공급하는 대신 미국은 파키스탄에 무기를 공급했고 (예상하셨듯, 파키스탄 정보부 ISI를 통하였다) 파키스탄 정보부는 무기를 미국을 대신하여 아프가니스탄에 공급했다.

이러한 수작을 벌이는 동안, 파키스탄 정보부에 아프가니스탄에 있는 소비에트와 싸우기를 원하다고 말하는 빈 라덴(bin Laden)이 등장하였다. 빈 라덴은 신실한 이슬람 조직을 똘똘 뭉치게 할 수 있었고 그들은 그저 일을 수행하기 위한 무기만 필요했다. (그 무기들로 하는 교육에 빈 라덴은 참가하지 않았다고 알려져 있다.) 파키스탄은 미국에서 제공한 무기를 아프간 사람들에게 전달하는 일을 하고 있었지만, 아프간 사람들과 전쟁을 하고 싶지는 않았기 때문에 이러한 전사들이 등장한 것을 환영했다. 그렇다면 망신스러운 논리가 세워지는 데 바로 미국이 빈 라덴에게 무기를 간접적이지만 공급했다는 사실이다.

(더 많은 역사적 사실에 관해서 다룰 것인데 계속 따라와 주길 바란다) 결국 소비에트는 아시아에서 지상전을 펼치면 안된다는 사실을 깨달았고 당시 경제 상황이 부도 위기에 처해 있었기 때문에 아프가니스탄에서 철수했다. (흥미로운 사실: 오늘날까지 어떠한 침략군도 아프가니스탄에서 완전한 통제력을 얻지 못했다.) 그러나 빈 라덴은 전쟁열이 있었고, 이슬람 국가를 위협하는 서양 침입자들과 계속해서 싸우고 싶었다. 오사마 빈 라덴(Osama bin Laden)은 자신 가족의 고향인 사우디아라비아로 눈

을 돌려 통치하고 있는 사우디 왕족에 미국 군대가 신성한 사우디 땅에 군 기지를 두는 것은 터무니없다고 말했다. (걸프전(Gulf War)이 일어나는 요인 중 하나이다) 그리고 빈 라덴은 사우디아라비아가 이러한 서양의 불신자들을 쫓아내는데 도움을 주겠다고 말했다. (빈 라덴의 제안을 국가 지원을 받는 테러리스트로 알 카에다 조직을 창설하려는 노력으로 생각해보아라.) 사우디아라비아 정부는 “필요 없으며 우리는 계속해서 미군기지가 여기에 주둔하도록 할 것이다.”라고 응답하자 빈 라덴은 극적인 행동을 하기 시작했다. 빈 라덴은 서양 국가들은 이슬람의 “먼 적(far enemy)”이며 이 신성한 곳에서의 그들이 있으면 부패된다는 그의 대의명분과 관점 하에 사람들을 모집하기 시작했다. 사우디아라비아 정부는 반체제인사들을 가볍게 여기지 않았고 빈 라덴은 1992년 고국에서 쫓겨나게 된다. 빈 라덴은 수단으로 가서 처음부터 다시 시작하려고 하지만 미국을 적으로 돌리는 성급한 태도로 결국 수단에서도 쫓겨난다. 갈 곳이 없어진 빈 라덴은 미국에 대한 증오가 높아져서 아프가니스탄으로 돌아가서 9/11 테러를 계획한다. 빈 라덴의 알 카에다 조직은 이슬람에 끼치는 서구 영향의 위협을 제거하는데 초점을 맞추었고 다양한 나라의 출신인 행위자들을 통해서 다양한 서구 국가를 대상으로 했다. 빈 라덴의 알 카에다 조직은 종교적 초국가적 테러 단체다.

알 카에다 연계 조직에 대해 말할 때 명칭이 바뀐다. 우리가 이라크 알 카에다(AQI: al Qaeda in Iraq)조직을 조사할 때, 이라크에서 미국을 쫓아낸 것과, 임시 이라크 정부를 무너뜨린 것에 대해서 다룬다. AQI는 이라크 반란 운동에 주요한 참가자이지만, 이 조직의 주요 사안은 엄격히 이라크에 집중되어 있기 때문에 우리는 이 조직을 빈 라덴의 알 카에다 조직과 다르게 불러야 한다. 이라크에서의 미국인이 있기 때문에 AQI가 존재한다면, AQI의 주요 명칭은 고국에서 특정 사람을 내쫓기 위해 존재하는 반체제이다. AQI의 지도자는 소비에트 침공 당시 아프가니스탄에서 함께 전투하며 빈 라덴을 만났던 아부알-자르카위(Abual-Zarqawi)이었다. 빈 라덴과 알-자르카위는 서구의 부정적인 영향력에 같은 의견을 가지고 있었으며 이라크 침공 이전에 미국을 "먼 적"이라 규정했다. 그러나 이슬람교도인이 고국에서 사람이나 변화를 대상으로 할 때 종종 적을 "먼 적"이라 지칭하였다. 그래서 미군이 이라크를 침공했을 때 먼 적은 가까운 적이 되었다. AQI가 미군을 대상으로 하는 것뿐만 아니라, 근거리 적도 집중하면서 이라크 임시 정부도 공격 대상으로 여긴다. 그들의 행동이나 장소, 목표를 감안해 볼 때 이라크에서 알 카에다(al Qaeda)는 정치적으로 반체제인 종교 테러 단체로 가장 잘 정의된다.

우리가 알카에다 조직인 이슬람 마그레브 알 카에다(AQIM: al Qaeda in the Islamic Maghreb)를 조사할 때 다른 목표와 의제를 가지고 있는 또 다른 유형의 조직을 알게 된다. 알 카에다 조직들 모두 이슬람의 정치 관점을 가지고 있지만 AQIM는 말리에 주둔해 있으며 말리, 알제리, 모로코, 나이지리아, 모리타니아, 탄자니아의 정부를 전복시키려고 하는 조직이다. AQIM는 리더십에 대해 지역적 관점을 가지고 있으며 그들의 국가가 이슬람 근본으로 돌아가고 이슬람법에 따라 통치되기를 바란다. AQIM의 리더십에 대한 관점은 여러 나라를 포괄하는 지역적 관점이며, 테러 행위자는 여러 나라 사이를 이동하기 때문에 그들을 국제적 종교 테러리스트라고 칭하는 것이 타당하다. 우리가 AQIM 행위자들을 초국가적이라 부르지 않는 이유는 그들의 많은 활동 중에 현지 테러 전사들이 가담해 있기 때문이다. AQIM 일원들 중 다른 나라에서 온 행위자들도 있지만, AQIM의 보호 아래 말리에서 폭력적인 테러 활동들이 자행되고 있다면 말리 국민들이 그 사건에 연루되어 있을 가능성이 매우 높다. (상황을 더 복잡하게 하는 것은, AQIM은 지역 전역의 범죄 기업들과 깊게 연계가 되어 있다. 후반부 챕터에서 범죄 기업의 개념과 범죄 기업과 테러 단체의 관계에 대해 다룰 것이다.)

이전에 빈 라덴이 창설한 알 카에다 관련 조직으로 규정되었던 위의 조직들을 고려해 볼 때, 우리가 고려해야 할 다른 종류의 조직이 있다. 바로 이념적인 하부 조직(ideological franchise)이다. 조직 구조나 네트워킹에 대해 다루는 이번 장에서 이 개념에 대해 더 다룰 것이지만, 이 용어는 사상적으로 더 큰 테러 단체와 동일시 하고 더 큰 조직의 메시지를 따르는 유기적인 신생 테러 단체를 나타낸다. 이념적인 하부 테러 단체를 가장 잘 나타내는 예는 7월 7일 런던 폭발 사건(London 7/7 bombing attacks)이다. 이슬람 극단주의 사상을 바탕으로 4명의 일원으로 조직된 테러 단체는 알 카에다에 영감을 받았고, 2005년 7월 7일 런던에서 대중 교통 체계에 폭탄을 설치하여 여러 번의 폭발 테러를 일으켰다. 이 조직에 알 카에다 조직의 이념적인 영향이 있지만, 영국에서 자란 영국 시민이면서 자국을 대상으로 테러 공격을 벌였기 때문에, 7월 7일 런던 폭발 사건 범인들은 더 큰 초국가적 테러 단체에 이념적인 지원을 해주는 국내 반체제 종교 테러 단체의 예이다. (저녁 식사를 하면서 이 이야기를 다른 사람과 나누게 되면, 더 많이 알게 되었다는 걸 다시금 깨닫게 될 것이며 지식 자랑을 할 수도 있을 것이다.)

주요 용어

- 국내 테러리스트
- 종교적 테러리즘
- 국제적 테러리즘(국제 테러)
- 부분적으로 혁명적인 테러리즘
- 토착민 보호주의
- 국가 지원을 받는 테러리즘
- 그럴듯한 부인
- 초국가적 테러리즘
- 외국인 혐오증

토론 주제

1. 이라크에 미군이 주둔해 있기 때문에 AQI는 존재한다. 이것은 미군이 이라크에 주둔하지 않았다면 AQI는 창설되지 않았다는 것을 의미하는가?

2. AQI 창설 시작 단계에서 외국 테러 전사들은 테러 활동을 지원하기 위해 왔다. 이것 때문에 AQI의 지칭어가 달라지는가?

3. 이념적인 하부 조직(ideological franchise)의 또 다른 예가 무엇인가?

CHAPTER

04

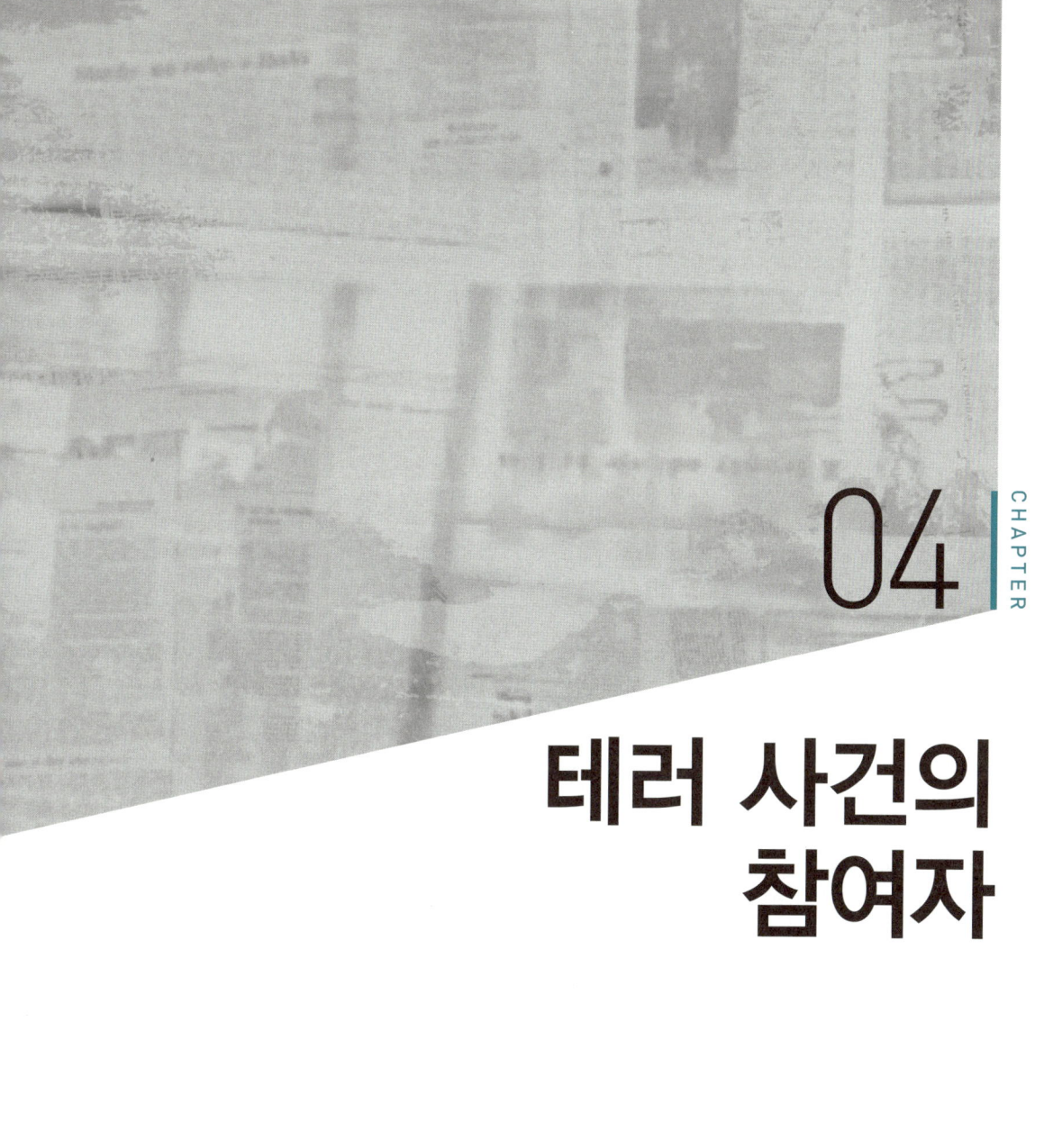

테러 사건의 참여자

4장

테러 사건의 참여자

테러 공격이 발생하면 언론 매체와 대중들은 테러 공격 주동자와 죽거나 다친 피해자에 대해 이야기하기 시작한다. 이 상황에서는 테러 사건에서 참여자(테러리스트와 피해자)가 분명하지만 사실 이러한 사건에서 관련된 사람들은 더 많다. 관련된 사람들 중 많은 사람들은 분명하게 드러나고 직접적인 역할도 있지만 드러나지 않고 매체에도 나타나지 않는 사람들도 있다. 매체나 분석가들로 인해 누가 드러나는 지가 결정되지만 연루된 사람들 각각이 테러 과정과 동기를 이해하는 데 중요하다. 즉 각자가 우리의 이해에 중요한 역할을 한다.

이번 장에서 테러 사건이나 공격에 관련된 사람들을 다룰 것이며 테러 단체에 속하지 않지만 관련된 사람들에 대해서도 다룰 것이다. 테러 공격에 영향력과 힘을 실어준 관계자들에 대한 것이며 우리는 이 사람들이 얼마나 서로 영향을 끼쳤는지 이해해야 한다.

우리가 테러 사건에서 많은 참여자들에 대해 묘사할 때 모든 사람이 모든 사건에 존재해 있는 것은 아니다. 예를 들어 일부 개인 행위자나 소규모 테러 단체들은 테러 단체에서의 영향력이 적고 지원자의 수도 제한되어 있을 것이다.

테러 행위자

테러 사건의 주요 참여자는 테러리스트이다. 이 책의 상당부분은 왜 테러리스트가 폭력적인 극단주의자의 길을 선택했는지에 대해 다룰 것이지만 이번에 일부 부분 다룰 필요가 있다.

테러 행위자(terrorist actors)는 테러 공격 계획을 세우는 것을 돕거나 실행하는 사람을 말한다. 테러 행위자는 모든 테러 단체 일원을 포괄하는데, 예를 들어 테러 공격을 계획하는 사람, 무기나 폭발물을 만드는 사람, 교통 수단이나 기타 공급 물자를 제공하는 사람이 있다. 예를 들어 폭발물을 통근 열차에 설치하는 사람은 테러 행위자이다. 동시에 조직에 그의 동료 중 폭발물을 만들고 기폭 장치가 달린 핸드폰을 준비했고 신분 관련 증명서를 그에게 제공하는 사람이 있다면 그 또한 테러 행위자이다.

테러 공격이 실패하거나 당국에 의해 금지되거나 실행되지 않았더라도, 테러 행위자로 분류될 수 있다. 테러 행위자로 규정되는 사람은 폭력을 자행할 의도가 있어야 한다. 게다가 그 의도와 함께 실행할 수 있는 능력도 있어야 한다. 테러 공격이 절대 실현되지 않더라도, 이 두 요소가 있다면 그 사람은 테러 행위자이다.

의도 + 능력 = **테러 행위자**

세상에는 개인적으로 폭력적인 테러 공격을 실행하지 않는 테러리스트들이 많이 있다. 다시 말해 테러 행위자는 능력과 의도로 정의된다. 어떤 사람이 폭발

물을 준비하거나 폭발물을 만드는 사람은 테러 능력을 가지고 있다고 가정해보자. 동시에 이 폭탄을 만든 사람은 폭발물의 의도를 알고 조직과 같은 입장이라면, 비록 만든 것을 개인적으로 한번도 사용하지 않았더라도 능력과 의도가 함께 있으면 그 사람은 테러 행위자로 규정된다.

이와 같은 정의는 주요 공격자에게 작전상 지원이나 직접적인 지원을 하는 테러 단체의 모든 일원에게 적용될 수 있다. 국경선을 가로질러 공격 지점까지 데려다 주는 사람도 테러 행위자이다. 이해하고 의도와 실행 능력에 기여한다면 여행 증명서, 신분 증명서나 안전한 거처를 제공하는 사람도 테러 행위자이다.

의도가 없거나 그의 행동이 테러 공격에 기여할 수 있다는 것을 모른다면, 그 사람은 테러 행위자가 아니지만 지원자다. 지원자들은 이 챕터 후반부에 다룰 것이다.

테러 단체

테러 단체(terrorist organization)는 정의된 대의명분이나 동기에 기여하고 테러 전술이나 전략에 영향을 미치고 계획이나 지원에 프레임워크를 제공하는 조직 구조이다. 테러 단체에 단일한 구조는 없다. 그들은 많은 형태를 채택하지만 공통점이 있다.

조직의 세부사항은 비공개이다. 테러리스트는 공개적으로 활동하거나 존재하지 않는다. 그들은 무명으로 비밀리에 활동한다. 사회가 조직의 존재를 알고 있지만 (사실상 그것이 일반적인 조직의 목적이다) 조직 구조 (지도부나 대변인이 없고), 구성원 자격, 활동 수칙 및 지침 그리고 많은 조직 목표는 비밀리에 부쳐져 있다.

이 비밀성 없이는 법 집행 기관, 국가 정보부, 국가 군사 조직은 쉽게 조직을 찾아내서 겨냥하여 무너뜨릴 것이다. 이러한 기밀성과 생존의 직접적인 연관

관계 때문에, 대부분의 성공적인 테러 단체는 활동 능력을 유지하면서 정교한 비밀 유지 방법을 개발해왔다.

조직은 공통의 대의나 목적에 전념한다. 테러 단체는 공통의 목표를 중심으로 조직된다. 이 특성이 없는 테러 단체를 찾지 못한다. 목표나 대의가 정치적 기반인지, 동기가 윤리나 종교에 관련 있는지, 동기가 영토나 사상과 연관이 있는지 간에 상관없이 조직 안에서 목표나 동기는 공통되고 그 조직의 모든 구성원이 같은 목표나 동기를 가진다.

일원들이 상이한 개인 목표를 가질 수도 있지만, 모두 기본 조직 목표를 가지고 따른다. 많은 테러 단체는 목표와 "대의(the cause)"에 점진적인 변화 과정을 겪는다. 외적 내적 요소는 변화를 일으키고 그에 따라, 조직은 특정 목표와 대의명분을 변화시키거나 진화시킨다. 예를 들어, 많은 이집트의 이슬람교 지하드 일원들이 알 카에다 조직에 통합된 것으로 인해 근본 조직의 전세계적 성전에 대한 태도가 바뀌었다. 또 다른 예로 하마스(HAMAS)가 대중의 지지와 정치적 힘을 얻었을 때 조직의 목표는 테러 작전에서 정치적인 것으로 교묘하게 바뀌었다. 이와 유사한 예는 1997년 정전 이전에 아일랜드 공화국군(IRA: Irish Republican Army)의 변화가 있다. 많은 테러 단체가 채택한 전술을 기반으로 조직을 규정한다. 이것이 조직의 친숙한 특징이 되지만 많은 조직은 이와 같이 전술을 기반으로 뚜렷하게 규정되어 있지 않다. 게다가 전술의 발전은 종종 조직의 대의명분이나 목표를 기반으로 이루어지며, 대의나 목표가 변화하면 전술도 변화한다.

조직은 지원을 제공한다. 모든 테러 단체의 전체적인 목적은 테러 행위자에게 지원을 제공하는 것이다. 이러한 지원은 모집, 세뇌, 교육, 물자, 자본 그리고(/또는) 대피처를 포함한다.

마지막으로 전체적으로 보아 조직을 테러 사건을 일으킨 주범으로 여긴다. 우리는 “9/11은 아타(Atta)와 그의 일당들이 저질렀다”라고 말하지 않는다. 오사마 빈 라덴(Osama Bin Laden)과 알 카에다(al Qaeda)가 9/11 사건을 저질렀다고 생각한다. 개개인의 테러 행위자가 테러 공격을 실행하더라도 그들은 조직의 방침에 따르며, 조직의 지원과 보호를 받는다.

지원자들

종종 테러리스트는 테러 단체의 일원 자격이 되지 않는 개개인들의 지원을 받는다. 이러한 지원자들(supporters)은 물자적이나 비물자적 지원을 다양한 방식으로 테러리스트에게 제공해준다. 이러한 지원이 가치가 있다. (또는 테러리스트에게 중요하기까지 하다) 그렇지만 그 지원자는 테러 공격을 실행하거나 직접적으로 영향을 주는 것을 꺼린다.

다양한 테러리스트 지원자들이 있으며, 지원자들과 테러 행위자는 매우 미세한 차이가 있다. 예를 들어, 인디애나주에 있는 한 사람이 차량 기반 사제 폭탄(VIED: vehicle based improvised explosive device)을 만드는데 사용되는 비료를 준비한다. 그는 물자를 전달하고 그 노력에 대한 보수를 받는다. 그가 이 물자가 테러 공격에 사용될 것이라는 것을 명백히 몰랐지만 그는 직접적으로 테러 단체의 활동 능력에 기여한 것이다. 일부 사람들은 이 사람을 테러 행위자라 부르지만 테러 공격에서 무기 부품을 사용할 명백한 의도가 없다면, 이 사람은 (테러리스트에게) 중요한 인물이지만 단순한 지원자이다.

이번 장에서 쓰인 명칭이나 설명이 학구적이며 법적 정의가 아니란 것을 이해하는 것은 중요하다. 테러 연구의 전반적인 목적은 이 세계적인 문제를 해결하기 위해 정책이 잘 세워질 수 있도록 동기, 방법, 테러리스트의 네트워크를 더 잘 이해하는 것이다. 그러므로 법적이나 심지어 도덕적인 관점에서 지원자와 테러 행위자 간의 구별하는 데에 너무 얽매이지 말아야 한다. 미국 정부는 테러리스트를 지원하는 것을 범죄로 규정하고, 과거 십 년간 수십 건이 기소되었다.

이념적인 지지자

이념(Ideology)은 믿음과 이상의 확고한 집합이나 체계로 규정된다. 보통 정치적이나 사회적인 플랫폼의 기반을 묘사하기 위하여 사용된다. 예를 들어, 대부분의 사람들은 미국 공화당이나 민주당을 지지하는 이념에 대해 쉽게 이야기할 수 있다.

이념적인 지지자(Ideological supporters)는 최소한 부분적으로 테러리스트와 테러 단체의 정의된 이념에 따른 생각이나 이념을 가지고 있다. 이 믿음의 일치는 정치지리학적이나 종교적 혹은 다른 가치관에 기반해 있을 수 있으며, 완벽하게 똑같을 필요는 없다. 많은 테러리스트 중 이념적 지지자들은 테러 단체의 믿음 플랫폼 중 일부분만 동의한다. 즉 자신에게 맞을 때만 선택하고 거부하기도 한다.

여러분 모두 이념적인 지지자에 대해 안다. 테러 단체의 지원자는 아닐 수도 있지만, 정당, 스포츠 팀, 대학에 같은 개념이 적용될 수 있다. 예를 들어, 다니지 않았지만 어떤 한 주립 대학의 스포츠 팀을 응원하는 삼촌이 있다고 가정해보자. 그는 그 학교의 이념적인 지지자이다. 어떤 정당을 지지하는 범퍼 스티커를 차에 온통 붙인 친척이나 친구가 있다면? 그들도 이념적인 지지자이다. 즉, 그들은 자신이 선택한 정당의 대의명분에 대해 말하고 정당을 홍보하며 정당의 관점을 옹호한다. 이 모든 것은 그 친척과 정당간의 형식적인 관계 없이 이루어진다. 그것은 이념적 지지의 교과서적인(말그대로 이 책처럼) 사례이다.

이념주의자들은 구별하기 매우 쉽다. 예를 들어, 플로리다에 사는 (가상의) 밥 스미스(Bob Smith)를 살펴보자. 스미스는 의병 퇴직을 하기 전까지 10년동안 미군에 종사하였다. 플로리다 북부 지방에 있는 작은 고향

마을로 돌아와서, 스미스는 식료품점에서 부매니저로 취직하고 지역 의용 소방대에서 자원 봉사하였다. 그의 가족은 모두 같은 지역에서 거주하였고, 스미스 가족은 지역 내에서 유명한 사람들이었다. 5주 내에, 스미스는 유년시절 알던 사람을 만나게 되고, 다시 새로운 우정을 쌓고 이야기를 나눈다. 며칠 안에, 스미스는 KKK단(ku klux klan, 쿠 클럭스 클랜)의 위장 단체로 알고 있는 지역 민병대의 일자리를 제안 받는다. 스미스는 인종 우월주의 집단의 일자리는 반대하지 않지만, 민병대에 가입하여 인종차별과 반체제 운동을 활발히 하는 것이 그에게 좋을 것이라고 생각하진 않는다. 그는 예의 있게 거절하지만 오랜 친구와의 교우관계를 끊지는 않는다. 스미스는 반체제(나 테러리스트) 조직에 가입하고 싶어 하진 않지만 KKK단의 이념주의자이다. 그는 KKK단 사상의 최소 일부는 믿고 신봉한다. 그는 KKK단의 메시지가 목표로 하는 대중이며, (때때로 맥주 몇 잔을 마실 때) KKK단의 대의 명분과 메시지를 생각이 비슷한 친구들에게 퍼트리는 역할을 한다.

이념적 지지는 테러리스트의 행동에 지지자가 동의한다는 것을 의미하는 것은 아니다. 대의명분이나 플랫폼에 대해 동의한다고 지지자가 폭력적인 활동을 승인한다는 것은 아니다. 이러한 폭력성 수용 저항은 지지자와 테러리스트의 차이점 중 하나다.

이념적인 지지자는 테러 단체에 물자나 재정 지원을 하지 않는다. 그러면 무엇을 하는가? 우선 그들은 동조하는 관중이다. 이념적인 지지자는 테러 단체가 보내는 메시지의 주요 소비자이다. 이 메시지들은 조직의 목표나 활동, 성공사례들, 모집 메시지가 될 수 있다. 이념적인 지지자는 의도된 관중이며 메시지는 이 사람들의 관심을 끌기 위해 만들어졌다. 즉, 이 메시지는 이념적 지지자 층의 규모를 키우기 위한 것이다.

또한 이념적 지지자들은 테러 단체의 메시지를 전파하는데 도움이 된다. 그들은 "공식적인" 메시지를 반복하고 개인적인 관계를 이용해 다른 사람들에게 영향을 미치고 관점을 바꾼다. 다시 말해, 여러분 모두는 이러한 유형의 이념적인 지지를 경험해 왔다. 최근에 여러분의 친구나 가족이 특정 정당의 정치적 입장 타당성을 여러분들에게 설득시키려고 한 적이 언제였는가? 특정 스포츠 팀이 다른 팀보다 좋은 점에 대해 말한 것은 어떤가? 이러한 예시에서는 여러분의 친구나 친척이 자신이 지지하는 조직에서 비롯된 메시지를 전달한다. 많은 방식으로 조직의 이념적 지지자는 테러리스트나 테러 단체의 홍보 부문으로 기능한다.

이념적 지지자는 조직을 중요시한다. 정치가나 정책입안자들은 그 조직에 강경하게 목소리를 내는 지지자가 있다면 테러 단체의 주장과 입장을 더 잘 믿는다. 즉 지지자가 테러리스트 플랫폼에 합리성을 부여한다. 물자나 재정적 지원을 제공하지 않고 직접적으로 테러 활동에 참여하지는 않지만 이념적 지지자는 테러 단체에 중요한 요소이다.

재정적 지원자

테러리즘은 돈이 필요하다. 조직을 설립하고 테러리스트를 모집하고 교육하고 이동하고 물자나 무기를 사기 위해 자본이 필요하다. 대부분의 테러리스트와 테러 단체는 전통적인 방법, 즉 일자리나 기타의 방법으로 돈을 벌 수 없다. 테러 단체의 지속적인 필요 사항에 자금을 대기 위하여 그들은 외부의 지원에 의존한다. 테러리스트의 **재정적 지원자들**(financial supporters)은 테러 활동에 자금을 대기 위하여 기부를 하거나 재화나 서비스를 구매하여 테러 단체에게 돈을 제공한다.

재정적 지원자들은 그들이 테러 활동을 지원하고 있다는 것을 인식하지 못하고 있을 수 있다. 9/11 사건 이후에 미국 정부는 전세계 많은 테러 단체가 자금을 대기 위하여 마약 거래를 이용한다는 사실을 알렸다. 목적은 미국에서 불법 마약을 구매하는 것은 미국을 공격하고 싶어하는 사람에게 자금을 지원하는 것일 수 있다는 인식을 높이는 것이었다. 이 주장들은 사실에 근거한 것일 수 있지만 대체적으로 불법 마약 사용 억제에 효과가 없어서 이러한 노력은 중단되었다.

테러 단체에게 돈을 조달하는 자선 단체와 기타 조직이 있다. 9/11 사건 이후에 미국은 미국에서 기금을 모으는 종교 학교와 자선 단체에 주력해왔고 이 기금을 해외의 이슬람 극단주의자에게 보냈다. 이 관행은 새로운 게 아니며 알 카에다와 연관 조직이 처음 시작한 것도 아니다. 20세기 후반에 미국에 아일랜드 사람들이 사는 동네에서 많은 술집과 기관, 자선단체들이 아일랜드 공화국군(IRA: Irish Republican Army)를 지원하기 위해 기금을 조성하는 것이 받아들여졌었다. 이 관행은 IRA 정당인 쟈인 파인(Sein Fein)이나 아일랜드의 다양한 학교나 자선 단체를 위한 기금 조달로 위장되었다. 이러한 유형의 기금 조달에 참여한 사람들 누구나 테러리즘의 재정적 지원자로 간주되었다.

휴가 기회를 찾고 있습니까? 여행 도중에 체포되어도 상관 없다면, "지하드 관광(jihad tourism)"을 해보십시오. 지하드 관광 용어는 그레이트 브리튼(Great Britain)에서 유래되었으며 테러리스트 훈련소에 다니기 위해 아프리카나 중동 국가를 방문하는 영국 시민을 가리킨다.
다시 한번 말하자면, 이 관광객들과 테러리스트를 구분하는 것은 의도의 문제이다. 지하드 관광객들에게 그들이 받는 훈련은 오락 행위이며 실제로 그들의 "기술"을 사용하려 하지 않는다. 그러나 실제로 이 관광객들이 폭력적인 공격을 하진 않지만, 테러 조직의 재정이나 물자 지원을 하는 것이다. 결국 다른 좋은 여행사처럼 테러리스트들은 테러리스트의 생활 방식을 경험한 기회에 요금을 청구할 것이다.
이 새로운 휴가 계획을 시도해보려는 미국 시민에게 추가 금액 없이 즐길 수 있는 진짜 경험도 할 수 있다. 바로 테러 조직에게 물자 지원을 한 혐의로 체포되고 기소되는 것이다.

이념적인 지지자처럼 테러리스트나 자발적인 재정적 지원자가 테러 단체의 이념이나 플랫폼에 100% 동의할 필요는 없다. 그러나 재정적 지원자가 이념적 지지자인 것이 일반적(이고 사리에 맞는) 일이다. 사람들은 자신이 동의하지 않는 대의명분에 자금을 지원하지 않는다. 그러나 우리는 일부 재정적인 지원자들이 자신이 테러리즘을 지원하는지 모른다는 사실을 염두해 두어야 한다. 이러한 경우에 비자발적인 재정적인 지원자는 이념적인 지원자가 아닐 수 있다.

물류 및 물자 지원자

지원의 마지막 단계는 물류 및 물자 지원이다. 이 지원자들은 테러리스트나 테러 단체에 물리적 물품, 무기, 탄약, 폭발물, 신병, 약품, 의복 및 기타 물품과 같은 직접적인 물자 지원을 한다. 미 정부는 고의로나 부지중에 테러 단체에게 자금을 보낸 사람을 **물자 및 물류 지원자**(material or logistical supporter)로 규정한다. 이 글에서 이 규정은 정당한 해석이지만 우리는 이 분류를 두 가지로 구분할 것이다. 구분하는 이유는 물자 지원은 재정적 지원을 포함할 수 있으며 고차원의 지원이나 이념적인 믿음을 의미하기 때문이다. 게다가 모르거나 비자발적으로 물자 지원을 하는 것은 거의 불가능하기 때문이다.

물자 지원자는 상위 테러 지원자이다. 이 지원자들은 완전히 이념적인 플랫폼을 지키고 그들의 지원으로 폭력적인 결과가 일어난다는 것을 알고 있다. 물자나 물류 지원자가 되는 것과 테러 행위자의 역할을 수행하는 것 사이에 매우 미세한 차이가 있다.

미국은 테러 조직에게 물자 지원을 한 시민을 관례에 따라 체포하고 기소한다. 글에서 언급한 대로, 미국 정부는 넓은 범위의 활동을 물자 지원으로 규정하여, 재정 지원이나 이념 지지로 분류하는 것까지 포함한다. 이 구분은 우리에게 학문적으로 의미 있지 않지만, 법학을 공부할 예정이라면 이와 다른 정의를 볼 수 있다.
미국 기소 사건과 관련된 한 예는 2012년 체포 당시 25세였던 랜디 윌슨(Randy Wilson)이다. 미국 시민인 윌슨은 카사블랑카(Casablanca)를 경유하여 모리타니(Mauritania)를 방문해 미국에 반하는 폭력적인 투쟁에

합류하려는 계획을 세운 혐의로 기소되었다. 라쉬드 윌슨(Rasheed Wilson)이라고도 불린 랜디는 25세인 모함마드 압둘 라만 아부크다이르(Mohammad Abdul Rahman Abukhdair)와 함께 체포되었다. 아부크다이르와 윌슨은 둘 다 앨리배마 주의 모빌에서 사는 미국 시민으로 미국 적군에 물자 지원을 한 것으로 체포되었다.

이 예에서 그들이 제공하려고 한 물자 지원은 그들 자신이며, 결코 작은 지원이 아니다. 대중 매체가 현대 이슬람 테러 집단을 잘 알고 있다는 것을 감안할 때, 앨리배마 주에서 2명의 미국인을 모집한 것은 언론이 향후 몇 년간 다룰 행동일 수 있다. 그 두 명이 미국을 향해 무기를 겨누지 않았더라도 미국에 반하는 성전에 참가했다는 것만으로도 계속되는 모병 활동을 쉽게 해주는 것일 수 있다. (연방수사국, 2012년)

이념, 재정, 물자/물류 지원인 3단계의 지원은 대의명분에 점점 더 많은 헌신이 필요하다. 더 많은 노력이 필요하기 때문에 테러 단체에 있는 각 유형의 활동적인 지지자 수가 조절된다. 이념 지지자는 가장 흔하다. 상대적으로 (비자발적인 재정 지원자를 포함하여) 더 적은 수의 재정적 지원자가 있고, 가장 적은 수의 물자 및 물류 지원자가 있다.

피해자

역사의 관점에서 테러 사건을 살펴보면, 가해자와 피해자라는 두 조직으로 분류된다. 안타깝게도 우리는 종종 테러 공격, 특히 문서로 잘 기록되고 매체가 알렸던 사건의 피해자인 많은 사람들을 간과한다.

매 학기마다 학생들에게 “8월 11일에 어디에 있었나요”하고 묻는다. 년도를 알려줄 필요도 없다. 모든 사람들이 우리가 언제를 이야기하는지 안다. 동시에 모든 사람들은 (적어도 2012년에는) 이 질문에 대답할 수 있을 것이다. 저자들은 인정하고 싶어하는 것보다 나이가 있기 때문에, 대학교 2학년이나 4학년이 그 날을 기억하지 않는 날에 대해 생각하고 싶지 않아 한다.

들은 대답은 다양하다 “에드먼드(Edmund)교수님의 4학년 수업”에서부터 “다음은 우리인지 고민하며 시카고의 고층 빌딩에 있는 사무실에 앉아 있었다”까지이다. 중요한 점은 우리가 모두 어디에 있었는지 기억한다. 이전 세대들이 케네디 대통령이 암살당했을 때 자신들이 어디에 있었는지 기억하는 것처럼 말이다. 일부 사람들은 뚜렷하게 기억하고 있다. 나는 집에 설치된 부엌 조리대 때문에 업자와 말다툼을 하고 출근하던 길이었고, 세스너(Cessna) 비행기에 있는 얼간이들 때문에 뉴욕에서 가장 높은 빌딩이 공격당할 뻔 했다고? 말도 안되네” 라며 보도를 무시했었다. 물론, 믿기 어려웠기 때문에 내가 그것을 믿지 않았던 건 아니다. 사무실 관리자가 두 번째 비행기가 다른 빌딩에 충돌했다고 말했을 때, 나는 그녀가 뉴스 보도를 잘못 이해했다고 생각하며 무시했다. 첫 번째 얼간이는 내가 이해할 수 있었지만 두 번째 얼간이는 상상을 초월했다. 그 항공기는 여객기였다는 것을 라디오에서 보도하기 시작한 후에야 나는 우리가 사건 보도를 보고 있는 게 아니란 것을 깨달았다. 무시무시한 일이 일어났다.

많은 점에서 그 가을 아침 그 공포와 폭력에서 수천 마일 떨어진 곳에서 나는 피해자였다. 그게 전체적인 요점이었다. 사무실에 TV도 없었고, 몇 분만에 모든 뉴스 사이트가 높은 트래픽 때문에 마비되었다. 동네 베스트 바이(Best Buy) 매장으로 차를 몰고 가서 가게 뒤 편에 수 십 명의 다른 사람들과 서서 밝혀진 사실(과 밝혀지지 않은 사실)에 대한 보도를 보았다. 우리는 그곳에 서서 20피트 크기의 텔레비전 화면에서 빌딩들이 무너지는 모습을 보았고 내 주변의 한 사람 이상이 울었다. 우리는 모두 피해자였다.

우리 마을에서 그 누구도 죽지 않았다. 나는 그날 사망한 사람 중 지인이 있는 것도 아니었다. 나한테 가장 크게 느껴진 직접적 영향은 비행 서비스가 재개되고 나서 항공기를 이용할 때 강화된 보안과 임의적인 확인들이었다. 직접적인 영향이 없었지만 나는 피해자였다. 많은 학자와 사회학자들이 9/11 사건이 미국의 거의 모든 사람들이 (그 이상의 사람들이) 여러 유형의 피해자들이었다. 또 한번 말하지만 그것이 중요한 점이다.

목표 피해자 및 주요 피해자

테러 사건에서 규정하기 가장 쉬운 피해자는 테러리스트의 직접적인 목표가 된 자들이다. 테러 공격으로 사망하거나 다친 사람들은 비록 행인이거나 가해자의 의도하지 않은 피해자이어도 분명히 **주요 피해자**(primary victims)로 규정된다.

국가나 조직도 주요 피해자일 수 있다. 2008년 뭄바이(Mumbai) 테러 사건에서 사상자들은 인도 시민들과 다양한 국가에서 온 관광객들이었다. 그러나 테러 사건의 대상은 그 공격으로 사망한 사람들이 아닌 인도 정부였다. 테러리스트의 이성적인 동기를 고려하기 전까지는 이것은 쓸모 없는 학문적 입장처럼 보인다. 자신의 행동에 관심을 끌기 위해서 그 테러리스트는 상징적인 목표를 정하고 특이 범죄를 저질렀다. 이 테러 공격의 결과가 그 사건의 사상자인 주요 피해자들이다.

전통적 학문 관점에서 1975년 브라이언 젠킨스(Brian Jenkins)는 다음과 같이 응답했다. “테러리스트는 많은 사람이 듣고 보는 것을 원하며, 많은 사람이 죽지 않길 바란다.” 즉 주요 피해자는 대중의 관심을 끌기에 필수적이지만 너무 많은 사람이면 테러리스트는 대중이 자신을 반대하는 위험을 무릅써야 한다. 이 관점은 9/11 당시에 심한 비판을 받았지만 사건 이후 어떠한 미래의 예상 시나리오도

가능하다고 여겨졌다. 소도시적인 미국에서 핵 테러리즘, 생물학 무기 및 화학 무기, 조직화된 자살 폭탄 테러 공격들은 모두 똑같이 가능해 보였다.

9/11 사건 이후 정부의 대테러 관점은 테러리스트가 그저 할 수 있기 때문에 수백, 수천, 수십만 명까지도 살해할 용의가 있다고 본다.

주요 피해자에는 테러 공격으로 인한 사상자의 배우자, 아이, 가족, 친구가 될 수 있다. 이러한 간접적인 피해자는 (특히 가족이나 친구가 사망하였을 때) 테러 사건의 여파로 크게 고통받으며 일상 생활로 돌아갈 수 있도록 폭넓은 지원이 필요하기도 하다.

2차 피해자

2차 피해자(Secondary victims)에는 주로 테러 사건의 후사를 처리하는 요원들과 운용 인력들이 있다. 소방관이나 응급 의료 요원, 법 집행자들은 테러 사건의 트라우마나 폭력성을 감당할 준비가 되어 있다고 사람들은 생각하지만, 압도되어 실제로 그렇지 못할 수 있다.

일부 대단히 충격적인 사건일 경우, 매체 종사자들도 이 2차 피해자 범주에 포함될 수 있다. 요원들을 대하고, 사건 장소와 근접한 곳에서 일하고 주요 피해자나 다른 2차 피해자들과 함께 이야기하면서 그들이 상당한 스트레스를 겪을 수 있다. 이 스트레스 수준이 응급 요원이나 현장 요원들이 겪는 수준까지 될 수 있으며 그만큼 파괴적일 수도 있다.

1995년 오클라호마 시티(Oklahoma City)에 있는 뮤러 연방 정부 청사(Murrah Federal Building)에 폭탄 테러가 일어나고 약 12,000명의 응급 의료 요원과 자원봉사자들이 초기 탐색과 구호 작업 및 추가 탐색 및 복구 작업에 참여했다. 19명의 어린아이를 포함한 167명이 사망한 폭발이 있고 나서 몇 시간이 채 안되었을 때 지방 공무원과 미국 적십자(American Red Cross)가 피해자와 가족 부조를 위한 자선 센터(Compassion Center)를 설립했다. 현지 위기 관리 전문가, 군대 소속 목사, 종교 지도자, 위기 상담 자원봉사자들이 미국 전역에서 와서 도왔으며, 자선 센터는 본래 폭발로 인한 최초 피해자들을 돕기 위해 설립되었다.
그러나 얼마 안 돼서 많은 응급 의료 요원들이 위기 상담 서비스가 필요하다는 것을 알게 되자, 자선 센터는 서비스를 그 지역 내에서나 주변에서 일하고 있는 사람들에게도 확대해서 적용하였다. 2주 넘는 기간 동안 운영되었던 자선 센터는 수천 명의 1차, 2차 피해자들을 도왔고 정보와 위로의 중심지가 되었다. (범죄 피해자를 위한 사무소(Office for Victims of Crime), 2000년)

2차 피해자의 사건 이후 필요 사항들을 알고 충족시켜주는 것이 중요하다. 사건 이후 요원이나 운용 인력들의 건강과 행복을 모니터 하는 것이 일반적인 관행이 되었다. 정신 건강 지원과 함께하는 이러한 모니터링은 2차 피해자가 되는 영향을 제한할 수 있다.

국제적 피해자

9/11 테러 사건과 같은 재앙적인 참사는 전세계적으로 간접적인 피해자를 낳는다. 이 **국제적 피해자**(global victims)는 폭력이 발생한 장소 근처에 있지 않을

수 있지만 매체를 통해 목격하고 경험했을 수 있다. 이 간접적인 노출로 인해 세계적 피해자가 트라우마를 가지게 되고 불안감을 느끼고 근심이 생길 수 있다.

지난 10년에서 20년 사이 두 사건으로 상황이 악화되었다. 먼저 테러리즘이 발전하고 더 높은 폭력성을 띄게 되면서(5장 참고), 세계적 피해자가 느끼는 충격과 공포가 커졌다. 9/11은 매우 적은 사람들만이 실제 사건 장소에 근접해 있었다는 사실에도 불구하고, 전국적, 세계적으로 많은 사람들에게 정신적 외상을 초래하는 충격적인 사건이었다. 우리는 7월 7일 런던 폭탄 테러 사건과 1995년 오클라호마 시티 폭탄 테러 사건과 같은 다른 사건에서 유사한 수준의 원거리 트라우마를 경험한다. 이 사건들 각각은 "평범한" 테러 활동의 범위를 넘어섰으며, 시민들의 정신 건강에 광범위한 영향을 끼쳤다.

소셜 미디어는 테러 공격을 증폭시키는 역할을 하며 세계적 피해자가 나타나는 범위를 넓힐 수 있다. 전통 매체가 사건을 많이 다루었을 때에도 소셜 네트워크로 인해 이미 충격적인 이야기에 개인적인 연관성이 생길 수 있다. 만약에 어떤 사람이 직접적으로 영향 받지 않는다면 (그녀가 주요 피해자나 2차 피해자가 아니라면) (친구의) 친구의 친구가 그럴 수 있다. 이때 피해자의 이야기나 사진이 소셜 미디어에 퍼지기 시작하고 유대감과 상실감을 느끼게 한다. 당신의 친구인 조안(Joan)의 이웃이 테러 사건으로 사촌을 잃었을 때 그 사람에게 공감하기 쉽다. 소셜 미디어에서 이 유대감은 세계적 피해자의 범위를 막대하게 넓힌다.

경제적 피해자

마지막 명확한 피해자 구분은 경제적 손해와 관련 있다. 테러 공격, 특히 도심지에서 주요한 공격들은 물질적 손해, 인프라 피해나 붕괴 및 교통 문제로 인한 막대한 직접적 재정적 손실을 일으킬 수 있다. 이러한 모든 손실은 어딘가의 누군가에게 전가된다. 정부가 대부분의 직접적인 회복 비용 대부분을 지불하더라도 이 비용들은 납세자나 다른 사람들이 부담한다.

세계 무역 센터(World Trade Center)가 9/11에 공격받았을 때 맨하튼의 15,000개가 넘는 회사가 완전히 파괴되거나 사업 활동에 차질이 빚어졌다. 이러한 손실(작은 가게부터 수백만 달러 가치의 회사들)로 인하여 직접적인 일자리 감소와 미국, 뉴욕주와 시의 경제 침체가 빚어졌다. 이 경제적 손실로 인해 광범위한 테러 사건의 **경제적 피해자**(economic victims)가 생겨났다.

9/11 사건이 경제적 피해자를 만들어 낸 극적이고 광범위한 사건이지만, 모든 테러 공격은 직접적이나 간접적인 경제적 피해자를 낳는다. 테러 공격 이후 주식 시장은 하락한다. 사업이 파괴되거나 피해를 입고 일자리를 잃는다. 실업 상태가 된 사람들은 낙수 효과가 있는 음식, 의류, 오락에 돈을 적게 사용한다.

미국에서 연방 정부는 재앙이나 테러 공격의 피해를 입은 사람들을 도와준다. 이러한 원조는 주로 중소기업청(SBA: Small Business Administration)을 통해 전달되며, 중소기업청은 자금 흐름 및 재건 비용 문제를 해결할 수 있도록 사업이나 집주인에게 저금리 대출을 해준다. 중소기업청의 대출 상품은 회복에 중요하며 대부분의 분석가들이 긍정적으로 평가하지만, 채무자가 상환하지 못한 대출과 관련된 비용뿐만 아니라 관리 비용도 납세자에게 전가된다. 즉 납세자와 시민들은 간접적인 경제적 피해자다.

해석자

테러 공격 이후에 매체에서는 무슨 일이 있었고, 왜 일어났으며 어떻게 일어났고 다음은 무슨 일이 일어날 지 이야기하는 사람들이 많이 나온다. 이 사람들은 테러 사건에 여러 의미와 문맥을 더하려고 하는데, 우리는 이 사람들을 **해설**

자(interpreters)로 부른다.

해설자는 테러 사건에서 주요한 역할을 한다. 그들은 폭력적인 테러 공격의 혼돈과 여파를 이해하고 사람들에게 의미를 전달하려고 노력한다. 가장 흥미로운 것은 해설자들은 사람들의 욕구에 맞추어 메시지를 수정하며, 의식적이나 무의식적으로 한다. 두 명의 다른 해설자가 같은 테러 사건을 공개된 같은 사실을 기반으로 해석할 때 다르게 해석할 것이다. 예를 들어 유럽 나이트 클럽의 테러 폭발 사건은 독일과 미국 신문에서 매우 다른 방식으로 바라보고 이야기한다. 해설자 각각은 그들의 청중들에게 맞추기 위해 실제 사건을 다른 방식으로 표현하고 강조한다.

이 편향(bias)은 모든 곳에 존재하며 시민과 학자가 인식하고 이해해야 한다.

학자와 교수

학자와 교수는 테러리즘과 테러 사건을 수십 년간 설명하기 위해 노력해왔으며, 과거 십 년 간 그 추세는 가속화되었다. 여러분들도 이 책을 지금 읽고 있지 않는가? 테러리즘의 학계 해석 특징은 바로 다음과 같다. 테러리스트는 이성적인 행동을 하는 이성적인 행위자이다. 그들의 행동이 끔찍할 지 모르지만, 파괴를 위한 파괴를 원하는 "미친" 사람의 행동이 아니다.

9/11 사건 이후 이 관점이 힘을 잃었다. 정부 분석가들과 정책가들은 현대 테러리스트(특히 종교에 동기 부여된 자들)는 서양 국가를 이성적인 생각이 아닌 증오나 분노에서 공격한다고 반박했다. 이 논의는 오늘날도 계속되며 7장에서 다룬다.

교수는 논문과 교과서를 저술한다. 그들은 수업을 하고 긴 서식을 통해 교육하려 한다. 테러리즘을 공부하는 학자인데 테러리즘 주제에 대해 별로 할 말이 없는 사람을 찾을 수는 없을 것이다. 그들은 (우리는) 테러리즘의 대의명분, 테러리즘이 왜 효과적인가 그렇지 않은가, 테러리즘이 사회에 끼치는 영향에 대해 해석한다.

전문이 아닌 분야에서 해석하는 사람들(Armchair Generals)

여러분 모두 텔레비전으로 이러한 분석가들을 보았을 것이다. 동원된 (종종 보상을 받는) 이 전문가들은 테러 사건을 묘사하고 어떻게 사건이 전개되고 직접적인 영향은 무엇이었는지 상세하게 이야기한다. 이 그룹은 현직이나 전직 군인, 법 집행 및 정보 전문가로 구성되어 있으며 많은 사람들은 분석하고 토론하기 위한 방대하고 가치 있는 통찰력을 지닌다.

이러한 전문가들은 그들의 해석, 의견, 대중의 존경과 대중의 의견을 뒷받침해주는 실제 삶 경험이 있다. 그들이 비록 제한된 사실과 부정확한 가정을 바탕으로 하고 있지만, 이러한 수용으로 인해 더 많은 신뢰성을 얻게 해준다.

정책가와 정치인

공무원들은 다양한 이유 때문에 불가피하게 테러 사건의 해설자 역할을 하게 된다. 정책가들과 법 집행, 정보, 치안 관련 공무원들을 포함한 관료들은 테러리즘이나 테러 사건의 공식적인 정보원으로 여겨진다. 이러한 공무원과 일반 대중 사이에 종종 큰 수준의 신뢰가 있다. 반면 정치인들은 테러리즘과 테러 사건을 정치적 목표를 이루는데 사용하기도 한다.

9/11 사건 이후에 미국 정치인들은 계속되는 국제 테러의 위협을 캠페인 주

제와 공약 요소로 이용하기도 하였다. 미국 시민들은 2001년 9월 10일에 느꼈던 안정감을 다시 되찾고 싶어했으며, 모든 계층의 정치인들이 유권자들에게 그들의 공약과 계획이 그것을 실현시키기 가장 좋은 방법이라고 설득하기 위해 이 욕구를 이용하였다.

정책가의 테러리즘 및 테러 사건 해석은 9/11 사건 이후에 발전되었다. 9/11 이전에 분석가와 정책가들은 테러리즘에 **위협 기반 접근**(threat-based approach)을 사용하였다. 테러 단체의 목표, 방법 및 예상된 능력은 미래 공격을 예측하는 데에 사용되었다. 이 위협 기반 방법으로 테러 단체의 능력 내의 제한된 시나리오가 구성된다. 위협 기반 분석의 문제와 실패점은 포괄적이거나 진보적이지 않다는 것이다. 공중 납치된 비행기를 무기로 사용하였던 9/11 사건은 전형적인 테러리스트의 행동 패턴이 아니었다. 완전히 예측 불허 사건이었다.

취약성 기반(vulnerability-based) 테러리즘 연구는 위협 기반 분석에서부터 발전되었다. 이 유형의 분석에서 어떠한 테러 공격 시나리오도 연구에 쓰이기에 설득력이 없지 않았다. 생물 무기부터 서류 가방 크기 핵무기까지 모든 시나리오가 가능할 뿐만 아니라 개연성이 있다고 여겨졌다. 설계자와 분석가는 테러 단체부터 그 조직이 미래에 무슨 조치를 취할지까지 미래를 기반으로 해석하는 것을 멈추고, 조직이 결국 그 취약성을 이용할 것이라고 가정하면서 규정된 취약성과 대상을 기반으로 하여 과거를 바탕으로 해석하기 시작했다.

대테러 사고에 있어서 이와 같은 변화는 정책가가(그리고 캠페인을 벌이지 않는 정치인이) 테러 사건이나 조직을 이해하는 방식을 바꾸었다. 거의 보편적으로 사회가 직면한 위협들은 증가했고 확대되었다. 각 사건은 우리의 무수한 취약성들을 보호하는데 더 많은 비용을 지불하는 이유가 되었다.

협력 요소

협력자 및 협력 요소(facilitators)는 테러 단체와 사건에 대한 정보를 전달하는 의사소통 수단이나 중심지 역할을 한다. 이러한 개인들이나 조직들이 자신만의 해설자를 고용하거나 추가할 수 있지만, 그들은 공식적이나 비공식적인 출처에서 제공된 단순히 제공된 정보를 반복하는 것이다.

뉴스 매체는 테러리스트에게 중요하다. 테러 단체가 사회나 전세계에 메시지를 전달하기 위해 폭력적인 의제를 실행한다는 것을 유념해야 한다. 협력자 없이 테러리스트는 메시지를 전달하거나 중립적이 될 수 없다.

CNN, 폭스 뉴스(Fox News), 알자지라(al Jazeera) NBC 뉴스(NBC News), BBC와 소셜 미디어가 모두 테러리즘 협력 요소의 예이다. 이것들은 모두 그렇게 불리려고 하지 않겠지만, 슬프게도 현실은 신문 보도는 테러리즘이 가능하게 한다. 테러 관련 정보의 수요가 많기 때문에 뉴스 매체는 테러 단체를 보도하고 광고를 판매한다. 이슬람 테러 단체가 전세계 언제 어디서든 공격하기 때문에 항상 "알카에다 관련 조직"이라고 보도한다. 비록 연결 관계가 미약하고 (없더라도), 더 많은 관심을 끌고 더 많이 광고를 판매할 것이기 때문에 헤드라인을 장식할 것이다. 냉소적으로 들리겠지만 정확한 사실이다. 우리는 뒷장에서 테러리즘에서 매체의 역할에 대해 다룰 것이다.

협력 요소로서의 소셜 미디어

소셜 미디어, 특히 페이스북이나 트위터는 현대 세계의 즉각적인 뉴스 출처이다. 뭄바이 테러 사건이 2008년 시작되었을 때 그 사건의 정보가 트위터를 통해 처음 퍼졌다. 이용할 수 있는 정보에는 화재, 폭발 및 폭력 등에 대한 빠른 보고와 핸드폰으로 찍은 사진이 있다. 소셜 미디어를 통해 거의 실시간으로 사건을 보고하는 것은 전통 매체의 속도를 훨씬 뛰어 넘었지만 완전히 검증된 정보들은 아니다. 게다가 전세계 트위터 사용자들이 이러한 메시지들을 반복하고 다른 소셜 미디어 플랫폼 (예를 들어 페이스북)에 퍼트리고 그 다음 전통 매체에 전달된다. 이 메시지들이 전파될 때 정보를 반복하여 전달하는 사람이 그 정보를 입증하였다고 사람들은 생각한다. 메시지 수신자들은 (정보를 반복하는) 전달자를 신뢰하고 그 수신자가 그 메시지를 정확하고 입증된 것으로 신뢰할 수 있다. 이러한 반복된 메시지의 의도하지 않은 **보증**(endorsement)은 정확성에 대한 착각을 만들어낸다.

이것은 소셜 미디어의 장점과 단점 모두를 테러리즘의 협력 요소로 나타낸다. 메시지는 빠르게 전파될 수 있지만 검증되지 않은 정보나 허위 정보가 (의도하지 않은 보증을 통하여)진짜 정보로 인지될 수 있다. 이 유형의 개인간 전달된 의사소통은 부적절한 정보들을 매우 빠르게 양산할 수 있다. 이러한 단점에도 불구하고 소통 수단으로서의 소셜 미디어의 영향력은 무시할 수 없다.

일반 대중

여러분이 5명의 사람을 모집하여 테러 사건에 대해 묻는다면 모두 그 사건, 가해자, 동기에 대해 독특한 의견을 낼 것이다. 많은 의견은 잘못된 것일 테지만, 잘못되었기 때문에 그 의견이 사회적 환경에서 확산되지 않는 것은 아니다.

사무실에서의 전형적 "격의 없는" 대화가 초기 트위터나 소셜 미디어와 같은 기능을 할 수 있다. 정보가 (전통적인 매체, 소셜 미디어, 친구, 가족을 통하여) 입수되고 사회적 환경에서 다른 사람에게 전달된다. 거기서부터 정보는 다른 사람에게 퍼지는 것이며, 이 과정에서 정보가 변화될 것이다. 대부분의 면대면 의사소통에는 단순한 촉진과 해석 관련 측면이 있다. 의견과 통찰력이 실제 정보에 녹아서 일부는 정확하고 유용하지만 그렇지 않은 정보도 있다.

테러 사건에 테러 행위자부터 사건을 보도하는 매체까지 많은 참여자가 있다. 각 참여자는 어떻게 사건이 보이고 이해될지에 관해 중요한 역할을 수행한다. 테러 단체와 피해자는 가장 눈에 띄는 경우가 많지만, 사건 노출 시간이 매우 짧다. 가장 오래 노출을 하는 사람은 해설자와 협력자이다. 그들은 사건을 묘사하고 의미를 일반 대중에게 전달한다. 이들 각각은 전반적인 테러리스트 메시지 전달을 돕기 때문에 테러리스트에게 중요하다.

모든 참여자가 모든 테러 사건에 있는 것은 아니다. 많은 현대 테러 사건은 **외로운 늑대**(lone wolf) 테러리스트가 일으킨다. 조직이 주변에서 테러리스트에게 이념적 물질적 지원을 해주는 경우에도, 이 단독 행위자들의 테러 사건은 조직이 직접적인 참여자가 아닌 상태에서 일어난다.

주요 용어

- 편향
- 외로운 늑대
- 능력
- 물질 및 물류 지원자
- 경제적 피해자
- 주요 피해자
- 보증
- 2차 피해자
- 협력자
- 단독 행위자
- 재정 지원자
- 지지자
- 전세계 피해자
- 테러 피해자
- 이념적 지지자
- 테러 단체
- 이념
- 위협 기반 분석
- 의도
- 취약성 기반 분석
- 해설자

토론 주제

1. 페이스북과 같은 소셜 미디어 플랫폼을 포함한 매체가 왜 테러 활동의 중재자 역할을 할까?

2. 이념적인 지지자는 그 사안에 대해 자신의 입장을 바꿀 수 있을까?
   이념적인 지지자는 지지 역할을 넘어 더 활동적인 역할을 할 수 있는가?

3. 어떤 지원자 및 지지자가 테러 단체에 가장 중요한가? 왜 그런가?

4. 테러리즘이 매체 없이 우리가 오늘날 알고 있는 방식으로 존재할 수 있을까?

MEMO

CHAPTER 05

무기와 전술

5장

무기와 전술

이번 장은 테러리즘 “활동 도구”를 다룬다. 테러리즘에 “직접적인” 교육을 제공하는 분위기를 가능한 피하고 싶기 때문에, 너무 상세한 사안을 수업에서 다루고 싶지는 않다. 그러나 이러한 도구들은 종종 잘못 이해되고 과도 평가되거나 과소평가된다. 그래서 우리는 시간을 들여 여러분들이 실제로 테러리스트가 할 수 있는 일과 없는 일을 이해할 수 있도록 도구들에 대해 다룰 것이다. 테러리즘 연구에 테러리스트의 능력을 과도 평가하는 경향이 있다. 그리고 이 추세는 9/11 사건 이후에 급격히 나타나기 시작했다. 우리는 분석과 연구에 있어서 신중해야 한다. 테러 요소는 우리 사회에 위협이 될 수 있지만 우리는 그 위협을 과장하지 않기 위해 주의를 기울여야 한다.

무기

■ 재래식 무기

전형적인 테러 공격은 폭발물, 화기 및 기타 재래식 무기를 사용하여 일어난다. 테러리스트가 대규모의 폭발 장치, 화학 무기 혹은 방사능 무기를 가지고 있는 것을 상상하기 쉽지만 사실 일반적으로는 더 간단하다. 이 연구의 목적을 위해 우리는 테러리스트 무기를 두 개의 범주인 **재래식 무기**(conventional weapons)와 (화기, 칼, 수류탄, 대부분의 폭발물 등) 대량 살상 무기(WMD · weapons of mass destruction)로 나누었다. 대부분의 테러리스트들은 대량 살상 무기를 가지고 싶어하지만 쉽게 습득하고 유지하며 이용할 수 있는 것이 아니다. 그럼에도 불구하고 재래식 무기는 무서운 용도로 사용될 수 있다. 심지어 마체테(machete, 대형 칼)도 테러 무기로 사용될 수 있다. 우리는 9/11 사건의 공중 납치범이 커터 칼을 사용하여 약 3,000명의 미국인들을 죽게 한 테러 공격을 일으켰다는 것을 잊지 못한다. 우리는 대량 살상 무기 공격을 위해 생각하고 계획해야 하지만 단순한 무기도 무시해서는 안된다.

■ 근거리 무기

근거리 무기는 사용자가 피해자와 근접한 위치에 있거나 접촉해 있어야 한다. 칼, 마체테, 곤봉, 기타 근거리 무기는 테러 공격에서 일반적으로 사용된다. 이 무기들이 폭발만큼 직관적으로 큰 영향을 주지는 못하지만, 쉽게 숨길 수 있고 사람이 많은 곳에서 큰 효과를 내며 사용될 수 있다. 게다가 구하기 쉽고 비싸지 않으며 사용하기 위해 교육이 아예 필요 없거나 거의 필요 없다.

■ 화기

모든 종류의 화기는 흔한 테러 무기이다. 이 이유는 2가지이다. 이용가능성과 효과성이다. 세계의 어느 지역에서나 활동중인 테러리스트는 하나 이상의 화기를 습득할 수 있을 것이다. 습득의 용이함과 어떠한 화기이든지 사용하면 단독 테러리스트가 짧은 시간 동안 수십 명의 사람들을 죽이거나 다치게 할 수 있다는 사실 때문에 화기와 폭발물이 가장 흔한 테러 무기라는 것은 당연하다.

권총(handguns), 휴대 무기는 한 손으로 사용되도록 고안되었으며, 가지고 다니거나 숨기기 쉽다. 권총은 일반적으로 건물 안이나 비행기 안과 같은 단거리에서 유용하다. 이 무기는 벨트의 권총집에 넣거나 주머니나 가방에 숨기거나 혹은 핸드백이나 차량 글로브 박스에 넣어둘 수 있다. 권총은 (일반적으로 내부 실린더에 6개의 탄약이 들어가는) 리볼버와 (손잡이에 있는 탄창에서 총알이 나오는) 피스톨 포함한 다양한 종류가 있다. 리볼버는 반자동이며 방아쇠를 잡아당길 때 마다 총알이 하나씩 발사된다. 글록 18(Glock Model 18)과 같은 극소수의 모델이 전자동이며 방아쇠를 누르면 계속 발사가 되는 반면 대부분의 피스톨은 반자동이다. 미국에서 자동 화기 접근성은 연방 정부에게 소유 권한을 인가 받은 사람에게만 제한되어 있다. 다른 선진국은 비슷하거나 더 엄격한 화기 관련 법이 있다.

소총(rifles)은 어깨에 대고 발사하며 일반적으로 권총보다 고성능(high-powered, 하이 파워) 탄약을 사용한다. 길이와 힘, 안정성이 늘어나서 소총은 장거리에서 효과적이어서 실외 환경에서 유용하다. 소총 종류에는 반자동, 자동, (한 번 쏠 때마다 탄약을 채워야 하는) 단발성, (총을 쏘고 직접 손으로 탄피를 빼내고 밀어 넣어 장전하는 방식인) 볼트 액션, (사용자가 탄약을 빼거나 채우기 위해 소총 밑의 레버를 조종하는 것만 빼면 볼트 액션과 유사한) 레버 액션이 있다.

테러 단체가 가장 많이 사용하는 소총은 AK-47과 AK-47 개조 모델들이다. AK-47은 1946년에 소련군의 주요 무기로 소비에트 연방에서 개발했다. AK-47은 7.62×39mm 구경 탄환을 30발씩 장전 가능하며 반자동이나 자동이다. 이러한 기능이 있는 화기는 셀렉트 파이어(select-fire) 방식이라 부른다. AK-47는 다음의 세 가지 이유 때문에 전세계 군대나 테러리스트가 많이 사용한다. 첫 번째, 비싸지 않다. AK-47의 소비에트 디자이너인 미하일 칼라시니노프(Mikhail Kalashnikov)는 소총 디자인 특허를 내지 않아서 AK-47이 세계에서 가장 많이 재생산되고 위조되는 무기가 되었다. 두 번째 사용하거나 유지하기 쉽다. AK-47는 세계에서 가장 너그러운 화기라는 말이 있다. 과도하게 사용하거나 떨어뜨리거나, 더럽히거나 기름칠하는 것을 잊어버려도 방아쇠를 당기면 발사가 된다. 마지막으로 AK-47은 저렴하고 많으며 강력한 탄약을 사용한다.

"The AK-47"

미국에서 현지 총기쇼나 총포점에 가서 AK-47을 살 수 있는 것처럼 보인다. 사실 그렇지 않다. AK-47의 개조품을 살 수 있지만 한 가지 중요한 점이 다르다. 자동 기능이 없고 반자동 기능만 있다. 이 소총은 취약한 AK와 똑같아 보이지만 많은 기능이 없다.

소총은 용도와 구성이 다양하다. 군의 한 보병이 셀렉트 파이어 버전 소총을 전쟁터에서 사용할 수 있고 민간 사냥꾼이 사슴이나 작은 사냥감을 사냥하기 위해 유사한 반자동 소총을 사용할 수 있다. 고성능(high-powered, 하이 파워) 볼트 액션 소총은 큰 사냥감을 사냥하기 위해 사용될 수 있다. 저격수가 이와 유사한 무기를 1마일 이하 거리의 대상을 쏘기 위해 사용할 수 있다. 이러한 융통성 때문에 소총이 효과적인 테러 무기이다.

9×19m 파라벨럼(Parabellum, 대구경 자동권총)이나 .45 ACP(.45 Automatic Colt Pistol, 콜드 45구경 자동권총)과 같은 피스톨 탄약을 발사하는 것 외에는 **경 기관총**(submachine gun, 서브머신 건)은 소총과 유사하다. 경 기관총은 일반적으로 셀렉트 파이어이고 소총에 비해 파워가 상대적으로 약하고 사용하기 쉽기 때문에 경찰이 많이 사용한다. 경 기관총은 소총보다 더 짧고 가벼워서 숨기기 더 쉽다. 그래서 테러리스트가 많이 사용한다. 더 현대적인 경 기관총은 방탄복을 뚫는 고성능 탄약을 사용한다. 이러한 무기(와 탄약)는 구하는 것이 어렵고 제한되어 있다.

기관총(machine guns)은 사격지속률을 위해 고안된 큰 전자동 무기이다. 이 무기는 무겁고 숨기기 어렵지만 5.56mm나 7.62mm와 같은 소총 구경에서부터 차량 엔진을 뚫고 파괴하는 .50 구경까지 강력한 탄약을 사용한다. 기관총은 일반적으로 민간인이나 경찰이 사용하지 않는다. 기관총은 전쟁터에서 강력한 무기이며 이 위력 때문에 테러 단체 사이에 인기있다.

산탄총(shotguns)은 원래 새나 다른 사냥감을 쏘는 스포츠용 무기였다. 산탄총은 과거 백 년간 군사용 무기가 되었고 다양한 종류가 있다. 대다수의 산탄총은 반자동이며 4개에서 5개의 탄약이 들어간다. 일부 최근 군사용 산탄총은 희귀하고 구하기 어렵지만 탄창식이고 자동식 발사가 가능하다.

여러 종류의 화기를 설명이 철저하지는 않지만 온갖 종류의 화기가 테러리스트에게 이용 가능하다는 것을 알려주기 위함이다. 테러리스트가 이러한 무기를 이용할 수 있다는 것을 토론할 때 우리는 스포츠용품점으로 가서 기성품을 구매하는 것처럼 이야기해서는 안된다는 점을 유념해야 한다. 미국에서 인지된 "총기 문제"는 테러리즘과 관련이 없다. 많은 테러 단체는 국가 지원을 받고 있고 본국의 법이나 규제를 걱정하지 않고도 국제 무기 시장에서 무기를 구할 수 있다.

■ 폭발물

폭발물은 전세계 다수의 테러 사건에서 사용된다. 미국과 다른 나라에서 화학, 생물학, 방사능 무기에 대한 우려가 커짐에도 불구하고, 역사를 보면 테러리스트들은 재래식 화기나 폭발물을 압도적으로 선호한다. 폭발물은 조악한 사제 폭탄에서부터 고급 산업용 및 군사용 폭탄까지 다양한 형태가 있다. 여기서는 일부 유형과 그 근원을 명확히 설명할 것이다.

폭발물의 가장 간단한 형태는 수류탄이다. **수류탄**(hand grenade)은 쉽게 들고 다닐 수 있고 폭발 지점에서 5미터 반경 내에서 효과적이다. 수류탄은 전세계에서 만들어지지만 일부 유사한 점이 있다. 사용자는 먼저 ("핀"으로 보통 되어있는) 안전 장치를 제거하거나 망가뜨리고, 수동으로 점화시키거나 던진 순간 자동으로 점화되기도 한다. 점화 시간은 다양하지만 수류탄이 폭발하기 전까지 3-5초 사이이다. 외부 케이스는 **파편**(shrapnel)으로 빠르게 퍼져서 금속 조각이 불구로 만들거나 사람을 죽이도록 고안되어 있다. 수류탄은 소지하거나 숨기기 쉽고 사용하기 간단하며 사람들이 쉽게 알아보기 때문에 인기 있는 테러리스트의 무기이다. 그러한 점에서 수류탄은 사람들에게 행동을 강요할 수 있도록 의도되는 효과적인 **위협 무기**(threat weapon)이다.

로켓 추진식 수류탄(RPGs: Rocket-propelled grenades)은 트럭이나 개인용 항공기나 자동차와 같은 경차를 파괴하거나 쓸모없게 하기 위해 어깨에 놓고 발사하는 **로켓**(rockets)이다. 테러리스트는 민간 차량에 매복했다가 사람들을 공격하거나 바리케이드나 다른 장애물을 부시고 어떤 지역에 진입하기 위해 종종 로켓 추진식 수류탄을 사용한다.

산업용 폭발물은 다양하게 제조업, 광업, 발굴 목적으로 사용되며 다이너마이트, TNT, 플라스틱 폭발물인 **셈텍스**(Semtex)와 같은 폭발물을 사용한다. 산업용 폭발물은 군사용 폭발물보다 구하기 쉽고 테러 무기로도 효과적이다.

군사용 폭발물은 군사 기관에서 사용하기 위해 (대포 구경처럼) 큰 구경의 포

© GLYPHstock, 2013. Used under license from Shutterstock, Inc.

"미군 수류탄"

탄이나 항공기용 탄약 (폭탄)으로 고안되었다. RDX와 같은 군사용 합성 폭발물은 강력한 무기이지만 구하기 어렵다. 유명한 군사용 폭발물은 플라스틱 합성 폭발물인 콤포지션4 (C-4: Composition 4)이다. 셈텍스(Semtex)와 콤포지션4는 비슷하며 상대적으로 안전하며 실수로 폭발하는 일이 적다. 이 안정성과 (가단성 있는) 플라스틱 모양 때문에 이 폭발물들은 테러 공격의 이상적인 폭발 무기이다. 수하물이나 조끼에 숨기기 때문에 플라스틱 폭발물은 감지하기 어렵고 파괴력이 크다.

© Aydin Bacak, 2013. Used under license from Shutterstock, Inc.

"수류탄이 장전되지 않은 일반적인 로켓 추진 수류탄 발사장치"

셈텍스(Semtex)

셈텍스는 플라스틱 폭탄으로 광업, 건설업, 군대에서 사용된다. 셈텍스에는 현재 사용되고 있는 폭발물 중 가장 폭발력이 큰 두 물질인 백색 화약(Research Department Explosive: RDE) 펜트리트(Pentaerythritol tetranitrate: PETN)가 들어있다. 백색 화약과 펜트리트를 가소제와 혼합하여 가변성 있는 반고체 방수 혼합 화약으로 만들어졌다.

1960년대 후반 유럽 생산지에서 리비아(Libya)로 수백 파운드가 직접 수출되었기 때문에 셈텍스는 많은 테러 공격에서 쓰인 것으로 여겨진다. 게다가 셈텍스는 정교한 뇌관이나 기폭 장치 기술이 필요없으며 현재까지도 감지하기 어렵다.

© forest badger, 2013. Used under license from Shutterstock, Inc.

"불이 붙고 던져질 준비가 된 화염병"

"**화염병**(Molotov cocktail)"은 **가솔린이나 알코올을 이용한 폭탄**의 유명한 명칭이다. 이 방화 장치는 가솔린이나 도수가 높은 알코올과 같은 가연성이 높은 액체를 담은 유리병이다. 헝겊이나 심지로 병을 막고 불을 붙인다. 이 불타는 장치는 목표물로 던져지고 유리병은 부숴진다. 화염은 촉매제에 불을 붙이고 결과적으로 그 지역을 불지른다. 다양한 이미 가용한 물품들로 만들기 쉬우며 이것 때문에 인기있는 테러 무기이다. 확실히 하자면, 화염병은 폭발물은 아니지만 화염 장치이다. 목표 지역을 빠르게 방화하기 위해 고안되었으며 어떠한 폭발은 없다.

폭발 무기는 폭발 반응을 일으키기 위해 **촉매제**(trigger device)가 필요하다. 니트로글리세린처럼 일부 폭발물이나 혼합물은 불안정하고 폭발하기 쉽지만, 어떤 폭발물들은 폭발하기 위하여 작은 폭발처럼 상당한 힘이 필요하다. 이러한 차이점에도 불구하고 각 폭발물은 촉매가 필요하며, 이 때문에 할리우드 영화에서 나온 것보다 만드는 방법이 더 복잡하다.

퓨즈(fuse)는 가장 간단한 촉매제이며 대부분의 사람들이 독립기념일날 갖고 놀던 물 로켓과 쏘는 폭죽에 있는 것으로 익숙하다. 현대의 퓨즈는 점화 지점부터 폭발물까지 불을 옮기는 쉽게 연소되는 물질 한 가닥이다. 퓨즈 한 줄은 타이머 역할도 할 수 있으며 (이론적으로) 폭파범에게 폭발 지점을 탈출할 적절한 시간을 준다. 퓨즈는 방수나 방풍인 경우가 있지만, 이 퓨즈에 옮겨지는 불은 콤포지션4나 셈텍스와 같은 복잡한 폭발물을 폭발시키기에 충분하지 않다.

로커비 테러(Lockerbie Bombing)**: 팬암 103기**(Pan Am Flight 103)

1988년 12월 12일 뉴욕행 팬암 103기가 런던 히드로 공항(London Heathrow Airport)에서 이륙했다. 이륙한 지 1시간쯤 되었을 때 확인된 수하물에 감춰져 있던 장치가 747-400기의 전면 부근에서 폭발했다. 폭발로 인해 비행기 동체의 앞부분이 분리되었고 두 동강난 기체는 추락했다. 비행기 잔해가 스코틀랜드의 로커비에 떨어졌는데, 떨어지는 잔해와 남은 연료로 인해 여러 채의 집이 부서졌고 11명이 사망했다. 총 259명의 승객이 사망했다.

폭발물은 스테레오 카세트 녹음기에 숨겨져 있던 것으로 밝혀졌고 상업용 플라스틱 폭발물인 셈텍스로 만들어졌다(브레이크 아웃 박스). 그 장치는 전자 타이머가 있어 비행기가 순항 고도에 다가갔을 때 폭발하게 되어 있었다. 103기는 약 31,000피트를 비행하고 있었고 더 작은 장치도 재앙적인 결과를 초래할 수 있었다.
스코틀랜드와 미국 당국의 3년간의 조사 결과 리비아 정보국 정보원들이 이 폭발물은 고안하고 테러를 저질렀다는 것이 밝혀졌다. 1970년대 말에 많은 양의 셈텍스가 리비아로 수출되었으며, 이때 사용된 타이머도 이전에 리비아 정보국 정보원에게서 압수한 것과 유사한 종류였다. 2명의 리비아 남성이 1991년 기소되었고 1999년 리비아 정부로 넘겨졌다. 리비아 최고지도자 무아마르 카다피(Muammar Qaddafi)는 이 사건에 리비아 정부가 개입했던 사실은 인정하였지만 개인적 책임은 전혀 지지 않았다. 2011년 카다피가 사망하여 그가 직접 어느 정도까지 개입하였는 지는 밝혀진 바 없다.

타이머(Timer)는 시계, 손목 시계, 전문화된 요소를 구성할 수 있으며 같은 목적이 있다. 폭파범에게 폭발 전에 장치에서 멀리 떨어질 수 있는 시간을 주는 것이다. 이 시간은 몇 초에서 몇 분이 될 수 있으며 테러리스트가 폭발 장소에서 벗어날 수 있게 해준다. 또는 이 시간은 몇 시간이나 몇 일까지 되어 무기가 달린 장치가 유리한 장소에 놓일 수 있게 하기도 한다. 예를 들어, 폭발물이 항공기에 설치되었다면 타이머는 비행기가 이륙하고 무기가 폭발하기 전에 특정 고도에 오르게 해준다.

촉매제는 간단한 타이머보다 더 복잡할 수 있다. 당국은 접점 압력에 반응하여 접촉이 되거나 건드려지면 폭발하는 촉매제를 찾아왔다. 원거리, 무전 촉매제는 폭파범이 안전한 거리에서 폭발시킬 수 있다. 이러한 무전 촉매제는 폭발물로 사용되기 위해 특별히 만들어졌지만, 휴대용 라디오나 핸드폰으로 만들 수 있다.

■ 대량 살상 무기(WMDs)

테러리즘과 미국에 대해 이야기한다면 **대량 살상 무기**(WMDs: Weapons of Mass Destruction)에 대한 주제는 피할 수 없다. 정책 입안자, 정치인, 매체는 모두 그 용어를 사용하지 않고 테러리즘을 말할 수 없는 것처럼 보인다. 대부분의 테러 공격은 재래식 무기, 심지어 일상으로 사용되는 무기를 이용하였지만, 테러 단체가 실용적인 대량 살상 무기, 특히 화학, 생물, 방사능 무기를 습득하는 것에 대한 우려가 있다. 사용과 사용할 것이라는 위협조차도 대상이 된 사람들의 두려움을 일으킬 것이다. 정책적 관점에서의 문제는 우리가 논의하려고 할 때 대량 살상 무기의 범위는 애매하며 사실상 의미 없는 지점까지 확장되었다.

대량 살상 무기(WMDs)란 무엇인가?

2013년 3월 미국은 피닉스(Phoenix)의 에릭 해런(Eric Harroun)을 국외에서 살상 무기 사용 계획을 세우고 있다는 혐의로 기소하였다. 이는 해런이 알아사드 정부(Al-Assad regime)에 대항하여 시리아 반군과 함께 싸우고 있었고 로켓 추진식의 수류탄을 발사하는 팀에 소속되어 있었다는 사실에 기반했다. 해런 사례의 구체적인 사항은 아무리 잘 찾아도 애매한 부분이 있지만, 연방법이 어떻게 정의하고 있는지 흥미로운 사실을 보여준다. (셰인Shane, 2013)

해런은 미국 연방 법전(United States Code) 표제18 113B장 2332a절에 따라 기소되었다. 그 부분에는 "미국 시민 중 합법적인 권위 없이 대량 살상 무기를 국외에서 사용하거나 사용하겠다고 협박하거나 사용 시도를 하거나 사용 계획을 세우는 자는 최소 몇 년형에서 종신형을 받는다. 만약 그로 인해 사망 사건이 발생하면 사형에 처하거나 최소 몇 년 수감되거나 종신형을 받는다."라고 명시되어 있다. 그 절에서는 대량 살상 무기를 다음과 같이 정의하고 있다. "(A) 이 표제의 921절에 정의된 파괴력을 지닌 장치 (B) 유해 화학 물질이나 화학 무기 원료 물질의 방출, 보급, 영향으로 인하여 살인 혹은 심각한 상해 치사를 일으키기 위해 고안된 무기 (C) 생물학적 제제, 독성, 질병 매개체를 포함하고 있는 무기 (이 용어들은 해당 표제의 178절에 규정되어 있다.) (D) 사람의 생명이 위험한 수준까지 방사선이나 방사능을 방출하기 위한 무기 (미국 연방 법전, 2012년)
이 정의는 화학적, 생물학적, 방사성의 무기라는 익숙한 요소를 포함하고 있지만, "파괴적인(destructive) 무기"의 확장 개념에 관한 같은 표제의 921절을 언급한다. 921절에 따르면, 폭넓고 다양한 무기가 대량 살상 무기로 정의된다.
이 정의에는 "폭약, 소이탄, 유독 가스", "수류탄", "4온스 이상 추진 연료가 들어가는 로켓", "명시된 기기와 유사한 모든 기기"가 포함되어 있다. (미국 연방 법전, 2012년) 사실상, 모든 사이즈의 폭약과 수류탄, 로켓 추진식의 수류탄(RPG), 화염병은 모두 대량 살상 무기로 분류된다.
해론의 사례는 이 글이 인쇄되고 나서 판결이 나오겠지만 그것이 우리가 관심을 가지는 부분이 아니다. 만약 혐의가 있던 어떤 사람이 유죄로 밝혀지면 처벌을 받아야 한다. 그러나 로켓 추진식의 수류탄 사용을 핵무기 사용과 동일하게 취급하는 것은 터무니없다. 대중들의 눈에는 우리가 일상적인 무기의 위협은 부풀리고 합법적인 대량 살상 무기의 위협은 축소하는 것처럼 비춰진다.

왜 위협이 증가하는가? 왜 어깨에서 발사되는 로켓 추진식 수류탄이 방사능 무기와 같은 것으로 규정되는가? 이 추세는 현재 (사회의) 테러리즘에 대한 공포를 반영하는 것일 수 있다. 우리는 여전히 9/11 사건을 집합 의식으로 바라보며, 고국에서 다시는 그러한 테러리즘을 경험하고 싶어하지 않는다.

우리가 우연히 로켓 추진식 수류탄이나 수류탄을 사용하는 것과 같은 것으로 분류한 방사능 무기(이나 생물이나 화학 무기) 테러에 우리가 갖고 있는 공포심에 무슨 의미가 있는가? 우리는 가장 미약한 위협을 증폭하려고 하고 있는가 아니면 핵 무기의 위협 가능성을 줄이려고 하는가?

이 글에서 유일한 "대량 살상 무기"는 핵, 화학, 생물학, 방사능 무기이다. 이러한 "4대 무기(big four)"조차도 잠재적인 파괴력, 사상자 수, 재정에 끼치는 영향 면에서 같지 않다. 화학 무기는 바람이나 날씨 영향을 받으며 최대 효과를 위하여 빽빽하게 사람들이 붐벼야 한다. 화학무기는 개발하거나 통제하기 어려우며, 투입 방법이나 잠복기 시간 때문에 광범위한 사망률을 내기가 어렵다. 방사능 무기는 끔찍하지만 그로 인한 사상률은 화학 무기 테러 사건에 비교하여 상대적으로 낮다. 핵무기만이 작은 장치로 대량의 살인과 파괴, 붕괴를 일으키는 "대량 살상 무기"라는 단계에 완전히 진입할 수 있다. 4가지 무기가 가진 잠재적인 영향의 차이가 있지만 한 가지 공통점도 있다. 이 무기들은 테러리스트가 사용한다는 위협을 하면 사람들이 상당한 두려움, 초조함과 불확실성을 느낀다. 이것이 학자와 전문가들이 "대량 살상 무기"라고 칭해왔던 기타 많은 무기들을 제한 이유일 뿐만 아니라, 우리가 여기에 이 무기들을 함께 묶어서 분류한 이유이다.

대량 살상 무기는 종종 CBRN 무기라 칭해진다. (씨번see-burn이라 발음되는) CBRN는 화학, 생물, 방사능, 핵무기의 앞 글자를 딴 말이다. 일부 분석가와 조직은 폭발물의 앞 글자E를 포함한 (씨버니see-burn-ee이라 발음되는) CBRNE를 사용한다. 이런 경우에는 수류탄이나 로켓처럼 작은 폭발 장치가 아닌, 오클라호마 시티 테러 사건 때 쓰인 장치처럼 고성능의 폭발물만을 의미한다. 매우 소수의 분석가들이 기술의 "T"를 추가하여 CBRNET (씨버넷see-bur-net)을 만들어냈다. 기술적 위협이 핵, 화학, 방사능 무기와 같은 영역에 속한다고 생각하지 않지만, 이는 사이버 테러리즘과 사이버 공격에 대한 점점 더 커져가는 우려를 반영한다. 사이버 위협에 대해 간략히 다룰 것이지만 대량 살상 무기 용어가 늘어나는 것에 대해서 우리는 기존의 CBRN 약자를 고수할 것이다.

■ 화학 무기

화학 무기(chemical weapons)는 "유독성의 화학 물질이나 화학 작용을 통하여 사상자 발생, 무력화, 감각 자극을 일으킬 수 있는 화학전구체(chemical precursor)"를 가리킨다. (화학무기금지기구 Organization for the Prohibition of Chemical Weapons, 2013) 이 정의는 간단하며 혼합되었을 때 화학 무기와 화학 작용을 일으키는 화합물인 **화학전구체 물질**(precursor materials)을 포함한다. 많은 정부와 세계 기관은 화학 물질이 없더라도 투발탄(delivery munitions)도 화학 무기나 잠재적 대량 살상 무기로 보고 있다. 투발탄의 예로 화학 포탄, 에어로졸 생성 시스템, 압축 공기 탱크가 있다. 이러한 유형의 군수품은 화학 작용제 인도 이외에 다른 용도가 없다.

CBRN 무기 중에서, 화학 작용제는 전쟁에서 사용된 역사가 가장 오래되었다. 프로이센 프랑스 전쟁(Franco-Prussian War, 1870-1871)에서 시안화물이 사용되었다는 보고가 있으며, 세계 1차대전 시기 새롭고 다양한 화학 무기가 광범위하게 쓰였다. 염소, 포스젠, 머스타드 가스가 1차 세계 대전 당시 아주 끔찍한 무기로 쓰였다. 이러한 무기들이 전쟁터에서 성공적으로 쓰인 사례들로 인해 더 발전되고 (더 치명적인) 물질이 개발되었다. 유기인산 화합물에 관한 독일 연구로 "신경 가스(nerve gases)"가 개발되었다. 신경 가스는 강제 수용소에서 테스트되었지만 세계 2차대전 당시 군대를 대상으로 사용되지는 않았다.

오늘날의 환경에서 화학 무기는 습득하고 만들기 상대적으로 쉽고 저렴하다. 다른 대량 살상 무기와 비교했을 때 비용이 저렴하여 화학 작용제가 테러 무기로 쓰이기에 매력적인 무기가 되었다.

화학 작용제는 고체, 액체, 기체의 형태로 존재하고 사용될 수 있다. (물질의 상태에 대한 실용적인 지식을 가지고 있는 사람들에게는 이 상태들은 비슷해 보일 것이다.) 그리고 화학 작용제는 사람의 몸에 미치는 영향에 따라 분류된다. 우리는 화학 무기에 신경독, 화학 질식 무기, 호흡 자극제, 피부 자극제, 인명 살상용 작용제와 같은 5가지 분류를 한다.

■ 신경독

신경독(neurotoxins)은 신경작용제로 피해자의 신경 체계를 공격하거나 망가뜨리기 위해 고안되었다. 이러한 작용제는 흡입, 소화, 피부 흡수와 같은 다양한 경로를 통하여 신체에 들어온다. 신경독은 뇌와 신경체계에 있으며 호흡이나 삼키는 행위 같은 기본 신체 기능에 중요한 신경 세포를 공격하고 차단한다. 노출 증상에는 어지러움, 운동 제어 상실, 메스꺼움, 구토, 시력 상실, 마비, 발작이 있다. 고차원의 뇌 기능에 영향을 줄 수 있으며 많은 경우 노출이 궁극적으로 치명적이다.

신경독의 예에는 VX, 사린(군사적 명칭 GB), 타분(GA)이 있다.

사린은 1930년대 개발되었고 상온에서 무색 무취의 액체이다. 무색 기체로 증발하거나 **에어로졸**(aerosol) 형태(액체 방울이 안개로 부유하는 상태, 헤어 스프레이통을 생각해보면 된다.)로 옮겨질 수 있다. 피해자는 대기중의 사린을 흡입하거나 피부가 노출되거나 눈의 점막에 노출될 수 있다.

타분은 사린과 매우 유사하며, 독일에서 비슷한 때에 개발되었다. 약간 과일향이 나지만 에어로졸화되거나 가열되어 증기가 될 수 있는 무색 무미의 액체이다.

VX는 신경 작용제 중 가장 치명적인 작용제로 여겨진다. 1950년대 영국에서 개발되었으며 기름과 같은 농도로 된 호박색의 액체이다. 느리게 증발되며 일반적으로 에어로졸 형태로 살포된다. VX는 극소량도 위험하지만, 타분과 사린처럼 노출은 흡입, 피부 접촉, 눈을 통하여 일어난다. VX 한 방울이 피부에 닿기만 해도 죽을 수 있다.

도쿄 지하철 사린(Sarin) 가스 테러 공격

테러 조직이 신경성 독소를 사용한 사례가 있다. 1995년 일본 사이비 종교 집단인 옴 진리교(Aum Shrinko) 신도들이 도쿄 지하철에서 사린 가스를 살포하였다. 신도들은 사린 용액이 담긴 비닐 봉지를 신문지에 싸서 넣은 5개의 포장물을 들고 혼잡한 시간대에 지하철에 탑승했다. 그리고 땅에 놓고 우산으로 구멍을 내서 사린 가스가 열차나 역의 바닥으로 확산될 수 있게 하였다. 열차가 역에 도착하였을 때 포장물에 구멍을 내고 그 신도들은 그 폐쇄된 공간을 빠르게 빠져나갔다. 사린이 액체이고 증발하기까지 몇 분이 소요되지만, 일단 증발하고 나면 주변 사람들의 건강을 해친다. 마지막 테러 사건에서는 8명이 숨졌고 5,000명이 넘는 사람들이 부상을 당했다.

도쿄 사린 테러 사건은 화학 무기가 테러 조직에게 어떤 매력이 있는지 명백히 보여준다. 이 물질은 용액의 형태로 인도되다가 천천히 증발한다. 그러나 이것이 이 물질을 옮기는 최상의 방법은 아니다. 만약 옴 진리교 신도들이 에어로졸화하여 사린을 옮겼다면 사망자 수는 수백명이 되었을 것이다. 일부 기록에 따르면 옴 진리교는 이미 에어로졸화한 사린 공격이 더 효과적이라는 사실을 알고 있었지만 더 믿을만하고 휴대가 용의한 배달 장치를 사용할 수 없었거나, 고의적으로 덜 치명적인 방식을 택했다고 한다. 어느 쪽이든, 이 테러 사건은 성공적으로 마무리되었고 시민들을 공포에 몰아넣었다.

비효율적인 전달 방법을 사용하더라도 이 테러 사건은 수백만 명의 사람들을 병들게 하고 수천 명을 두렵게 하였다. 사린 가스에 노출되고 병원에서 치료받은 5,000명의 사람들 중 약 800명만이 앰뷸런스로 이송되었다. 남은 사람들은 노출과 건강을 염려하며 스스로 의료 시설로 찾아가야 했다. 이들 중 많은 사람들은 지하철 안에 있거나 근처에 있었지만 사린에 노출되지는 않았었다. 즉, 이 사람들은 건강하였지만 겁에 질려 있었다.

이 사건은 작은 사건이 많은 사람들의 "건강 염려증(worried-well: 건강한 사람이 질병에 걸렸을까 두려워서 병원에 방문하는 현상)"을 발생시키는 전형적인 예이다. 이러한 건강 염려증 사례들은 신경써서 다루어야 하지만 너무 많이 일어나서 제한된 응급 자원으로 해결할 수 없는 경우도 있다.

신경독은 약사가 상업용 화학 물질을 합성하여 만들 수 있다. 그렇다고 신경독을 만드는 것이 "쉽다"는 것은 아니지만 가능하다는 것이다. 게다가 유기인산 화합물 비료가 무기화된 물질만큼 강력하지 않지만 조잡하게 만든 신경 작용제로 사용될 수 있다.

■ 화학 질식 무기

화학 질식 무기(chemical asphyxiates)는 혈액 내에 흡수되는 독약이며, 잘 알려진 시안화물(cyannide)과 같은 종류이다. 이 종류의 화학 물질은 신체의 세포가 산소를 흡수하거나 사용하지 못하게 함으로써 세포가 죽게 한다. 이 효과는 기능하기 위해 대량의 산소가 필요한 뇌나 폐에서 증폭된다. 이 화학 물질들은 산업용으로 종종 사용되거나 산업 과정의 부산물이기도 하다.

시안화수소의 군사적 명칭은 AC로 무색 가스이며 포탄, 압축 공기 탱크, 기타 장치를 사용하여 옮기기 쉽다. 일부 사람들은 이 가스에 아몬드 냄새가 약간 난다고 하지만 모든 사람이 그 냄새를 감지할 수 있는 것은 아니다. 충분한 양을 섭취하면 유독할 수 있지만 가장 위험한 노출 방법은 흡입이다. 시안화 가스는 공기보다 밀도가 낮아 방출되고 나면 떠오른다. 증발 속도도 빠르기 때문에 이 무기는 밀폐된 실내 공간에서 가장 효과적이다.

■ 호흡 자극제

호흡 자극제(respiratory irritants)는 코, 목, 폐를 포함한 기도에 심각한 염증을 일으킨다. 호흡 자극제는 산업용이나 가정용으로 흔하게 사용되어 구하기 쉽다. 이 작용제는 치명적일 수 있지만 노출된 사람에게 쇠약하게 하는 부상을 주로 일으킨다. 가장 흔한 호흡 자극제 중 두 개는 염소와 포스젠이다. 이 두 가지는 세계 1차 대전에서 화학 무기로 사용되었다.

염소는 흔한 산업용 화학물로 "상온", 압력에서 가스 형태이다. 압축되어 용기 내에서 액체 상태가 될 수 있지만 용기가 열리면 액체는 빠르게 기체 상태로 증발한다. 염소는 종이나 천을 제조할 때 사용되며 가정용 세척제와 정수 시스템에서 사용되며 미국 내에서 흔하게 제조되고 수송된다.

염소 가스는 공기보다 더 밀도가 높아서 땅 가까이 가라앉는다. 또한 자극적이고 표백제 같은 냄새가 난다. 낮은 바람이 부는 환경에서는 방출된지 오랫동안 염소 가스 포켓은 저지대 지역에 머무를 수 있다. 이 작용제는 실내나 폐쇄된 공간에서 오랫동안 지속된다.

염소에 노출된 증상은 기침, 코, 눈, 목의 화끈거림, 흐릿하고 침침한 시야, 물집이 나고 가려운 피부, 숨가쁨과 흉막 삼출이 있다. 이러한 증상은 노출 즉시 나타나며 시간이 경과되면서 발전되고 심각해진다.

포스젠(phosgene)은 상온과 압력에서 가스의 형태이며 운송을 위해 압축해 액체화 할 수 있다. 염소처럼 포스젠은 방출되면 액체에서 가스로 빠르게 팽창되며 방금 잘린 풀과 같은 냄새가 난다고 한다. 피부나 눈 접촉, 흡입을 통해 노출될 수 있다. 액체 형태인 포스젠은 마시거나 오염된 물에 접촉하는 것과 같은 물을 통한 방식으로 흡수될 수 있다.

포스젠 중독의 증상은 염소 중독 증상과 매우 유사하다. 그러나 포스젠 피해자는 노출 후 48시간까지 호흡 곤란, 저혈압, 심부전과 같은 2차 증상들을 보일 수 있다. 이러한 이유 때문에 포스젠 가스는 1차 세계 대전에서 사용된 화학 작용제 중 가장 치명적인 것으로 꼽힌다.

■ 피부 자극제

피부 자극제(skin irritants)나 **발포제**(vesicant)는 눈, 코, 폐의 점막이나 피부의 물집을 일으키도록 고안된 화학 작용제이다. 이 작용제들은 매우 극심한 고통과 심각한 손상을 초래하는 작용제이지만 치명적이지는 않은 경우가 많다. 가장 유명한 피부 자극제로는 황 겨자(sulfur mustar)가 있는데 일반적으로 머스타드 가스로 칭한다. 머스타드 가스는 5% 미만의 노출된 군인을 죽였지만 노출된 사람을 불구로 만들거나 싸우지 못하게 만드는데 매우 효과적이었다. 이로 인해 병사들은 눈이 멀기도 하여 그들이 안전한 곳으로 대피시킬 상대적으로 건강한 군인들이 필요하게 했다. 머스타드 가스는 강력한 심리적 무기이기도 하다. 증상이 나타나기까지 2시간에서 3시간 정도 소요되며, 특유의 양파나 마늘 냄새가 항상 있는 것은 아니다. 이것이 의미하는 바는 경고나 기회없이 군인들은 가스 테러 공격이 일어날 수 있다는 두려움에 떨어야 했다. 증상이 나타났을 때 쯤이면 이미 노출이 다 된 상태였다.

황 머스타드는 기름 질감의 액체로 맑거나 황갈색이다. 황 머스타드는 가스의 형태로 분사되며 목표 지점으로 바람이 부는 쪽 있는 통에서 배출시키는 경우도 있다. 공기보다 밀도가 높아서 땅에 낮게 깔리며 바람으로 몇 마일이나 멀리 퍼질 수 있다. 황 머스타드 노출 증상은 피부가 붉어짐, 피부 자극, 눈의 통증 및 붓기, 눈의 광 과민성, 일시적인 시각 상실, 콧물, 코피, 숨가쁨, 기침이 있다.

기타 피부 자극제에는 루이사이트(Lewisite)가 있는데, 이 자극제는 1차 세계대전 말에 만들어졌지만 전시기간 중 사용된 바가 없다. 황 마스터드와 유사하지만 접촉 즉시 반응한다.

■ 대인 작용제

대인 작용제는 비살상 효과를 지닌 화학물로 대중이나 군중을 통제하기 위해 자극이나 불편함을 야기하도록 고안되었다. 이 예에는 (군사 용어로 CS인) 최루가스와 후추 스프레이가 있다.

이 작용제들은 군사용이나 법 집행 목적으로 사용되는데 "안전한" 것으로 여겨지지만, 테러리스트가 강압적인 무기나 전술로 사용할 수 있다는 한 가지 주요 이유 때문에 이곳에 포함되었다. 이러한 작용제는 미국의 대부분의 주에서 구하기 쉬우며 많은 관할권에서 소유하는 것이 합법이다.

■ 생물 무기

생물 무기(biological weapons)는 생물 독성이나 감염성 있는 작용제를 사용하여 무능화하거나 살인 목적으로 쓰이는 무기이다. 이러한 작용제에는 생물이나 숙주가 되는 피해자의 신체 안에서 복제하거나 그 안에서 살아가는 독립체가 있다. 생물 무기는 수백 년 동안 전쟁에서 사용되어 왔으며, 약 2,000년 전 우물이나 수원을 오염시키기 위해 죽은 동물을 사용하였다고 군 보고서에도 쓰여 있다. 서부 이주민들은 북미 원주민들에게 천연두가 있는 담요를 주어 전 사회에 무차별적인 생물 전쟁을 일으켰다. 최근 오리건 주에서 사이비 종교 집단이 지방 선거에 영향을 미치고자 작은 마을의 거주민들을 중독시키기 위하여 살모넬라균을 사용하였다.

생물 무기는 흔하며 만들기 저렴하다. 그 효과성은 많은 요소에 달려 있지만 여전히 무서운 무기이다. 이 요소들은 결합되어 미래 테러 목적으로 쓰일 수 있는 상당한 가능성이 있다.

화학 무기와 달리 무기에 노출된 시간과 증상이 시작된 시간 사이가 몇 일에서 몇 주까지 꽤 길다. 이 지연된 증상의 시작으로 언제 어디서 생물 테러 공격이 발생하였는지 정확히 감지하기 매우 어렵다. 게다가 많은 생물 작용제는 자연적으로 질병이나 독을 발생시킨다. 지리적 위치에서 (드물고) 상당한 수의 사례가 나올 때까지 테러 공격이 적발되지 않을 수 있다. 이러한 모든 요소로 인해 테러리스트가 공격을 계획하고 당국이나 사람들이 사건이 벌어졌다는 것을 알기 전에 몇 일이나 몇 주 동안 목표 지점에서 벗어날 수 있다.

화학 무기는 전형적으로 작용제의 직접적인 노출을 해야한다. 포스젠이나 VX가 사용된 지역에 피해자가 있어야 하며, 화학 무기에 접촉해야 한다. 그러나 생물 무기는 그렇지 않다. 박테리아나 바이러스에 감염된 피해자는 전염성(contagious)이 있게 되고 학교를 가거나 식료품 점에 쇼핑하러 가거나 외식할 때 새로운 피해자에게 병을 전염시킨다. 한 피해자가 10명으로 불어날 수 있으며 10명 이상으로 늘어날 수 있고 점점 노출된 피해자의 수는 늘어나게 된다. 생물 무기는 스스로 확산되기 때문에 전염(contagion)된다.

이러한 요소들만으로 생물 작용제를 효과적인 테러 무기로 만들수 있지만 또 다른 요소가 있다. 여러분들은 이 작용제들을 볼 수도, 냄새를 맡을 수도, 맛을 볼 수도 없다. 사람의 감각으로 감지할 수 없다. 많은 생물 작용제는 수백 배나 더 화학 무기보다 유독성이 높다. 보튤리늄(botulinum) 독소는 15,000배 더 사린(화학 신경 가스)보다 유독성이 있다. 이 모든 요소를 고려해 봤을 때 이 무기들은 피해 인구의 공포를 불러 일으키기에 충분하다.

박테리아, 바이러스, 독소라는 세 가지 유형의 생물 무기가 있다. 각각을 살펴보자.

■ 박테리아

박테리아(Bacteria)는 사람의 인체를 포함한 자연 모든 곳에 실질적으로 존재하는 단세포 미생물이다. 박테리아는 분열을 통해 재생산되는 데 쪼개져서 2개가 된다. 이것을 핵 분열과 혼동해서는 안된다. 핵 분열은 나중에 다룰 것이다. 대부분의 박테리아는 사람에게 무해하지만 (심지어 유용하고 필수적이다), 일부 박테리아는 질병을 일으키며 무기로 사용하기 적절하다. 우리는 이러한 작용제 중 하나인 탄저균(anthrax)을 자세히 살펴볼 것이다.

바실러스 안트라시스(Bacillus anthracis)라는 공식 명칭을 가진 탄저균은 자연 발생하며 흙이나 소나 양처럼 발굽이 있는 동물에서 발견된다. 탄저균은 포자를 만들어 박테리아를 주변 환경으로부터 보호하고 오랫동안 건조 상태로 생존한다. 미국의 지방 지역에서 자연스럽게 발생하는 탄저균 감염은 흔하게 일어나는 일이다.

탄저균은 3가지 방법으로 사람에게 전염된다. 가장 흔한 (자연스러운) 방법은 피부 감염이다. 피부 감염은 박테리아가 피부를 긁거나 찢고 들어올 때 기저 조직을 감염시키면서 일어난다. 이 유형의 감염은 탄저균 피부 감염으로 불리며 항생제로 치료할 수 있는 가능성이 높고 생존률은 99%를 넘는다.

위장성 탄저균(GI anthrax · Gastrointestinal anthrax) 감염은 박테리아를 섭취했을 때 일어난다. 일반적으로 덜 익혔거나 감염된 동물을 날 것으로 먹었을 때 일어난다. 이 유형의 감염은 매우 위험하지만, 탄저균 감염 사례 중 가장 드물다. 미국에서 보고된 위장성 탄저균 감염 사례는 한 건도 없었다. 위장성 탄저균 증상은 고열, 피로감, 메스꺼움, 구토, 설사, 인후염, 목 쓰라림, 삼키기 어려움 등의 감기 증상과 유사하다. 이러한 증세는 일반적으로 박테리아 섭취 후 하루나 2일 후에 나타나며, 그 질병은 25%에서 60% 경우 치명적이다.

대부분의 심각한 형태의 탄저균 감염은 흡입성 탄저균(inhalational anthrax)이다. 이러한 경우 피해자가 탄저균 포자를 흡입하여 폐나 점막에 들어가게 된다. 증상은 일반 감기 증상과 유사하며 미열과 목 쓰라림이 있다. 이러한 가벼운 증상들은 기침, 가슴 통증, 고열, 삼키기 어려움 등의 더 심각한 증세로 변한다. 항생제 치료가 있어도 흡입성 탄저균은 보통 치명적이다.

스베르들로프스크(Sverdlovsk) 사건

1979년 4월 초 구소련인 스베르들로프스크에 있는 생물 무기 군사 시설에서 탄저균이 유출되었다. 이 생물 무기는 에어로졸 형태로 살포되게 되어 있었다.
이 시설의 목적은 탄저균을 갈아서 무기 형태로 만들어 탄두와 탄약에 채우는 것이었다. 주간 근무자가 갈은 탄저균을 건조시키고 가루의 형태로 만드는 동안 안전 공기 필터가 막혀 있다는 것을 발견했다. 그 필터는 교체되기 위해 제거되었지만 다음 근무자가 교체하지 못한 것이다. 그래서 배기 장치를 통해 외부로 탄저균이 유출된 것이다.
10일 안에 그 구역의 시내에 사는 거주민들은 고열에 시달렸고 호흡하는 데 어려움을 겪었으며 최소 66명의 사람이 사망하였다. 소련은 사망의 원인이 오염된 고기를 소비한 것이라 말했지만 당시 대부분의 전문가들은 사망 원인이 제조 시설에서 유출된 탄저균 에어로졸을 흡입한 데에 있을 것이라 분석했다. 1992년 보리스 옐친(Boris Yeltsin) 러시아 대통령이 그 사고와 그로 인해 추후 지역에 탄저균이 유출된 사실을 인정했을 때 이러한 사실이 확인되었다.

탄저균 포자는 너무 작아서 육안으로 보기 어려우며 뚜렷한 냄새나 맛도 없다. 감염 사례들은 전염성이 있다고 여겨지지는 않는다. 이러한 방식으로 탄저균은 화학 무기와 상당히 유사하다. 흡입성 탄저균은 자연스럽게 거의 발생하지 않는다. 포자가 너무 작아서 보이지 않지만 발생할 때 사실상 상당 시간 동안 대기 중에 머무르기에 너무 크다. **무기화 된 탄저균**(weaponized anthrax)은 일정한 밀도로 갈아진 탄저균 포자로 구성된다. 일단 대기 중으로 방출되고 나면 탄저균은 멀리까지 우세풍을 타고 퍼진다. 이 때문에 탄저균이 이상적인 생물 무기이다.

2001년 다양한 매체와 선출된 공직자에게 7개의 편지가 발송되었다. 이 편지들은 매우 정제된 탄저균을 담고 있었으며 이로 인해 22명이 병이 나고 5명이 숨졌다. 법 집행부와 매체에서 테러 공격 출처와 동기에 대해 다양한 가설을 세웠지만, 어떠한 구체적인 것도 밝혀지지 않았다. 그 "탄저균 테러(amerithrax)"는 아직 해결되지 않았다.

생물 작용제로 사용할 수 있지만 무리이고 완전히 개발되지 않은 박테리아가 있다. 박테리아는 아목시실린과 페니실린과 같은 다양한 효과를 가진 항생제로 치료할 수 있다. 살모넬라균 같은 박테리아는 적절한 약 치료를 하면 치료될 수 있지만 흡입성 탄저균과 같은 일부 박테리아는 치료를 해도 위험하다. 박테리아만이 항생제로 치료할 수 있고 바이러스일 때는 항생제가 쓸모가 없다.

■ 바이러스

바이러스(virus)는 미생물이며 숙주 안에서 자기복제하는 감염성 있는 작용제이다. 많은 장소에서 성장할 수 있는 박테리아와 달리 바이러스는 살아있는 숙주가 필요하지만 놀라운 속도로 재생산된다. 바이러스성 질환은 우리 사회에서 흔하며 그 예로 인플루엔자와 일반 감기가 있다. 모든 바이러스가 생물 무기인 것은 아니며 생물 무기로 쓰이기 적합한 것도 있다. 인플루엔자와 같은 자연스럽게 발생하는 일상적인 작용제는 미국에서 매년 수천 명의 사람들에게 치명적이다.

이전에 다루었던 것처럼 바이러스는 항생제의 영향을 받지 않는다. 게다가 대부분의 바이러스성 감염은 전염성이 있으며 자신이 알기도 전에 감염되기도 한다. 인플루엔자를 예로 들어보자. 감염된 사람은 전염성이 있으며 감염된 지 몇 시간 내에 숨을 쉬거나 기침하고 코를 풀 때마다 활동적으로 바이러스가 든 증기를 퍼트린다. 환자가 아프다고 느끼기 시작하거나 특별한 증상을 보이기도 전에 퍼트리는 것이다. 이러한 지체 시간으로 인해 공공 장소에서 돌아다니던 감염된 사람이 다른 사람들을 감염시키게 된다. 그러 인해 결국 수십 명 이상의 사람들이 계속해서 감염된다. 이러한 감염 효과로 인해 위험한 생물 무기가 된다. 일부 전문가들은 사람들에게 감염시키기 위해 위험하거나 치명적인 바이러스에 의도적으로 감염된 사람인 "생물 순교자(bio martyr)"에 대해 우려한다. 이러한 개개인들은 식별하거나 멈추기 어려우며 강력한 바이러스는 빠르게 퍼질 수 있다.

현재 계획 시나리오 상 가장 흔한 바이러스 무기는 버라이얼러 비루스(variola virus)라고 불리는 천연두이다. 1980년 이래로 황야에서 근절된 천연두는 매우 전염성이 높은 바이러스로 발열, 구토, 두통, 요통, 독특한 발진 및 병변을 일으킨다. 천연두 백신이 있지만 1980년대 초반 이후 일상적으로 사용되지 않았다. (병이 근절되었기 때문이다.) 그리고 현재 공급은 제한되어 있다. 병변과 발진은 끔찍하고 무서우며, 천연두로 인해 약 30%가 사망한다. 소비에트 연방은 천연두를 무기화한 프로그램을 운영했으며 미국과 다른 국가는 연구 목적으로 상당한 양의 바이러스를 비축하고 있었다.

다른 "종말을 일으키는(doomsday) 것의" 예시는 작용제를 생산하는 바이러스성 출혈열(VHF: viral hemorrhagic fever)이다. 먼저 VHF는 바이러스가 아니지만 여러 유형의 바이러스, 그 중 가장 유명한 예로는 에볼라(Ebola)와 마르부르크(Marburg)의 극적인 증상을 보인다는 것을 유념해야 한다. VHF를 일으키는 바이러스는 동물 감염을 일으킨다. 즉 이 바이러스는 동물 신체 안에서 살지만 특정 환경에서 사람을 감염시킨다. 사람이 숙주가 될 시 이 바이러스는 위험할 정도로 감염성이 높아지며 피나 인체 분비물과 같은 감염된 물질을 접촉하면 감염된다. VHF는 치명적이며 다량의 내부 출혈을 피부 내에서나 눈, 코, 입 등의 곳에서 출혈이 일어나며 기타 신체 내에서 일으킨다. 또한 발열, 메스꺼움, 구토, 설사 증상이 있다.

에볼라, 마르부르크와 기타 VHF 생성 바이러스는 잠재 생물 무기로 종종 거론되지만, 이러한 바이러스는 무기로 쓰이기에 몇 가지 단점이 있다. 첫 번째로, 이 바이러스들의 증상은 매우 빠르게 나타난다. 이것은 인지하지 못하고 사람들이 병을 퍼트릴 수 있는 시간을 제한한다. 게다가 사람간의 감염은 코를 풀거나 기침을 할 때 감염되는 인플루엔자만큼 쉽지 않다. 마지막으로, 이러한 질병의 증상은 너무나 끔찍하다. 인플루엔자가 기침이나 감기로 인식될 뿐이지만, VHF는 극적인 질병으로 사람들이 본능적으로 매우 좋지 않은 것이 벌어졌다는 사실을 인지하고 치료법을 찾는다. 즉 인플루엔자에 걸린 사람은 일상적인 활동을 잠시 동안 지속할지 모르지만, 마르부르크에 걸린 사람은 재빨리 의료 치료를 구하고 다른 사람들과 떨어져 있는다. 간단히 말해 VHF 작용제는 사람들에게 많이 감염시키기에는 너무 무서운 무기이다.

마지막으로 VHF작용제는 일부 작용제가 90%에 육박할 정도로 높은 사망률을 가지고 있다. 빠른 발현, 끔찍한 증상, 높은 사망률과 함께 "타는 듯한 속도로" 매우 빠르게 질병이 전파된다. 이 작용제는 많은 감염자를 죽일 수 있고 그럴 가능성이 매우 높다. 하지만 감지하여 통제할 수 있다. 즉 에볼라(Ebola)는 미국, 플로리다, 다른 큰 도시의 전 인구를 감염시키지 않을 것이다. 아프리카에서 자연스러운 발병은 수십만 명이 아닌 수백 명의 사망자를 낳았다.

이 모든 것을 고려할 때, VHF 바이러스는 무서운 생물 무기이며 테러리스트에게 매력적인 무기이다. 소비에트 연방의 생물 무기 프로그램은 마르부르크를 1990년에도 무기화하려고 시도하였다. 이러한 유형의 무기의 소설화 된 이야기조차도 미국 정책을 수립하는 원동력이 되었다. (공영 방송 공단public broadcasting corporation, 2001)

■ 독소

생물 무기의 마지막 범주는 **독소**(toxins)이다. 이 독소는 전혀 전염성이 없지만 작용제에 직접적인 노출이 필요한 강력한 화학 무기와 매우 유사하게 작용한다. 독소는 자연적으로 발생하지만 몇몇 독소는 생물 무기로 사용되는 것이 용인되어 왔다.

보툴리누스균(Botulinum)은 (피해자의 신경 체계를 공격하는) 신경독으로 빠르게 작용하며 정신 혼동, 운동 제어, 균형 문제, 시각 장애, 떨림, 발작을 일으킨다. 보툴리뉴스균은 무게 대비 지구에서 가장 치명적인 물질이며 화학 작용제 VX보다 약 15,000배 더 유독하다.

보툴리누스균을 섭취하면 보툴리눔독소증에 걸린다. 부적절하거나 오염된 통조림음식을 섭취할 때 자연적으로 발생하며, 식중독의 위험한 유형이기도 하다. 보툴리누스균은 에어로졸화될 수 있지만 에어로졸화될 시 덜 효과적이다.

리신(Ricin)은 (피해자의 세포를 공격하며) 느리게 작용하고, 구토, 설사, 황달, 발진, 물집, 일반적인 조직 붕괴와 같은 증세를 일으키는 세포 독소이다. 리신은 화학 신경 작용제 보다 10배 더 유독하며 아주까리 씨(castor bean)에서 추출된다. 보통 소화되어 질병을 일으키지만 주입될 수도 있다. 리신 중독은 치료받지 않은 경우 치명적이다.

■ 잠깐, 그렇지는 않다.

이러한 설명은 매우 무서우며 지구 종말 시나리오로까지 이어질 것 같다. 실제로 이러한 유형의 무기는 사용하기에 그렇게 쉽지 않다.

화학 및 생물 무기 모두 테러 단체가 수백 명이 아닌 수십 명을 살상하기 위한 목적으로 사용할 수 있다. 그러나 많은 경우 더 많은 사상자가 사제 폭발물로 발생할 수 있다. 대부분의 경우에 폭발물을 사용하는 것이 더 간편하다.

화학 및 생물 무기의 효과성 (피해를 일으키는 능력)은 환경의 영향을 받는다. 온도, 바람, 습도, 강수량 등이 이러한 작용제의 살상 능력을 제한하거나 불능으로 만들 수 있다. 바이러스의 경우 질병을 퍼트리는 전염성 효과를 위해 사람들이 가까이 접촉해 있어야 한다.

몇 가지 예를 검토해보자. 몇 페이지 전에 설명한 탄저균 테러(amerithrax)를 기억하는가? 두 개의 편지가 레이히(Leahy)와 대슐리(Dashle) 상원 의원에게 전송되었는데 각 편지는 약 1그램의 분쇄되어 무기화된 탄저균이 약 1억 명을 살상시킬 수 있는 포자와 함께 담겨있었다. 다시 말해, 미국 전 시민을 살해할 수 있을 정도의 충분한 포자가 봉투 안에 담겨있었다. 그 사건의 사망자는 5명이었다. 이는 생물 무기는 제조하고 다루는 것과 효과적으로 분배하기 어렵다는 것을 나타낸다.

옴 진리교(Aum Shrinko)는 1995년 도쿄 지하철 사린 테러 사건으로 알려졌다. 이 사건은 조악하지만 효과적으로 화학 무기를 사용한 예이다. 그렇지만 이 사건이 그들의 첫 시도는 아니었다. 1995년 사건이 있기 몇 해 전, 그들은 트럭에 압력 탱크와 살수 밸브를 설치하고 트럭에 보툴리누스균을 싣고 치명적인 독을 대기에 뿌리며 도쿄로 향했다. 누구도 눈치채지 못했다. 그 공격이 먹히지 않자, 옴 진리교는 탄저균을 에어로졸화해 트럭과 도쿄 빌딩 옥상의 탱크에서 살포했다. 다시 한번 말하지만, 아무도 눈치채지 못했다.

이러한 예들은 생물 무기를 사용하는데 어려움을 보여준다. 이 예시에서 우리는 사용된 작용제로는 성공할 수 있었지만 그것을 살포하는데 실패했다는 것을 추정할 수 있다. 부정확한 작용제 농도, 바람, 온도, 습도, 잘못된 이송 장치와 같은 환경적 요인 때문에 실패했을 수 있다. 테러 단체가 생물 무기를 생산할 수 있는 능력이 있더라도 (결코 작은 능력이 아니지만) 이것만으로 즉각 효과적인 무기를 만들 수 있다는 것은 아니다.

■ 방사능 무기

붐비는 거리에 폭발이 있었다고 가정해보자. 그 폭발로 수십 명이 다치고 부상을 입었으며, 즉각적으로 혼란과 혼돈이 빚어졌다. 피해자와 생존자가 모르게 그 전체 거리가 보이지 않는 방사능 입자 연기의 위협 아래 있다. 이 입자들은 흡입되고, 소화되며, 그곳을 벗어난 사람들의 옷, 머리, 피부까지 묻어있다. 이 입자들은 차량안에도 있으며 빌딩 환기 장치를 통해 모든 곳에 뿌려졌다. 이 보이지 않는 위협은 위험하고 잠재적으로 치명적인 방사능을 배출하고 폭발이 일어난 지 몇 일이 지나서 수백 명의 피해자를 병들게 하거나 죽일 수 있다.

이것은 방사능 오염 장치(RDD: radiological dispersal device)의 위협적인 시나리오이다. 이 "방사능이 들어있는 폭탄(dirty bomb)"은 폭발 전지역에 방사성 동위원소를 흩뿌리는 전통적인 폭발물이다. 이 방사능 작용제는 청소와 복구 작업에서 초래되는 대규모의 경제 피해와 질병과 죽음을 일으킬 수 있다. 대부분의 경우에 재래식 폭탄의 폭발은 추후의 방사능 사상자보다 더 많은 사상자를 발생시키지만 비가시적이며 은밀하게 퍼지는 속성이 사람들의 두려움과 공포를 증폭시킨다.

방사능 오염 장치에 사용되기에 적절한 물질들이 있다. 그 중 일부는 미국의 대부분의 도시에서 구할 수 있다. 의료 폐기물, 제조 및 기타 과정 부산물들은 방사능 오염 테러를 일으키는데 사용되는 방사능 물질을 만들 수 있다. 이러한 물질들은 면밀히 추적되지만 나쁜 사람들의 손에 들어갈 수 있다.

매우 중요한 사실을 짚고 싶다. 방사능 오염 장치가 핵장치는 절대 아니다. 분열이나 핵융합 반응도 없으며 핵폭발도 없다. 둘 다 방사능이기 때문에 사람들은 이 두 가지를 혼동한다. 하지만 두 개는 개념이나 효과에서 매우 상이하다.

■ 핵무기

마지막으로 유일한 진정한 대량 살상 무기에 대해 이야기해보자. 우리가 여기서 다룬 다른 대량 살상 무기는 배열하자면 하위 무기에 해당된다. 그 중 아무것도 핵무기의 폭력적이고 광범위한 피해나 파괴력을 불러일으키지 못했다. 그럼 이 이유로 다른 무기들은 테러리스트에게 덜 매력적인 무기인가? 아니다. 사실 핵무기는 가장 큰 파괴력과 공포를 일으키지만, 습득하고 구성하기 가장 어렵다. 우리 모두 그 사실에 기뻐해야 한다.

첫 핵폭발은 1945년 7월 16일에 멕시코 사막에서 일어났다. 1달도 채 안되어서 미국은 2개의 핵장치를 일본의 히로시마와 (8월 6일) 나가사키 (8월 9일)에 투하했다. 이러한 공격으로 인하여 약 150,000명이 사망하였고 (더 많은 사람이 방사능으로 사망했을 것이며 그 수는 1950년까지 300,000명이 넘었다.) 일본이 항복하고 2차 세계 대전이 막을 내린다. 이 두 폭발은 역사상 전쟁에서 핵무기가 사용된 유일한 사건이었다. 대부분의 사람들은 이 사건이 마지막이길 바라지만 그렇지 않다는 것을 안다. (미국 과학자 연맹Federation of American Scientists, 1998)

미국이 운명적인 8월에 사용했던 무기는 지금의 기준으로는 조악한 것이다. 현대 무기는 더 파괴력이 있다. 리틀 보이(Little Boy)라는 우라늄 기반 무기를 히로시마에 투하하여 TNT 16 킬로 톤(약 3천 5백만 파운드)에 상당하는 영향을 냈다. 더 진보된 플루토늄 기반의 "팻 맨(Fat Man)" 무기는 나가사키에 투하되어 21킬로 톤에 상당하는 영향을 냈다. 비교하기 위해, 탄도 미사일 잠수함에서 발사되는 미국의 현대 함상 발사 탄도 미사일(SLBM: sea-launched ballistic missile)은 4개의 독립적인 475킬로 톤의 무기를 이동시킨다. (미국 과학자 연맹Federation of American Scientists, 1998, 미국 원자력 규제 위원회 U.S Nuclear Regulatory Commission, 2003)

챕터 전체를 (심지어는 책 한 권을) 할애하여 핵무기에 대해 쓸 수 있다. 우리의 목적에는 너무 상세한 사항이 필요 없다. 기초는 간단하며 기본적인 사항은 우리가 테러 단체 때문에 경험하는 것이다.

조직이 핵무기를 개발하려면 그 조직은 고농축 우라늄(HEU: highly enriched uranium), 플라토늄-239(plutonium-239)의 2가지 핵분열(fissionable) 물질 중 하나를 충분한 양을 가지고 있어야 한다. 고농축 우라늄은 최소 농도가 20%인 우라늄-235 동위원소 물질과 다른 우라늄 동위원소들의 합성물로 구성되어 있다. 우라늄-235 20% 농도에서 그 물질은 "사용할 수 있는 무기"로 여겨지며 조악한 저위력 무기로 충분하다. 80% 농축된 우라늄-235 기준치에서는 "무기 제조 수준(weapon-grade)"이 되며 고위력 폭발을 일으킨다. 고농축 우라늄은 자연적으로 존재하지는 않으며 전형적으로 (자연에서 발생하는) 우라늄에서 생산하기 위해 상당한 공학 능력이 필요하다. 플라토늄-239 동위원소는 2번째 핵분열 물질이며 자연스럽게 발생하지 않는다. 사실상 플루토늄-239는 원자로 생성 부산물이다. 여러분은 이 물질을 생산하기 위해 기존의 핵 보유 능력을 가지고 있어야 한다. (미국 원자력 규제 위원회 U.S Nuclear Regulatory Commission, 2003)

테러리스트 관점에서 이렇게 요구되는 모든 물질들은 생산하기 어려울 것이다. 훔치거나 구매하는 것이 더 실현가능성이 높다. 그보다 더 좋은 것은 손상되지 않고 가동되는 무기를 습득하는 것이다.

확실히 말하자면, 테러 핵무기는 최악의 시나리오다. 제조되거나 습득한 핵분열 물질과 기존의 공사 계획을 기반으로 구성한 조악한 무기조차도 10킬로 톤의 위력을 낸다. 이는 맨하튼 아래 지역의 상당 부분을 파괴하기에 충분한 위력이다. 이는 무기가 트럭으로 인도되어 길가에서 폭발하는 것을 가정하는 데, 가장 실현될 것 같은 테러리스트 시나리오이다. 우리는 더 대규모 무기로 더 큰 피해를 가정할 수 있지만 그러한 무기를 테러 단체가 사용할 가능성은 낮다.

모든 테러 단체가 핵무기를 (혹은 기타 CBRN 무기를) 습득하거나 사용하기를 원한다고 가정할 수 없다. 테러리즘에서 현재 가장 눈에 띄는 추세는 테러리즘의 종말론에 가까운 관점을 가지고 있고 상당한 사상자와 파괴를 일으킬 의지가 있는 알 카에다와 같은 조직과 관련이 있다. (9/11 사태를 보라) 이러한 종교적 테러리스트들은 대규모의 사상자는 목적이 아니며 소규모의 통제된 사건으로 분노와 갈등을 증폭시키려 했던 과거 수십 년 전 사례에서 벗어났다. 더 전통적인 모델의 테러리스트들은 폭력이 필요하지만 주민의 지지를 잃는 위험을 감수하지 않으려면 세심하게 지시되고 통제되어야 한다고 이해한다. 핵무기(나 다른 대량 살상 무기) 사용은 교리에 어긋나며 역효과를 낼 것이다.

그렇기는 해도, 알 카에다나 그 유형의 다른 조직이 습득할 수 있다면 핵무기를 사용할지 모른다. 이에 대한 우리의 최상의 방어는 기술의 확산을 예방하는 외교 및 기타 조치와 함께 기존 무기와 핵분열 물질을 철저하게 감독하는 것이다. 알 카에다와 동맹 세력은 핵분열 물질을 소유해도 무기를 제조할 능력이 없다. 그래서 우리는 존재하는 원천에서 습득하지 못하도록 확실히 해두어야 한다.

이 지역의 가장 큰 위협은 핵 프로그램을 개발하려고 활발히 노력중인 이란에서 기인한다. 이란이 무기를 만드는데 성공한다면 이스라엘이나 서방국을 대응하는데 사용하기 위해 헤즈볼라(Hezbollah)의 손에 들어갈 것이라는 예상은 이치에 맞다. 다행히 이란은 핵무기의 그러한 사용은 즉각적으로 그들에게 기여할 것을 인식하고 있으며 이란은 자살 국가가 아니다. 이란이 그러한 조치를 하는 데에 대한 빠르고 끔찍한 보복 능력은 이란을 저지할 수 있을 것이다. 우리가 바라는 바이다.

■ 기술 / 사이버

가끔씩만 전문가들이 사용하는 대량 살상 무기의 마지막 범주는 기술 무기, 사이버 무기이다. 이 부분을 간략히 말하자면, 이 무기들과 전술은 존재하지 않는다. 미래의 어느 순간 우리는 대량 살상 무기 수준까지 발전한 사이버 능력을 보게 될 것이지만 이러한 무기는 오늘날 허상이다.

현대 매체(와 정부 관계자들이)는 사이버테러리즘과 그로 인한 혼돈에 대해 이야기하길 좋아한다. 사이버 테러리즘이 증가하고 있고 인프라, 교통, 금융 시스템에 실질적인 위협을 끼치고 있지만 사이버 테러리즘 그 자체가 발현한 것은 아직 아니다. 비슷하게 종말을 일으키는 (doomsday) 사이버 무기는 아직 개발되지 않았으며 핵무기와 같은 범주에 있지도 않다. 심지어 화학, 생물, 방사능 무기와도 같은 범주가 아니다.

주요 용어

- 에어로졸
- 플루토늄-239
- 안포폭약(ANFO · 질산 암모늄 유제 폭약Ammonium nitrate fuel oil)
- 방사능 오염 장치
- 박테리아
- 호흡 자극제
- 생물 무기
- 소총
- CBRN
- 로켓 추진식 수류탄
- 화학 무기
- 화학 질식 무기
- 셈텍스
- 감염
- 파편
- 전염성의
- 산탄총
- 재래식 무기
- 피부 자극제
- 시안화물
- 경 기관총
- 분열되는
- 위협 무기
- 퓨즈
- 타이머

- 가솔린 폭탄이나 알코올 폭탄
- 독소
- 수류탄
- 촉매제
- 권총
- 발포제
- 고농축 우라늄
- 바이러스
- 기관총
- 바이러스성 출혈열
- 화염병
- 대량 살상 무기
- 신경독
- 무기화된 탄저병
- 전구체 물질
- 건강염려증(worried well)

토론 주제

1. 현대 종교적 테러 단체가 대량 살상 무기를 습득했다면 그것을 사용할까? 왜 그런가? 왜 그렇지 않은가?

2. 왜 미국은 대량 살상무기가 연관된 테러리즘에 상당한 중점을 두었는가? 좋은 정책인가 나쁜 정책인가?

MEMO

CHAPTER 06

유사 테러리즘

6장

유사 테러리즘

이전에 언급한 것처럼 테러리즘과 같은 것이 아예 없어지는 것은 가능하다. 이전 정의를 살펴보았다면 공통 요소는 폭력으로 사람들을 협박하고 강제하는 것이다. 하지만 그것에 대해 생각해보면, 폭력 바로 그 자체로 협박성이 있지 않은가? 테러리즘이라고 여기는 모든 것이 개인 수준에서 저지른, 전면전으로 고조되는, 국가간의 범죄 행동 및 조치부터 시작하는 폭력의 스펙트럼에 포함된다면 그 끝엔 무엇이 있을까?

우리의 목표는 여러분을 혼란스럽게 만드는 것이 아니라 자신의 생각을 뒷받침하고 자신이 있는 곳에서 가장 유식한 사람으로 만들어 주는 것이다! 정의에 논란이 있고 테러리즘이라 지칭되어는 안 되는 여러 "유형"의 테러리즘이 있다.

범죄성 테러리즘

법 집행 기관들이 착수한 다른 계획들을 위해 전세계 테러와의 전쟁의 자원을 사용하기 위하여, 이 용어는 가끔씩 사용되어 왔다. 이것은 범죄 촉진을 위해 대중을 위협하거나 영향을 주기 위하여 특이 범죄를 사용하는 것을 암시한다. 거의 모든 범죄가 위협적으로 느껴지지만 이 용어는 특히 "조직화된 범죄"를 일컫는 것이다. 범죄 활동에서 조직의 스펙트럼은 개인 이득을 위해 저지르는 개인 범죄자부터 이익을 위하여 불법 활동에 가담하는 대규모 중앙화 된 범죄 조직까지 있다. 조직화 된 범죄자의 가장 좋은 예는 존재하지 않은 문제나, 범죄 조직때문에 발생한 문제를 해결하고자 돈을 강탈하는 갈취자이다.

처음부터 범죄와 정치적 폭력이 근본부터 다르다는 것을 인지하는 것은 중요하다. 범죄는 개인적 이득을 위해 저지르며, 테러리즘은 대의명분이라는 미명하에 저지른다. 테러리즘과 범죄 간의 동기와 이익에서의 기본적인 차이 때문에 **범죄성 테러리즘**(criminal terrorism)이란 용어를 쓰는데 내재적인 갈등이 있다.

"뭐라고? 테러리즘은 범죄이고 두려운 것 아닌가?"라고 여러분은 말할 수도 있겠다. 이 말에는 자명한 부분도 있지만 모든 범죄가 무서운 것은 아니다. 많은 범죄는 (범죄 세탁, 불법 도박, 성매매, 공공장소에서 만취 등) 비참하거나, 불운하거나 역겹기도 하지만 무섭지는 않다. 국제 은행 사기나 대학생이 길거리에서 토하는 것 때문에 "무서워"서 잠을 못 이루는 사람은 거의 없다.

유죄 유무는 테러리즘이라는 용어에 암시되어 있다. 테러리즘의 많은 정의에는 "재산 파괴", "무고한 시민을 대상으로 한 폭력"과 같은 상세한 범죄 행위도 포함하고 있지만, 이러한 행위의 불법적인 요소는 테러리즘 특성의 일부분이다. 우리가 "평화로운 테러리즘"에 대해 이야기한다면 테러리즘은 원래 폭력적이고 범죄이기 때문에 그것은 모순이다.

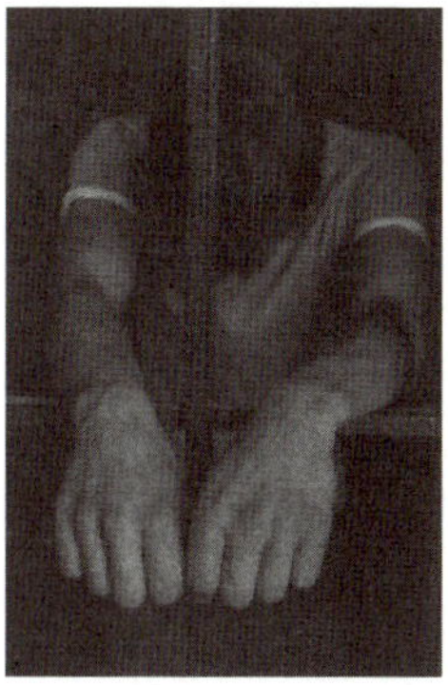

"범죄 안에는 조직의 스펙트럼이 있다."

또한 무엇이 테러리즘인지 왜 사람들이 그러한 특이 폭력을 저지르는지 알기 위해 동기를 연구하는 것은 중요하다. 테러리스트의 동기는 개인적인 이득이나 이익인 경우가 드물다. 반면 범죄자는 개인적 이익이 동기이며 그들의 안전과 탈출 방법에 대해 집중한다. 아래의 표를 보면 테러리스트와 범죄자의 부여된 다른 동기를 알 수 있다.

범죄자	테러리스트
욕심이나 개인적 이득이 동기부여가 되었다	대의명분이나 믿음이 동기부여가 되었다
탈출이 우선이다	대의 명분이 자기 자신보다 중요하다
활동은 은밀하게 이루어진다	알려지는 것이 계획의 일환이다
개개인에 더 집중되어있다	더 큰 운동의 일원이다
피해자는 기회에 따른 것이다.	피해자들은 상징이다

나란히 비교해 보았을 때, 범죄 활동과 테러리즘은 완전히 다르다. 동기가 다르며 (이익 vs. 대의명분), 행위자도 다르며 (탈출 중심 vs. 대의명분을 위해 목숨까지 버릴 의지가 있음), 현행법으로 잡은 사람을 기소하는 법이 다르다. (미국 애국법(USA PATRIOT ACT) vs. 공갈 및 부패조직법(RICO: Racketeer Influenced and Corrupt Organizations Act)) 마지막으로 담당 법원이 다르다. 특히 우리는 테러리즘 담당 국제 법원이 없다.

준군대적 테러리즘

폭력적인 정치 행위를 제복을 착용하는 비국가 조직이 저질렀을 때, 우리는 그들을 **게릴라**(guerilla)라고 부른다. 이 용어는 "작은 전쟁"을 의미하는 스페인 단어에서 유래되었으며 게릴라 전사는 매우 특정한 상황에서 발견되곤 한다. 먼저 게릴라군은 유니폼을 입고 휘장을 쓰기 때문에 자신들이 공개 네트워크(bright or open network)라고 생각한다. 즉, 여러분들은 그 사람이 조직 내에 어떤 위치인지 알기 위해 옷깃만 보면 된다.

준군대적 조직은 **준 군사 조직**(paramilitary organization)이라 불리기도 한다. 준 군사 조직은 정규 직업 군인과 유사하지만, 어느 국가나 주의 공식적 일원이 아니다. 또한 **민병대**(militia)가 있는데, 민병대는 또다른 유형의 무장 군으로 시민으로서 국가 군 부대를 보충하기 위해 무기를 드는 비전문적 전사로 보통 구성되어 있다.

조직원들끼리의 관계를 공개적으로 볼 수 없기 때문에 테러 집단은 **비밀 네트워크**(dark network)라고 불리기도 한다. 반대로 **공개 네트워크**(bright network)는 제3자가 누가 구성원이고 직위가 어떠하며 누가 리더인지 알 수 있다. 공개 네트워크의 좋은 예는 군대, 특히 미군에서 볼 수 있다. 미군 병사를 보게 된다면 그 병사가 어떤 직위에 있는지 나타내는 몇 가지를 볼 수 있을 것이다. 먼저 그 병사의 의복 모양과 색깔로 육군, 공군, 해군 · 해병, 해안경비대 중 어디 소속인지 알 수 있다. 두 번째로 모두가 볼 수 있도록 의복에 쓰여진 것을 보고 그 병사의 이름을 알 수 있다. 세 번째로 그 병사가 조직 내에서 어디에 위치하는지 나타내는 계급을 알 수 있다. 이 정보로 누가 그 병사에게 보고하고 그 병사는 누구에게 보고하는지 알 수 있다. 계급은 그 병사가 얼마나 복무했는지도 알려준다. 네 번째로 어깨에 달린 패치로 그 병사가 어디 부대 소속인지도 알 수 있다. 마지막으로 옷의 장식, 도구, 메달들은 그 병사가 가지고 있는 특별한 기술들을 나타낼 수 있다. 예를 들어 유격 부대, (점프하는) 공중 강습, 낙하 부대원, 길잡이 등이 있다. 이 모든 조직 관련 정보는 제복에 나타나 있고 병사와 관련된 많은 정보도 제공한다. 만약에 제복을 입은 미군을 보게 된다면, 어떤 군사 작전에 배치되어 어디서 얼마나 수행할 지, 어떤 학교나 훈련소를 다녔는지와 같은 무수히 많은 관련 정보들을 알 수 있다. 이것을 카페에서 본 낯선 사람과 비교해서 생각해보면, 왜 군대가 세상에서 가장 공개적인 네트워크 중 하나라고 하는지 알 수 있을 것이다.

게릴라의 또 다른 특징은 자신들이 장악하고 통제하는 특정한 지리적 지역에 집중한다는 점이다. 땅에 대한 지리정치학적 관점과 지배는 게릴라 군의 특성 중 하나이며, 게릴라는 보통 자신들이 있는 나라의 상황에 특히 집중한다. 다른 세계적 테러 네트워크나 세계적 대의명분과 달리 게릴라 조직은 자신이 소유한 땅의 지배나 통제에 집중한다. 게릴라가 지리정치학적 관점을 가진다는 것은 종교적이나 대의명분 기반이 아니라는 것을 의미하며, 게릴라가 자국 외의 상황을 바꾸려고 하지도 않는다는 점을 나타낸다. 예를 들어 스리랑카의 타밀 타이거즈(Tamil Tigers)는 남미의 지리 정치적 상황에 관심을 갖지 않는다. 반대로 페루의 모택동주의의 게릴라 조직인 샤이닝 패스(Shining Path) (센데로 루미노소, Sendero Lumnioso)는 조직의 존립을 이유로 지구 반대편에서 투쟁하지 않았다.

반체제 군사 테러리즘(military dissident terrorism)의 다른 예는 한 국가의 정규 군대 일부가 분리되어 정부를 전복하려 할 때이다. 이것은 보통 군사 쿠테타(military coup d'etat, coup)로 불린다. 군사 쿠테타가 성공하고 정부를 전복시킨다면 군사 혁명(military revolution)이나 무인 정변(military overthrow)이라고 부르기도 한다. 2009년 온두라스 군이 대통령 궁을 장악하고 난 뒤, 당시 대통령인 셀라야(Zelaya)를 납치하고, 셀라야 대통령을 투표로 해임시키는 동안 코스타리카로 추방하였다. 온두라스의 예에서 합법적으로 이루어진 독특한 정권 교체였지만 군사 쿠데타는 온두라스 의회의 지지를 받았으며 평화로운 정권 교체였다. 그러나 군 쿠데타가 실패했을 때 그 불운한 참가자들은 "탈영병"이나 (국가를 대상으로) "선동하는" 사람이라고 불리며 처벌로 사형되기도 한다.

마약 테러

마약 테러(narcoterrorism)라는 용어는 페루의 테리(Terry) 대통령이 1980년대 마약 거래와 관련된 폭력을 묘사하기 위해 만들어 내었다. 그 용어는 마약 범죄 조직이 남미에서 시민들과 정부를 대상으로 하는 특이 범죄, 협박, 강탈에 사람들의 관심을 끌기 위한 것이다. 마약 범죄 조직이 범죄 조직으로 여겨지지만 마약 테러는 마약 거래와 관련된 폭력을 의미한다.

마약 테러라는 용어는 대부분의 테러 단체의 대의 명분 기반의 계획을 반영하기 위한 것이 아니며, 더 현대적인 설명은 "마약과 연계된 폭력"이다. 이 유형 폭력의 전형적인 예는 코카인 거래인 파블로 에스코바르(Pablo Escobar)의 콜롬비아에서 무자비한 거래에서 나타난다. 에스코바르는 코카인 밀매 사업으로 일상적으로 수천 명이 아닌 수백 명의 정치인, 경찰, 시민들에게 뇌물을 주거나 살해했다. (에스코바르는 "쁠라따 오 쁠로모(plata o plomo)"라는 제안을 하는 것으로 유명했다. 즉 말 그대로 은(뇌물)과 납(총탄, 죽음) 사이에 선택을 의미한다.) 에스코바르의 국제적 범죄 사업은 명백히 이익이 동기 부여이며 개인적인 이득만 추구했다.

1971년 미국에서 시작한 "마약과의 전쟁(War on Drug)" 캠페인을 이야기하면, 마약 테러는 정치적 이야기가 된다. 불법 마약의 생산과 분배를 줄이기 위하여 군대를 이용하는 것이 비용이 많이 들고 역효과를 낸다는 것이 증명되었다. 최근 연방 정부는 마약 테러와 "마약과의 전쟁"이라는 용어를 잘 사용하지 않는다.

조직의 진화에 관한 사례 연구

● 콜롬비아 무장혁명조직(FARC) ●

콜롬비아 무장 혁명 조직인 인만 부대(Fuerzas Armadas Revolucionarias de Colombia–Ejército del Pueblo: FARC–EP)는 세계에서 계속 활동 중인 세계에서 가장 오래된 조직 중 하나이다. 콜롬비아 무장혁명조직(FARC)은 오래되고 복잡한 진화 역사가 있으며, 그 기원은 콜롬비아 공산당(PCC: Pastido Comunista Colombiano)으로 1차 세계대전 이후 시작되었다. 마르크스와 레닌주의를 아우르는 세계적 운동의 일환으로 콜롬비아 공산당은 더 나은 근로 및 생활 환경과 더 높은 교육 접근성을 요구하며 콜롬비아 지방의 소작농과 노동자를 조직하였다. 1930년 정당으로 인정받고 콜롬비아 공산당은 콜롬비아 중앙 정부의 관심을 강하게 끌 파업과 시위를 조직하였다. 1948년에서 1958년까지 라 비올렌시아(La Violencia)라고 알려진 콜롬비아 내전 시기 동안 콜롬비아 공산당의 많은 구성원이 정치 성향 때문에 콜롬비아 정부의 공격을 받았으며 약 300,000명의 콜롬비아 사람들이 살해되었다.

라 비올렌시아 이후, 1960년대 콜롬비아 정부는 사람들을 내쫓기도 하면서 공업적 농업을 추진하는 가속 경제 개발(AED: Accelerated Economic Development)

이라는 정책을 도입했다. 이것은 많은 지방 소작농과 노동자에게 주요한 사건이 되었으며, 콜롬비아의 땅 압류에 저항하는 노력의 일환으로 콜롬비아 공산당 구성원은 1964년에 인만 부대로 바뀌는 (FARC - EP) 무장 저항 조직을 조직했다.[1)]

설립 시기 콜롬비아 무장 혁명 조직의 임무는 민주적 사회주의인 볼리바르주의(Bolivarianism) 철학을 포용하며, 콜롬비아 내의 가난한 자를 보호하고 제국주의자와 농업자본주의자(agri-capitalist)로 인지된 사람들과 맞서는 것이었다. (볼리바르주의는 시몬 볼리바르(Simon Bolivar)의 정치적 사상을 기반으로 하며 민주적 과정과 사회적 이념을 아우른다) 콜롬비아 무장 혁명 조직이 자신의 단체를 무장 저항 조직으로 여기기 때문에 구성원들은 준군사 및 게릴라 조직 유니폼을 준비하고 입었으며, 콜롬비아 남부 지방의 진군을 막을 수 있었다.

콜롬비아 무장 혁명 조직은 1970년대 내내 콜롬비아 남부 지역에서 어느 정도의 성공을 거두었고 계속해서 자신들이 대변하는 지방의 빈곤 계층에게 주의를 끌기 위해 노력했다. 그러나 자금이 모자라게 되자 그 조직은 무기와 자금을 대가로 마약 범죄 조직을 보호해주면서, 1970년대에서 1980년대 중반 성장하는 마약 거래에 가담하게 된다. 이 변절로 어떻게 싸울 것인 지와 어떻게 인식될 지에 대해 극적인 변화를 겪으며, 콜롬비아 무장 혁명 조직의 능력과 임무도 변화했다. 증강된 무기와 자금으로 콜롬비아 무장 혁명 조직은 수도와 더 가까이서 싸울 수 있게 되었고 더 큰 무기로 1980년대 초 콜롬비아 군에 대규모의 공격을 여러 차례 하게 되었다. 자금이 증가하자 무장 혁명 조직은 고도의 전술을 교육시키기 위하여 전사를 소비에트 연방과 베트남으로 보낼 수도 있었다. 흥미롭게도 이러한 전술들은 효과적이었고 1984년 콜롬비아 대통령은 콜롬비아 무장 혁명 조직 게릴라와 평화 회담을 시작하였고 그 결과 1987년까지 지속된 휴전 협정인 라 우리베 협정(La Uribe Agreement)을 맺었다.

1) 일부 문서는 콜롬비아 공산당과 콜롬비아 무장 혁명 조직 해체 시기와 반대로 1966년을 콜롬비아 무장 혁명 조직이 정식 게릴라 조직이 된 해로 사용하고 있다.

휴전이 중단된 이유는 많으며 그 중 하나는 중앙 정부가 콜롬비아 무장 혁명 조직이 협정의 목적을 수행하지 않는다고 주장한 것이다. 이 기간 동안 콜롬비아 무장 혁명 조직은 모든 면에서 마약 거래에 깊게 연루되어 있었으며, 파블로 에스코바르(Pablo Escobar)의 메델린(Medellin)과 같은 콜롬비아 마약 연합 조직은 그들의 작물, 노동자, 가공 식물들을 보호하기 위하여 콜롬비아 무장 혁명 조직을 고용했다. 마약 범죄 조직과 제휴하게 되고 콜롬비아 무장 혁명 조직이 보호하기 위해 설립한 바로 그 소작농과 노동자를 착취하면서, 이 조직의 목적과 인식이 바뀌었다.

1999년 콜롬비아 정부는 평화를 도모하고 콜롬비아 무장 혁명 조직과 휴전하기 위해 각고의 노력을 펼쳤다. 맞교환(land-for-peace) 거래에서 콜롬비아는 남부 지역의 스위스 크기만큼인 16,000 제곱 마일의 땅을 무장 조직에게 주었다. 이 협정 하에서 콜롬비아 무장 혁명 조직은 본질적으로 콜롬비아 내에서 볼리바르주의 국가를 세우며 원하는 대로 살고 통치할 수 있었다. 콜롬비아 무장 혁명 조직은 이미 코카인 농장으로 사용되고 있던 이 지역의 대부분을 통제했었지만 이 평화 협정으로 콜롬비아와 미국 군대를 이 지역에서 몰아낼 수 있었다. 놀랍게도 콜롬비아 무장 혁명 조직이 이 평화 협정을 지키지 않았고 1999년 콜롬비아 현지 주민을 돕던 3명의 미국 국제 구호원을 죽이고 국제적 비난을 받게 되면서 콜롬비아가 콜롬비아 무장 혁명 조직을 제거하라는 압력을 받게 된다.

2001년부터 2006년까지 미국 검찰청(Office of the U.S. Attorney General)은 콜롬비아 무장 혁명 조직 대표들을 국제 마약 밀매 혐의로 기소했다. 2006년 기소 건만으로도 50명의 조직 대표들이 250억 달러 가치의 코카인을 미국에 밀매한 것에 책임이 있다는 사실이 밝혀졌다. 최근에는, 콜롬비아 무장 혁명 조직의 일부 대표들이 법무부의 통합 우선 조직 표적 목록(Consolidated Priority Organization Target list)에 포함되었다. 이 목록은 가장 위험한 국제 마약 밀매상 리스트이며, 군대 수준의 무기를 콜롬비아 무장 혁명 조직에 공급한 세력은 추가 기소될 것이다.

콜롬비아 무장 혁명 조직은 더 이상 인민을 위한 자유 전사라고 여겨지지 않으며, 오히려 마약 거래의 꼭두각시로 여겨진다. 콜롬비아 무장 혁명 조직은 이전에 누렸던 지역의 지지를 받고 있지 않다. 2005년 UN 인권 위원회는 콜롬비아 무장 혁명 조직을 보호받는 인종 집단을 포함한 민간인 남성과 여성 어린아이를 대상으로 고문, 납치 등을 일삼으며 심각한 인권 침해한 것을 두고 비난했다. 2008년까지 콜롬비아 무장 혁명 조직에 대한 진실이 밝혀지면서, 소셜 미디어를 통하여 콜롬비아 전역에 수십만 명이 참여하는 반대 시위가 조직되었다.

2013년 콜롬비아 무장 혁명 조직과 콜롬비아 정부 대표는 쿠바에서 만나 반세기 동안 지속된 분쟁을 끝내는 평화 협정에 대해 논의했다. 콜롬비아 무장 혁명 조직은 계속해서 토지 개혁과 정당한 정치적 자리를 요구했지만 콜롬비아 정부는 이 조직과 동의어가 되어버린 마약 조직과 연을 끊는 능력을 주시했다. 이 분쟁의 최종적인 해결책이 무엇일지 분명하지 않지만, 콜롬비아 무장 혁명 조직의 흥미로운 점은 테러 단체로서 50년간 이 조직이 경험한 것들이다. 콜롬비아 공산당 분파로서 이 그룹이 시작되었던 것을 살펴보면 1960년대 콜롬비아 무장 혁명 조직은 대의명분, 특히 빈곤층의 토지권과 평등에 집중했었다. 더 폭력적인 의제를 추구하기 위해 콜롬비아 공산당에서 분리된 콜롬비아 무장 혁명 조직은 2장에 제시된 모가담의 계단 모델(moghaddam staircase model)을 따른다. 당시에 콜롬비아 무장 혁명 조직이 독특했던 것은 유니폼을 입는 것과 같은 준군사적/게릴라 조직 구조를 채택했다는 점이다. 이 구조로 인해 은신처이면서도 공개적인 네트워크(bright network)가 되었다.

반복적으로 제시되고 믿음에 따라 통치할 수 있는 땅을 포함한 평화 협정에도 불구하고, 콜롬비아 무장 혁명 조직은 자금을 제공하는 범죄 조직을 위해 여러 번 평화 협정을 어겼다. 노골적으로 말하자면, 콜롬비아 무장 혁명 조직은 자금을 위하여 대의명분에 등을 돌렸으며 한때 이념에 기반한 조직을 범죄 조직으로 바꾸었다.

범죄 조직과 테러 단체 사이에 관련이 된 사례는 많지만 콜롬비아 무장 혁명 조직이 특별한 점은 그 조직이 특정 조직과 (마약 밀매) 긴밀한 연관 관계와 지지를 받고 있으며 결국 사람들의 지지를 잃었다는 점이다. 본질적으로 한때 대의명분에 기반한 로빈 후드 같았던 조직이 욕심으로 살생하며 세계에서 가장 악독한 마약 범죄 조직의 심복이 되었다. 이것은 테러 단체로 변천한 놀라운 사례이다. 콜롬비아 무장 혁명 조직은 테러리즘 연구에서 독특한 사례로 꼽힌다.

사이버 테러리즘

사이버 테러리즘은 복잡하고 논쟁을 초래하는 사안이며, 모든 것을 테러리즘으로 부르려고 하는 우리의 욕심 때문에 더 복잡해진 문제이다. 테러리즘의 정의에 포함되어야 하는 몇 가지 기준이 있으며, 가장 중요한 것 중 하나는 협박이나 강압의 목적으로 하는 특이 폭력이나 특이 폭력의 위협이다. 폭력과 목적의 결합은 테러리즘의 주요 특성이며 우리가 사이버 테러리즘을 다룰 때도 예외는 아니다.

사이버 테러리즘(cyberterrorism)의 가장 적절한 정의는 앞서 말한 기준과 같으며, "정치나 사회적 목적을 진척시키기 위하여 정부나 사람들을 협박하고 강압하기 위해 컴퓨터, 네트워크 및 정보가 저장된 곳에 가하는 불법적인 공격이나 공격 위협"이다. 또한 "사람이나 재산을 대상으로 한 폭력을 휘두르는 공격이나 최소한 두려움을 일으킬 정도로 충분한 피해를 일으키는 공격"이다 (Denning, 2000). 여기서 중요한 점은 폭력이다. 왜냐하면 최소 폭력없이 벌어진 사건은 테러리즘이 아니다.

사이버 보안은 디지털 정보의 시대에 일부로 존재하는 다량의 데이터를 보호하기 위한 필요 악으로 이해된다. 게다가 데이터는 정보 접근, 이용, 피해, 파괴를 원하는 침입자의 계속되는 위협에 있지만 이러한 행위만으로는 테러리즘이 아니다. 데이터를 훼손하거나 훔치거나 변질시키거나 불법적으로 사용했을 때 회사나 국가의 의도적인 악행이나 범죄행위 결과일 수 있다. 사이버 보안이 뚫렸을 때 이러한 공격이 우리의 일상적인 처리과정을 방해할 수 있고 골칫거리를 낳거나 불편을 초래할 수 있으며 최악의 경우에는 범죄를 저지를 수 있다. 이러한 공격은 가벼운 것에서부터 심각하고 비용을 많이 초래하는 것까지 다양하지만 사이버 공격으로 특이 폭력이 발생하는 경우는 거의 없다.

죽음이나 심각한 부상을 초래하는 사이버 공격이 있을 수는 있다. 예를 들어 비행기가 추락하거나, 가스 배관이 폭발하거나, 도시 교통 시스템으로 인하여 사고가 발생하는 경우가 있다. 그러나 이러한 유형의 사례는 발생한 적 없다. 사이버 테러리즘이 현실이 아니라는 여러 이유가 있지만 그중 어떤 것도 사이버 테러리즘의 미래 가능성을 없애지는 않는다.

사이버 테러리즘 1단계 방어에는 인터넷의 유기적이고 황량한 거친 서부 같은 속성들이 있다. 우리의 모든 정보가 보관된 중앙화된 장소가 없다. 즉 인터넷은 서로 연결된 시스템의 놀라운 집합이며, 그중 많은 시스템은 자동적이다. 만일 사이버 공격이 일련의 데이터에 발생하게 되면 그 데이터를 필요 없는 것으로 만드는데, 별도의 고유 체계에 저장된 데이터에 직접적으로 영향을 줄 가능성이 거의 없다. 예를 들어 페이스북이 공격당하면 당신의 정보에 접근할 수 없게 할 수는 있지만 지역의 대학 수술 스케줄에 연속적인 영향을 미칠 수는 없다. 마찬가지로 한 도시의 하수 처리 시설이 사이버 공격으로 이용할 수 없게 되면 이 공격으로 인해 9/11 콜센터가 인력을 배치할 수 없게 되지는 않는다. 이러한 별도의 자동 시스템 중 많은 시스템이 상이한 소프트웨어 플랫폼에 설치되어 있고 이 시스템 각각은 물리적으로 기술적으로 분리되어 있다. 인터넷의 속성과 인터넷의 통제 받지 않는 성장은 모순되게도 사이버 테러 위협의 최상의 방어 조치이다.

중요한 인프라 자원(발전소, 수처리 시설, 항공 관제탑 등)을 더욱 보호하기 위하여 사용되는 시스템은 인트라넷(intranet, 내부 전산망)을 사용하여 인터넷을 아예 사용하지 않고 분리되어 있다. 이것은 물리적인 보안 프로토콜로 시스템과 인터넷 간의 "에어 갭(air gap, 공극)"을 만들어 낸다. 이 에어 갭을 부수기 위하여 사이버 테러 공격 시, 내부에서만 접근할 수 있는 전문화된 시스템을 공격하기 위해 각 시스템에 맞춘 공격을 해야 한다. 만약 이러한 성공적인 사이버 공격이 가해졌다면, 그 테러 공격은 여전히 독립적인 사건임을 이해하는 것이 중요하다. 즉, 뉴올리언스 수처리 시설의 사이버 공격은 로스엔젤레스 수처리 시설에 영향을 주지 않는다.

이란 핵 프로그램 공격

2010년 여름, 연구자들과 언론인들은 이란 전역에 퍼지고 있는 컴퓨터 바이러스를 발견했다. 그 악성 프로그램은 코드에서 이름을 따서 스턱스넷(Stuxnet)이라고 불렸는데 지멘스(Siemens)가 만든 감시 제어 데이터 수집 시스템(SCADA system)의 특정 유형의 시스템만 공격하도록 고안되어 있었다.

스턱스넷에 대해 계속 이야기 하기 전에 SCADA 시스템에 대한 약간의(매우 조금의) 이해가 필요하다. SCADA 시스템은 컴퓨터, 물리적 기계, 시스템간의 인터페이스이다. 이 시스템은 발전소, 조립 시설, 제조 시설, 수처리 공장, 교통 시설, 연구실과 같은 것을 제어하는데 쓰인다. 이 시스템은 인터넷에 직접 연결되지 않기 때문에 원격 공격을 당할 일이 없으므로(예를 들어 퀸즈의 지하실에서부터 공격당할 일이 없다) 그 시스템은 일반적으로 별로 안전하지 않다.

SCADA 인터페이스를 이용하려면(허가 없이 침입하여 사용하는 것을 의미) 가해자는 물리적으로 시스템과 근접한 곳에 있어야한다. (그 공간이나 시설 내부) 가해자가 물리적 보안 시스템 내부에 있을 시, 무제한으로 정보 시스템을 누릴 수 있게 된다. 또한 당연히, 그 조직내의 가치 있는 대부분의 것을 자유롭게 이용할 수 있게 된다. SCADA 시스템은 안정성이 떨어지기 때문에 지금까지 서술된 모든 사이버 테러 이야기의 중심에 있다. 범법자가 웹브라우저를 이용하여 열차 선로를 바꾸고 핵발전소가 과부하가 걸리게 하고 대규모 정전 상태를 일으킨다고 생각해보아라. 염두해 둘 것은 관리자는 SCADA의 취약점을 알고 있고 SCADA가 인터넷 연결을 하지 않기 때문에 퀸즈에 사는 10대가 침입하지 못한다는 것이다.

이제, 스턱스넷에 대해 다시 이야기해보자.

컴퓨터 보안 분석가들은 스턱스넷 코드를 면밀히 검토하고 다른 악성 프로그램과 다른 속성들을 찾아냈다. 첫 번째로, 고도로 복잡하고 전문적인 코드로 인터넷에 유포된 대부분의 컴퓨터 바이러스와 트로이 목마 바이러스와는 수준이 전혀 다르다. 두 번째로, 스턱스넷은 매우 특정한 시스템을 감염시킨다. 그리고 목표 프로필과 다른 시스템에 설치되었을 경우 활동을 중단하고 문제를 일으키거나 어떠한 차질을 빚지 않는다.

윈도우 컴퓨터를 감염시키기 위해 다양한 방법을 사용하면서, 컴퓨터 바이러스는 핵연구실에서 이란 정부가 사용한 특정 종류의 SCADA 제어 인터페이스만을 공략한다. 다시 말해서, 컴퓨터 바이러스는 이란 핵 프로그램을 표적으로 삼고 있었다. 일단 바이러스가 특정 지멘스 SCADA 시스템을 찾아서 감염시키면, 시스템으로 제어되는 기계들의 성능을 저하시키면서도 제어기나 관리자에게 모든 것이 일상적으로 돌아가고 있다고 알릴 수 있다.

2010년 이란은 핵 프로그램을 발전시켜 고농축 우라늄(Highly Enriched Uranium: HEU)을 생산했다. 고농축 우라늄 생산은 원심분리기가 엄격한 제한속에서 돌아가야 하는 복잡하고 물리적인 과정을 수반한다. 2009년 동안 나탄즈(Natanz) 핵시설은 몇 대의 원심 분리기를 폐쇄하고 고농축 우라늄 생산을 감축해야 했다. 스터넥스로 인해 이러한 차질을 빚고 최대 20%의 원심분리기가 훼손되고 파괴된 것이라는 추측이 있었다.
데이비드 생어(David Sanger)가 쓴 직면과 은닉(부제: 오바마의 비밀스러운 전쟁과 미국 힘의 놀라운 행사) (Confront and Conceal: Obama's Secret Wars and Surprising Use of American Power)책은 2012년 출간되었다. 이 책에서 이란의 고농축 우라늄 생산 시스템을 공격하기 위해 이스라엘 전문가와 미국 국가안보국(National Security Agency)이 스터넥스를 개발했다고 저자는 주장하고 있다. 2013년 연구자들은 이 바이러스의 초기 버전을 발견했고 2006년 이전에 만들어진 것으로 보였다. 생어는 책에서 이 바이러스는 부시 정부 하에서부터 발전했고 오바마 정부 하에서도 계속 발전했다고 말한다. 이란 핵 연구 시설에 일어난 잘 조직되고 편성된 사이버 공격이 증거로 거론되었다.
2010년 이래로 보안 전문가들은 스터넥스가 변형되어 다른 시스템을 공격할 수 있다는 것을 알려주었고 이제 소스코드는 인터넷으로 다운로드 할 수 있다. 스터넥스는 물리적인 결과를 초래한 첫 번째 주요 사이버 공격이지만 마지막 사이버 공격은 아닐 것이다.

분산 서비스 공격(디도스 공격, Distribute Denial Of Service: DDOS)
디도스 공격은 대규모 사이버 공격의 가장 흔한 예이며 하나의 시스템을 공격하기 위해 사용되는 트로이 목마 바이러스에 여러 시스템이 감염되면 발생한다. 한 인터넷 기반의 시스템을 다양한 소스에서부터 공격하여서 디도스 공격을 막을 수 없게 하고 합법적인 사용자와 구별하기도 어렵게 한다.
2013년 3월 가장 큰 디도스 공격 중 하나(초당 300기가바이트)가 주로 유럽에 있는 시스템에 일어났으며 전송되는 데이터 속도 흐름을 상당히 늦췄을 것으로 여겨진다. 그러나 이 공격에도 불구하고 인터넷이 "중단"되거나 삶이 위험에 처하는 일은 없었다.

과거에 정치적 운동과 우연히 동시에 일어나거나 테러 단체가 일으킨 사이버 공격이 있었지만, 폭력이 없었기 때문에 이 중 어떤 것도 테러 사건으로 여겨지지 않는다. 예는 다음과 같다.

- 1998년 스리랑카의 타밀 타이거즈(Tamil Tigers)가 스리랑카 대사관에 대량의 메일을 보냈다. 하루에 800건이 넘었으며 2주간 지속된 이 메일 세례는 의사소통을 방해하기 위함이었다.
- 2000년 일본 정부는 경찰차를 추적하기 위해 사용하는 소프트웨어 시스템이 종교적 반체제 조직인 옴 진리교가 개발했다는 사실을 깨닫게 되었다. 옴 진리교는 1995년 도쿄 지하철에 사린 가스 테러 공격을 주도한 집단이다.
- 2010년 위키리크스(WikiLeaks)라는 "핵티비스트(hacktivist: '해커hacker'와 '액티비스트activist'를 묶은 합성어)" 조직이 아프가니스탄과 미국의 분쟁과 관련된 76,900건의 서류와 이라크 전쟁과 관련된 400,000건의 서류를 공개했다. 이렇게 유출된 많은 서류는 외교관 전보로 규정되고 포함되는 것들이었다.
- 2013년 사이버 테러 단체 어나니머스(Anonymous)는 "마지막 작전(Operation Last Resort)"으로 미국 형 선고 위원회(U.S. Sentencing Commission) 웹사이트를 해킹하였다고 인정했다.

사이버 범죄와 발생할 수 있는 디도스(DDOS)가 현실에서 벌어지고 있지만, 사이버 공격으로 실제 폭력과 죽음이 발생하는 미래는 아직 실현되지 않았다. 우리의 삶이 우리 주변의 기술에 더 상호의존적이 되면서 사이버 보안 조치는 더욱 더 적극적으로 취해질 것이다.

해적

해적은 오래된 직업이며 사람들이 바다에 나가기 시작하면서 해적들도 생겨났다. 호메로스(Homer)의 시는 서양 문학의 가장 오래된 예로 여겨진다. 그 중 기원전 800년쯤 쓰였던 일리아드(iliad)와 오디세이(Odyssey)에는 바다의 강도, 해상 침입이 쓰여있다. 다른 범죄자처럼 해적(pirates)은 습격하고 사람들의 배를 약탈하는 바다 위의 도둑과 다름이 없다.

조직화된 해상 해적 행위는 과거 십년 정도 상승세에 있었다. 특히 아프리카의 뿔(Horn of Africa)에서의 해적 행위가 그 상승세에 기여했다. 2006년에서 2008년 소말리아(Somalia) 해안의 대규모 공격은 국제적 관심을 받았고 그 결과 다국적 연합 태스크 포스의 참여율이 높아졌다.

국제적 차단 노력

미국 해군 함대인 제150연합임무대 (Combined Task Force 150: CTF-150)의 임무는 미국 해군 함대로 아프리카의 뿔(Horn of Africa) 주변 해안을 순찰하는 것으로 2001년 9월 11일 이후 바뀌었다. 현재 진정한 다국적 연합인 캐나다, 프랑스, 일본, 덴마크, 독일, 영국의 해군 함선이 해상 안전을 지키기 위해 노력하고 있다. 2006년 이래로 제150연합임무대는 소말리아(Somalia) 해안가 주변, 특히 해적 소탕을 위해 노력하였고 중국, 러시아, 인도 해군과 합동 작전을 실행했다. 제150연합임무대는 또한 인도양에서 알 카에다 조직원이 소말리아에서 탈출하는 것을 방지하기 위해 차단 노력과 해상 저지선 임무에도 힘썼다.

사람이나 정부를 협박하거나 영향을 주기 위해 해적 행위를 하는 경우는 드물다. 테러리즘의 정의를 검토해보면, 단일하고 보편적인 정의가 없더라도 모든 정의는 변화나 자극을 주요 요소로 포함한다. 2004년 UN 안전 보장 이사회(UN Security Council)는 "강력하게 테러리즘을 비난하는 결의안(Resolution Strongly Condemning Terrorism)"에 포함되는 정의에 거의 합의하게 되었다. 그리고 UN 안보리는 테러리즘은 "…. 일반 대중, 무리, 특정 인물의 공포를 불러일으키거나 사람을 위협하거나 정부나 국제 기관을 특정 조치를 취하게 하거나 삼가게 하도록 강제하기 위한…" 목적이 있다고 강조했다. 현대 해적들은 공포를 불러일으키고 국제 해상 치안 부대의 필요성을 키울 수 있지만, 그들은 정치적 의제가 없으며 이익만을 위해 움직인다. 통합하는 목적 없이 해적에 관한 범주는 목적을 위한 수단에는 속할 수 있지만, 테러리즘 스펙트럼에는 포함되지 않는다.

국제 연합(UN)과 해상 보안

2005년 국제 연합은 민간 항공의 안전에 대한 불법적 행위의 억제를 위한 협약(Convention for the Suppression of Unlawful Acts against the Safety of Civil Aviation)을 채택했다. 이 협약은 1994년 UN총회의 국제 테러를 퇴

치하기 위한 조치 선언문을 참조했다. 2005년 항해의 안전(Safety of Maritime Navigation)에서는 테러와 관련하여 해상 범죄를 다시 정의하지는 않고 적절한 법률을 추가 참조한다. UN이 추가한 텍스트는 전체 해상 안보 합의들을 강화시키고자 하며 국가에게 법률을 통한 적합한 개별 조치를 취해달라고 요청한다. UN의 해상 결의안에서는 해적 행위가 테러와 동일하다고 암시하는 부분은 어디에도 없다는 것을 유념해두어야 한다.

주요 용어

- 범죄성 테러리즘
- 반체제 군사 테러리즘
- 게릴라
- 마약 테러
- 준 군사적인
- 콜롬비아 무장혁명조직
- 민병대
- 사이버 테러리즘
- 비밀 네트워크(dark network)
- 해적
- 공개 네트워크(bright network)

토론 주제

1. 공개 네트워크의 예는 무엇인가?

2. 사이버 테러리즘의 예는 무엇인가?

3. 유니폼의 유무가 왜 테러리스트를 규정하는 방식을 바꾸는가

MEMO

CHAPTER

07

테러리즘 모델

7장

테러리즘 모델

"모든 테러 단체가 같은 것은 아니다"라고 말하는 것은 솔직한 의견이다. 목적, 크기, 조직 방법, 전술, 지리에서 다양하다. 서로 위치가 근접하고 선포된 목적이 유사한 두 개의 조직 조차도 조직 구조가 상이할 수 있다. 테러 단체가 활동하는 방식과 기꺼이 감수할 위험 요소에 대한 광범위한 변화가 있어왔는 데, 이 변화들은 우리가 테러 단체를 이해하는 것을 더 어렵게 하였다. 알 카에다와 같은 현대 종교적 테러리스트는 1950년대와 1970년대 테러 단체와는 다른 규칙으로 활동한다.

이번 장에서 과거 우리가 본 모델의 변화와 테러 단체가 사용하는 다른 조직 모델을 다룰 것이다. 테러 단체가 활동하는 상이한 방식은 우리가 어떻게 대응하고 어떻게 위협을 경감시킬지에 영향을 주기 때문에 그 상이한 방식들을 인지하고 이해하는 것은 중요하다.

테러 단체 구조

테러 단체는 조직(organization)이다. 테러 단체는 현 상태를 유지하고 목적을 이루는데 필요한 구조, 사람, 기타 자원을 가지고 있다. 테러 단체가 채택할 수 있고 적용할 수 있는 다양한 구조가 있지만 이러한 구조에는 공통점이 있다. 바로 조직(cell)이다. 각 네트워크와 단체는 기본 조직에서 상향식으로 설립되며, 일부 단체는 단일 조직 단체 이상이 아닐 수 있다.

테러 단체 구성 요소: 조직

가장 기본적인 테러 단체 구조이며 테러 단체의 공통점은 조직(cell)이다. 조직은 더 큰 규모의 테러 단체 안의 소규모의 독립적인 그룹을 의미한다. 전형적으로 3명에서 8명으로 구성되는 조직은 테러리즘의 기준 전략 요소이다. 즉 조직은 공격을 계획하고 실행한다. 다양한 조직은 함께 일하기도 하지만, 그러한 경우에도 그 조직들은 별도이며 구별된다.

때문에 이 조직은 테러리스트들이 더 선호하는 구조이다. 각 조직은 자족적이며 조직간의 소통은 제한되어 있다. 오직 한 구성원만 (일반적으로 조직 장) 다른 조직과 소통하는 방법을 안다. 이러한 소통 체계는 비효율적이지만 안전하다. 조직 구성원들이 체포되었거나 법 집행부서나 정보부가 침입하였을 경우 테러 단체의 다른 조직으로 이어지는 의사소통 경로가 없다. 이는 단일 법 집행부나 정보부가 침입하여 다른 조직이나 전체 상위 조직을 위태롭게 하게 하는 것을 막는다.

조직 구성원은 서로 연락을 유지한다. 그들은 끈끈한 유대 관계를 형성하고 조직이 얼마나 조금만 신변 안전을 해주는지 이해하고 있다. 테러 단체는 하나

이상의 조직으로 구성되어 있다. 다량의 조직이 있는 단체에서는 특정 조직들이 지리적 지역에 배정되거나 조직이 기능상 특정한 임무나 과제를 받는다. 예를 들면, 특정한 조직은 표적 정찰, 물자 습득, 기타 물류 임무 등을 맡는다.

조직이 그 테러 단체의 다른 조직과 연계되는 방법은 테러 단체가 채택한 구조 유형을 규정하는 토대가 된다. 위계적 구조와 네트워크화된 구조라는 두 개의 주요한 구조가 있다. 테러 단체는 이러한 구조 중 하나를 채택하거나 두 개를 종합한 구조를 세울 수 있다.

위계적 단체

위계적 단체(Hierarchical organization)는 분명히 규정된 지휘 계통이 있는 뚜렷한 하향식 구조이다. 확고한 지도자가 있으며 지도자는 하급자에게 명령하고 하급자는 자신보다 아래의 사람에게 명령한다. 그 단체의 각 구성원은 직접적인 명령이나 통제를 하는 지휘자나 상급자가 있다. 차례로 그 지휘자도 그보다 상급자인 사람이 있고 그 상급자도 그 위의 상급자가 있다. 이 사슬은 단체의 최상층부까지 계속된다. 이러한 구조에서 정보와 조정은 (위에서 아래로) 명령 체계를 통하여 수직적으로 흐른다. 하지만 그 단체는 조직간에 수평적으로 정보를 전달하기 어려울 수 있다.

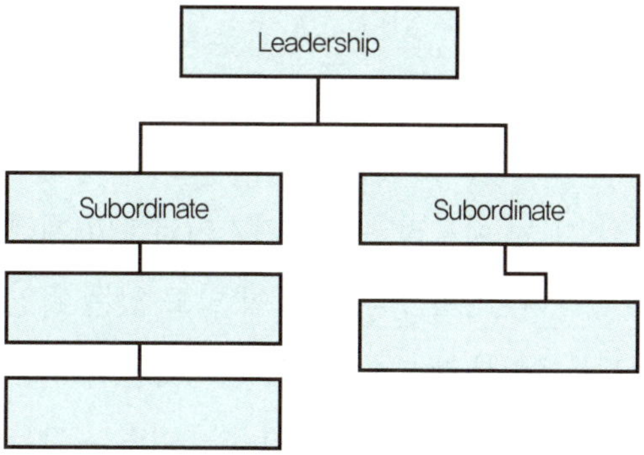

"위계적 단체"

위계적 단체는 중앙화된 정체성, 임무, 모든 구성원을 위한 목적을 제공하는 것에 능숙하다. 이는 그러한 가치가 그 단체의 전체 대표로부터 하향식으로 이동하기 때문이다. 모든 사람은 같은 메시지를 받는다

위계적인 단체에서 조직은 그 구조의 상위 조직에게 응답한다. 이 부분에서도, 조직 지휘자만이 그 사슬의 상층부나 하층부 조직과 소통할 수 있다. 위계적 조직에서 조직이 전문화된 임무를 맡는 경우가 많다. 단일 물류 조직은 여러 기타 조직에게 서류, 정보, 물자 취득을 해줄 수 있다. 이러한 유형의 자원 공유는 위계적 명령과 통제 구조 없이는 어렵다.

네트워크 단체

네트워크는 많은 모양과 크기가 있다. 네트워크는 물리적 세상에서 존재한다 (예를 들어 친구, 동료, 사업상 만난 지인, 테러리스트의 그룹이 있다) 혹은 가상으로 존재할 수 있다. (예를 들어 핸드폰, 소셜 미디어 네트워크 등이 있다.) 사람이든 통신 기기이든 간에 네트워크의 각 개인 독립체는 **노드**(node, 교점)라고 부른다. 교점은 다양한 양식으로 서로 연결되며 이러한 연결은 통신과 조정이 일어나게 해주는 것이다. 다시 말해, 이러한 연결은 동료와의 면대면 의사소통과 같이 물리적이거나 소셜 미디어 게시물이나 이메일처럼 가상의 것일 수 있다.

네트워크에서 일부 노드는 다른 것보다 정보의 흐름에 있어 더 중요하다. 이것을 설명하기 위하여 실용적인 예를 사용해보자.

여러분의 페이스북 계정(아마 있을 것이다)을 떠올려 보았는가? 여러분의 계정에는 여러분은 고등학교, 대학교, 여러 일자리, 가족 등 여러분이 알고 있는 지인의 리스트가 있다. 이 지인의 각 그룹에서 여러분의 지인 중 많은 사람들이 다른 지인들 중 많은 사람들과 친구인 사람들이라고 해도 과언이 아니다. 여러분 모두 "서로를 알고 있다." 여러분의 고등학교 친구들은 함께 그룹으로 묶여 있고 대학

친구들도 그룹으로 묶여있다. 이 그룹은 거의 교차하지 않는다. 사실상 여러분의 모든 친구는 네트워크 단체를 조직한다. 각 부분 집합은 약간 다른 네트워크를 구성한다.

이러한 가정적인 페이스북 모델에서, 여러분은 네트워크의 모든 구별된 부분 집합의 공통 링크이다. 여러분은 이러한 하위 구조들 간의 **관문**(gateway)이다. 대학 그룹에 있는 친구가 여러분의 고등학교 그룹에 있는 친구와 의사소통하고 싶다면, 관문은 두 개의 상이한 네트워크 간의 링크를 제공한다. 여러분이 더 많은 친구가 있을수록 여러분은 더 많은 관문 역할이 주어진다.

여러분의 컴퓨터가 제대로 작동하지 않고 수리 서비스가 필요하거나, 추수감사절에 먹는 칠면조 요리 방법에 관한 정보가 필요하다면, 여러분은 아마 그 문제 해결을 도와줄 수 있는 한두 명의 전문가를 알고 있을 것이다. 그 사람이 친구이거나 친척일 수 있지만, 여러분들의 도움이 필요한 곳에 대한 전문가적 지식을 가지고 있다면 그 사람은 **전문가**(maven)이다. 전문가는 그 분야의 상당한 지식을 가진 사람이지만 그 이상일 수 있다. 전문가는 정보를 이해하지 못하는 사람들에게 정보를 전달하고, 사람들이 어떠한 개념이나 해결책에 가치를 이해할 수 있도록 돕는다. 이러한 전문가들은 영업직 사람들 같다. 만약 애플의 아이폰의 우수함에 대해 끊임없이 말하는 사람을 알고 있다면, 당신은 전문가를 아는 것이다.

서로 연결할 때 네트워크의 어떤 노드가 배열될 지에 관한 방식은 **네트워크 위상 배치**(network topology)이다.

사슬 네트워크

사슬 네트워크(chain network) 연결 노드는 일직선이거나 거의 일직선에 가까

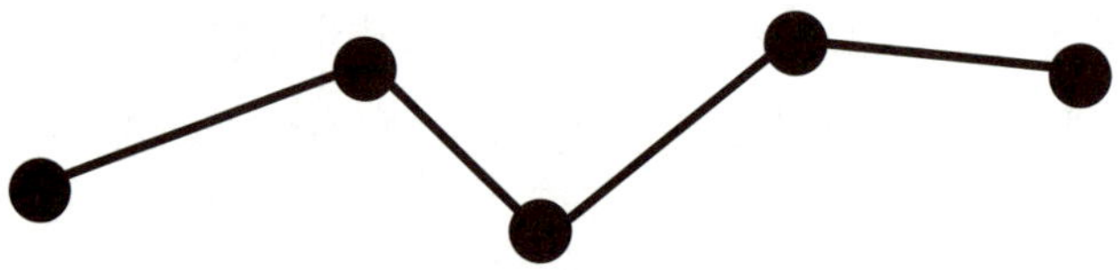

"A chain netwark"

운 방식이다. 각 노드는 전형적으로 각 양 끝에 연결된 두 개의 다른 노드를 가지고 있다. 네트워크 위상 배치는 물건과 정보가 네트워크를 따라 이동하여 결국 희망했던 목적지에 닿는 물류 운영에 있어 유용하다. 이 위상 배치는 같은 이유로 밀수 네트워크에서도 흔하다.

사슬 네트워크의 각 교점은 관문 교점으로 작용한다. 즉, 모든 트래픽은 각 노드를 통해 지나간다. 이는 명령이나 통제가 그 사슬 네트워크 전체에 이루어지도록 한다. 모든 메시지들은 원천(리더십) 노드(source node)에서 비롯될 수 있으며, 같은 메시지는 이론상으로 사슬 네트워크 전체를 가로질러 받을 수 있다. 각 노드의 제한된 연결은 보안을 높인다. 싱글 노드가 훼손되면, 두 개의 다른 노드만 훼손되며, 이 훼손은 다른 노드들의 훼손으로 이어지지만 이 과정은 시간과 노동이 드는 과정이다.

허브 네트워크

허브(hub, 중심) **네트워크**는 노드를 중앙 허브 노드에 연결시킨다. 이 네트워크 위상 배치는 모든 정보가 중앙 노드를 통하여 흐르게 한다. 중앙 노드는 네트워크 나머지 부분의 관문 역할을 한다. 일부 개조된 버전에서, 외부 노드는 다른 외부 노드에 제한적으로 직접적인 연결이 되지만, 주요한 정보 전달자는 허브에 있다. 중앙 노드는 네트워크 주변을 움직이며 모든 트래픽을 보고 감시한다. 이

것으로 인하여 이 위상 배치는 금융 네트워크나 감독이나 기록이 필요한 상황에 이상적이다.

허브 네트워크는 테러 단체에 하위 네트워크나 외부 단체와 연결 방법으로 존재한다. 아래의 그림을 참고하시오.

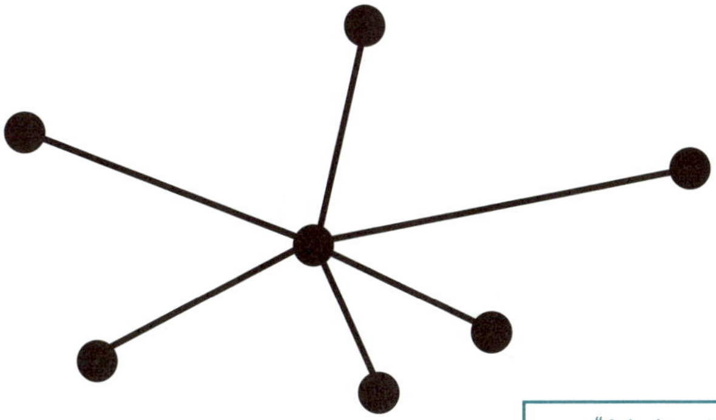

"A hub netwark"

그물망/ 전체 경로 네트워크

그물망/ 전체 경로 네트워크 (mesh or all-channel network)에서는 각 노드는 다른 모든 노드에 연결되어서 통신한다. 사실상 모든 노드는 매개체나 관문없이 다른 노드와 소통할 수 있다. 이 배치는 정보를 전달하고 조정하는데 효율적이지만, 중앙 허브나 규정된 시작이나 끝 지점 없이는 영향력을 주는 중앙 지점도 없다. 이 그물망 네트워크는 의사소통에는 효율적이지만, 테러 집단에게 높은 보안 위험을 제기한다. 각 노드는 모든 다른 노드와 소통할 수 있기 때문에, 단일 노드가 법 집행부나 정보부가 훼손할 시 이러한 연결성으로 인해 전체 네트워크가 추적될 수 있다.

대부분의 운영중인 테러리스트 네트워크는 하위 네트워크의 목적과 인지된 보안 위험에 따라 이러한 위상 배치를 혼합한 것이다. 계층의 모습과 기능성을 형성하면서 허브, 사슬, 그물망 네트워크를 혼합한 형태가 하향식 명령 구조가 될 때, 앞서 언급한 위계적 단체는 모형화 될 수 있다.

게다가 그 조직은 3에서 8개의 노드로 된 그물망 네트워크로서 가장 잘 모델링 된다. 모든 조직 구성원은(노드) 서로를 알고 소통한다. 그 조직의 리더는 그 조직이 지시나 정보를 받는 더 큰 허브, 사슬, 그물망 네트워크 관문의 역할을 한다.

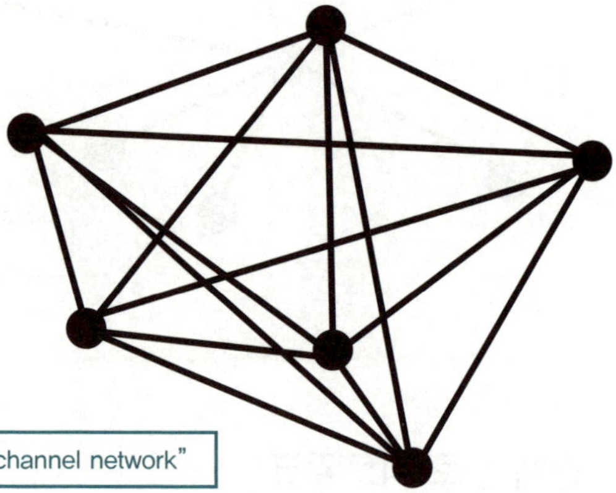

"A mesh or all-channel network"

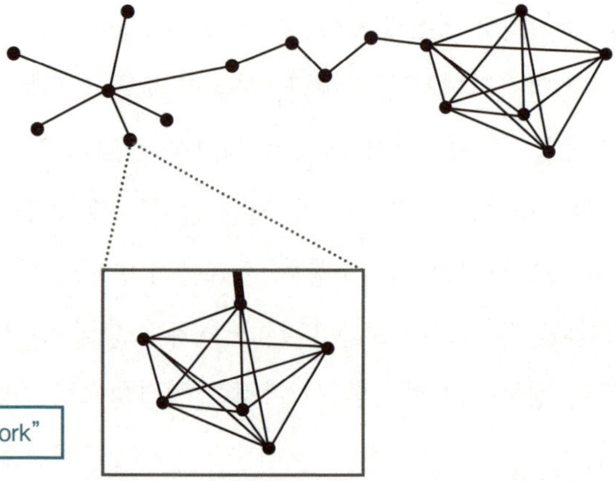

"A hybrid network"

단일 행위자 테러리스트: "외로운 늑대(Lone Wolf)"

단일 행위자 테러리스트(single actor terrorist) (혹은 소규모 행위자 테러리스트)는 어떠한 테러 네트워크와 조직의 상당한 지원 없이, 테러 공격을 구상하고 계획하며 실행한다. 이러한 **외로운 늑대**(Lone Wolf) 테러리스트들은 네트워크의 지원이나 소통없이 활동하기 때문에 공격을 실행하기 전에 감지하거나 금지하기 어렵기 때문에 상당한 위협으로 간주된다.

이 위협은 대테러 분석가들에게 테러리스트 네트워크의 큰 가치를 보여준다. 즉 이러한 네트워크들은 테러리즘을 이해하고 추적하는데 지침이 된다. 9/11 사건 이후에 정보 기관과 매체는 "채터(chatter, 테러용의자들간 교신을 뜻함)"를 테러리스트의 계획과 활동의 지표로 보아왔다. 이 채터(chatter)는 알아낸(인터셉트한) 테러리스트 네트워크 활동으로 정의되며, 간접적인 대화의 정보, 핸드폰과 이메일 트래픽의 전자 감, 확보한 서류, (억류되거나 체포되었을 때 전투원이 소지한 노트, 종이 조각 같은) **주머니에 든 물건**(pocket litter)이 그 예이다. 이 물건들 모두 분석가가 네트워크 내에서 일어나는 소통을 부분적이나마 알 수 있게 해준다.

외부 소통 없이 단일 조직으로 활동하는 단일 행위자, 소규모 행위자 테러리스트때문에 대테러 분석가들과 정보부 전문가들은 공격 전 테러리스트를 식별하는 가치 있는 수단을 사용하지 못하게 되었다.

이념적인 가맹점

외부 네트워크 소통없이 어떻게 단일 행위자, 소규모 행위자 테러리스트가 발전할 수 있을까? 정보기관과 매체에서 가장 현대적인 테러 집단을 왜 "알 카에다 세력"이라고 부를까?

그 답은 **이념적인 가맹점**(ideological franchising)이다. 이 과정을 통하여 극단주의자들은 더 큰 테러 단체의 믿음 체계를 채택하고 더 큰 단체와 직접적인 네트워크 연결없이 연계 조직이 될 수 있다.

서브웨이(Subway) 샌드위치를 예로 들어보겠다. 서브웨이는 전세계 100개국 이상에서 38,000개 이상의 운영중인 지점을 가지고 있는 유명한 샌드위치 프랜차이즈이다. (닥터 어쏘시에이츠Doctor Associates, 2013) 이러한 지점은 서브웨이라는 브랜드 이름, 로고, 요리법, 다른 물품을 쓰기 위하여 돈을 지불하지만, 닥터 어쏘시에이츠가 이 지점을 소유한 것은 아니다. 닥터 어쏘시에이츠는 서브웨이라는 브랜드 이름만 소유하고 있다. 이 지점들은 닥터 어쏘시에이츠의 **가맹점**(franchises)이다. 이 가맹점은 독립적으로 소유되고 운영된다. 왜 그럴까?

예를 들어 여러분이 샌드위치 가게를 연다고 가정해보자. 여러분은 조사를 하고 자신만의 샌드위치를 만들고 "여러분의 이름 샌드위치(Your Name Sandwiches)"가게를 열거나 닥터 어쏘시에이츠에 돈을 내고 알려진 레시피, 메뉴, 브랜드가 있는 서브웨이를 열수 있다. 왜 가맹점을 원할까? 브랜드 인지율 때문이다. 여러분의 잠재적 고객은 이미 서브웨이가 무슨 가게인지 어떤 종류의 샌드위치를 팔고 가격이 대략 어느 정도 하는 지 안다. 서브웨이가 여러분만의 가게보다 더 낫다는 것은 아니지만, 더 사람들이 알아볼 수 있다.

이와 같은 것이 테러 단체에도 적용될 수 있다 (적용 된다). 알 카에다나 팔레스타인 해방 기구와 같은 잘 알려지고 위험한 테러 단체를 이념적으로 따르면서, 테러 단체는 대의 명분의 가시성과 위협을 늘릴 수 있다. 연계된 (가맹점이 된) 테러 단체의 즉각적인 역량은 커지지 않지만, 새롭게 연합된 단체의 **인지되는 위협**(perceived threat)은 상당히 늘어난다. 더 큰 이름을 따름으로써 그 조직은 더 위험해 보일 수 있다.

알 카에다는 과거 십 년간 이념적인 가맹점 모델을 따라왔다. 9/11 사건 이후에 아프가니스탄과 다른 곳에서 미군과 정보부 작전으로 인해 본래의 알 카에다 단체가 많은 압박을 받았다. 특히 알 카에다 네트워크 시스템이 발견되고 훼손된 이후, 이 압박으로 알 카에다 단체가 운영되는 역량이 줄어들거나 없어졌다. 세상의 줄어드는 가시성의 위협에 대응하기 위하여 알 카에다는 인터넷으로 옮겨 사이버 공간에서 플랫폼의 믿음과 관련된 메시지를 전파했다. 테러리스트와 극단주의자 개개인이 이 믿음을 따르고 알 카에다 연합 선포를 하는 데에는 시간이 오래 걸리지 않았다. 이 때 알 카에다 브랜드의 힘은 계속해서 성장하여 중심 단체 네트워크가 비효율적일 정도로 억제되는 수준까지 도달했다.

보스턴 마라톤 테러 사건

2013년 4월 월요일 아침 23,000명이 넘는 사람들이 미국에서 가장 긴 도로 경기 중 하나를 참여하고 있었다. 애국의 날(Patriots' Day)에 열린 보스턴 마라톤 경기는 미국에서 가장 큰 스포츠 경기 중 하나였다. 사실 슈퍼볼(Super Bowl) 다음으로 마라톤 경기는 미국 스포츠 경기에 두 번째로 큰 관중들을 끌어 모았다.

오후 3시가 조금 지나서 5,700명 이상의 주자들이 코스에서 여전히 달리고 있을 때 두 개의 사제 폭탄이 보스턴 보일스턴 가(Boylston Street)에 있던 결승선 근처에서 폭발했다. 폭발은 약 100미터와 12초 간격으로 일어났다. 매체는 광범위하게 그 경기를 다루었고 몇 분만에 폭발 장면이 담긴 영상이 텔레비전에 나오고 인터넷에서 떠돌았다. 그 폭발 사건으로 3명이 사망하였고 250명 이상이 부상을 당했다. 그 중 몸을 절단해야 하는 사람도 있었고 중상을 당한 사람도 있었다. 이것이 테러 사건이라는 것은 즉시 자명해졌지만, 어떻게 이런 일이 발생할 수 있었을까? 그랜드스탠드와 결승선 주변 지역은 하루에 2번 폭발물이 있는지 탐색했고 가장 최근의 탐색은 테러가 발생하기 바로 1시간 전에 이루어졌었다. 결승선 주변에 (그리고 도시 전역에)상당히 많은 경찰 병력이 있었지만, 그 지역은 취약 목표물의 완벽한 예시가 되는 곳이었다.

결승선에 접근은 제한하지 않았다... 그 곳은 보스턴 시내의 공공의 거리였다. 어떠한 검사나 가방 검사도 없었고, 그 취약점을 범죄자가 이용한 것이다. 조하르 차르나예프(Dzhokhar Tsarnaev)와 타메르란 차르나예프(Tamerlan Tsarnaev) 형제는 폭발물이 담긴 가방을 결승선까지 가지고 가서 떨어뜨리고 폭발시키기 전에 그 자리를 떠났다. 그 폭발물은 사제 폭탄이었으며 압력솥 모양으로 파편과 폭죽에서 꺼낸 흑색 화약이 채워져 있었다.

일주일이 지나고, 당국은 CCTV 영상과 사람들이 찍은 사진들을 보면서 두 범인을 적발할 수 있었다. 4월 18일 목요일에 FBI와 보스턴 경찰청은 다음 폭발이 있기 전에 두 범인의 사진을 배포하여 검거될 수 있도록 시민들에게 적극적인 노력을 요청했다. 목격자들의 증언은 영상 증거를 뒷받침해주었고 FBI는 이 두 사람이 범인이라는 것을 확신하게 된다.

국내 모든 매체에 두 범인의 사진이 확산되고 몇 시간이 지나서, 두 범인은 선제 공격을 가했다. 1명의 MIT 경찰관을 사살하였고 차를 훔쳐 운전자를 납치하였다. 그 주에 보인 행동들은 두 범인이 도시를 나가는 것을 계획한 바 없고 향후 벌어질 일들을 대비하지 못했다는 것을 보여주었다.

요약하자면, 두 범인은 아마추어들이었다. 납치된 사람이 탈출하고 나서, (다시 한번 말하지만 아마추어들이었다) 경찰은 다가가서 용의자들과 총격전을 벌였다. 형이었던 타메르란은 총격전에서 사망하였고 조하르는 달아났다. 미국에서 가장 대대적인 범인 수색 작전 하나로, 경찰이 집집마다 방문을 하면서 보스턴 교외 지역인 워터멜론(Watertown) 지역을 효과적으로 폐쇄했다. 조하르는 워터멜론에 있는 집 뒷마당에 있는 보트에서 다친 채 숨어있는 것이 발견되었다. 경찰과 짧게 대치하고 나서 체포되면서... 최근 미국인의 기억 속의 가장 극적인 일 중 하나가 그렇게 마무리되었다.

그가 심문을 받을 때, 형인 타메르란이 그 계획의 주모자였다는 사실과 이라크와 아프가니스탄에서 이슬람교도인들을 죽인 것에 대한 보복이었다고 밝혔다. 차르나예프 일가는 러시아의 체첸 공화국(Chechnya)에서 합법적으로 이주한 이슬람 교도인이었다. 보고서에 따르면 타메르란은 테러 사건 3년 전부터 독실해졌다고 한다. 러시아 보안 기관은 타메르란을 극단주의자가 될 가능성이 있다고 보고 FBI에 심문해줄 것을 요청했다. FBI는 타메르란을 2011년에 심문한 바 있지만 극단주의자나 테러리스트와 연관성을 발견하지 못했다. 타메르란은 2012년 6개월 간 러시아에서 체류하였지만 상세한 사항은 밝혀진 바 없다. 이 테러 공격은 외로운 늑대(lone wolf)의 완벽한 예시이다. 러시아에게 경고를 받았지만 차르나예프 형제는 미국 당국의 감시망에서 빠져나왔다. 그들은 기존의 테러 집단의 지원을 받지 않고 구상하고, 계획하고, 참혹한 공격을 실행하였다. 알려진 테러 조직과 연계없이 당국의 눈을 피해 테러 공격을 감행했고, 그들이 활동하고 있다는 것을 알려준 지표는 바로 그들의 폭발물이 폭발한 것이다. 이 일은 경찰관들과 정보국 요원들에게 최악의 시나리오이며 사회에서 벗어나는 것에 대한 최악의 테러리스트 협박을 보여준다. 체첸족과 연계가 있지만 차르나예프 형제는 미국에서 십 년간 거주하였고 학교에 다녔으며 모든 지표를 보더라도 미국에서 급진화되었다는 것을 알 수 있다. 조하르는 미국 귀화 시민이었고 지역 대학에 입학했다. 보스턴 테러 공격은 국내 급진화와 두 외로운 늑대의 행동을 볼 수 있는 좋은 예이다.

세계가 계속 디지털화되고 연결되면서 이 유형의 이념 가맹점은 계속해서 발생할 것이다. 사이버 테러는 현 세대에서 불가능할 지 모르지만, 그렇다고 사이버 공간이 급진화나 테러리즘의 수단이 아니라는 것은 아니다. 니달 하산(Nidal

Hasan)은 텍사스의 포트 후드(Fort Hood)를 공격하기 전에 이메일을 통하여 예맨(Yemen)의 성직자들과 소통하였다. 다른 미국 시민들은 인터넷을 통하여 해외 급진화 세력과 소통해왔으며 이 소통으로 그들은 극단주의자가 되거나 결국 테러 공격을 자행했다.

포트 후드(Fort Hood)총기 난사 사건

2009년 11월 5일 니달 하산(Nidal Hasan) 소령은 텍사스, 포트 후드에 있는 군인 대비 절차 센터(Soldier Readiness Processing Center)로 걸어가서 제복을 입은 군인들에게 총기 난사를 하였다. FN 5.7mm 권총과 수 백개의 탄약통으로 무장한 그는 총기를 난사하여 13명이 사망하였고 30명 이상이 부상을 입었다. 사상자 대부분이 미군이었고 모두 무장해제 상태로 다음의 아프가니스탄 배치 계획에 대한 서류 작업을 하고 있었다. 포트 후드 경찰관이 그를 센터 밖에서 4번 쏘고 나서야 총기 난사 사건이 끝나게 된다.

연방수사국(Federal Bureau of Investigation: FBI)은 하산이 국내나 국외에서 물질적, 재정적 지원 없이 혼자서 활동했다는 것을 밝혔다.

2009년 7월 텍사스, 킬린(Kileen)에 있는 총포상에서 권총과 여분의 잡지, 탄약을 구매했다. 그는 총기 난사 공격을 하기 전 몇 달간, 일반 사격장에서 연습했다. 이 사건은 현재 "직장내 폭력(workplace violence)"으로 구분되어 있지만 몇몇 분석가들과 입법자들은 이 사건을 국내 테러 사건으로 부른다. FBI나 국방부(Department of Defence)는 이 사건의 동기에 대해 밝힌 바 없다.

하산은 버지니아(Virginia) 주에서 태어났고, 그의 부모는 요르단 강 서안지구(West Bank)에서 미국으로 이주한 이민자였다. 그는 이슬람교를 믿었고 부모님의 죽음 이후 더욱 독실해졌다고 한다. 버지니아 기술 대학

(University at Virginia Tech)에 입학하고 미군 의과대학 (Uniformed Service University of the Health Sciences)과정을 마치고 정신 의학 학위를 취득한다. 월터 리드 육군 병원(Walter Reed Army Medical Center)에서 인턴 과정을 밟았는데, 이때 그의 상사와 동료가 그의 이슬람식 관점과 무심한 태도, 아프가니스탄과 이라크에서 시행하는 미국 군사 작전에 대한 명백한 반대 의사에 대해 우려했었다.

총기 난사 전에 하산은 "알라 아크바(Allah Akbar, 알라는 가장 위대하다)!"라고 외쳤다. 그의 종교 배경, 그리고 언급된 세계관들과 함께 이 진술은 일부 분석가들이 이 총기 난사를 테러라고 명명하기에 충분한 근거가 되었다. 또한, 2008년 12월부터 2009년 여름 동안 하산은 급진 이슬람 세력 지도자인 안와르 알아울라키(Anwar al-Awlaki)와 이메일을 주고 받았다고 FBI는 밝혔다. 총기 난사 사건 이후 알아울라키는 하산이 미국을 공격한 일을 칭송하였지만, 실제 공격을 촉발하거나 격려했다고 인정하지 않았다.

당시 FBI와 국방부는 이메일을 조사하였지만, 테러 공격을 암시하는 글은 아무것도 발견되지 않았다. 하산은 활동적인 군의 정신과 의사였고 메시지들은 이슬람 군인들이 미군에서 복무할 때 생기는 갈등에 대한 연구였다고 추정된다. 수사는 중단되었다.

공표된 동기를 알지 못한 채, 이 총기 난사 사건이 테러였는지 단순히 정신적으로 불안정한 사람의 행동이었는지 판단하기는 어렵다. 하산은 총기 난사 사건이 벌어진 날 3주 뒤에 아프가니스탄으로 배치될 예정이었고 이 상황에 대해 불만을 가지고 있었다. 군 생활에 대한 그의 불만과 그 전 행동들을 바탕으로 국방부가 이 사건을 테러가 아닌 직장 내 폭력으로 규정하였다. 하산의 군법 회의 절차는 여전히 진행중이다.

사례 연구

● 티머시 맥베이(Timothy McVeigh)와 테리 니콜스(Terry Nichols) ●

9/11 테러 이전에 오클라호마 시티(Oklahoma City)에 있는 뮤러 연방 정부 청사(Murrah Federal Building)에서 벌어진 폭탄 테러가 미국에서 벌어진 가장 참혹한 테러로 꼽혔었다. 1995년 4월 19일 라이더(Ryder) 임대 트럭에 4,000파운드 이상의 질산암모늄 유제 폭약(안포 폭약)을 싣고 뮤러 연방 정부 청사 앞에서 폭발시켰다. 이 폭발 사건으로 19명의 어린아이를 포함해 168명이 사망하였다. 티머시 맥베이와 공모자인 테리 니콜스는 이 폭발 사건을 구상하고 계획하고 실행했다.

맥베이는 당시 26세로 걸프전(Persian Gulf War)때 미군에서 복무했다. 니콜스의 복무 기간은 1년정도에 불과했지만 둘은 군대에서 처음 만났다. 1991년 말 맥베이는 제대하고 단순하고 방랑하는 삶을 살았다. 맥베이는 미국 정부 비판을 강경하게 밝혔으며, 추후 면담을 통해 밝혀진 바에 따르면 걸프전 복무 기간 동안 반정부 감정이 커졌다.

1993년 맥베이는 FBI와 주류 · 담배 · 화기 및 폭발물 단속국(Bureau of Alcohol, Tobacco, Firearm)이 진압하고 있는 다윗파(Branch Davidians)를 지지하기 위해 텍사스 웨이코(Waco)에 가기도 하였다. 맥베이는 총기 소지 찬성 범퍼 스티커를 차 보넷에 넣고 팔고 있는 모습이 사진에 찍히기도 했으며, 이때까지도 반정부 의견을 강경히 밝혔다.

이 시기 즈음, 맥베이는 니콜스와의 연합을 재개하고 반정부 내용이 담긴 글과 영상을 만들기 시작했다. 일부 보고서에 따르면, 그 둘은 맥베이가 군 복무시절 쌓은 경험을 바탕으로 폭발물 제조를 시도했다. 맥베이는 미국 헌법을 어기는 것임을 알면서, 미국 정부를 공격하는 몇 가지 방법을 논했다. 결국, 맥베이와 니콜스는 전술은 폭발로 하고 대상은 뮤러 연방 정부 청사로 정했다. 암살과 같은 몇 가지 다른 조치들도 고려되었지만 그들은 폭발이 가장 효과적인 테러 공격이라고 생각했다.
폭발 사건 이후에, 그 둘은 체포되고 재판을 받고 대량 살상 무기 사용, 살인 및 살인 미수 죄로 유죄 판결을 받았다. 수감되어 있을 때, 맥베이는 거의 인터뷰에 응답하지 않았지만 그 테러의 동기는 간단했다고 밝혔다. 바로 수년 간의 정부의 폭력, 배반, 부당함에 대한 보복이다. 맥베이는 그 청사 건물 안에 아이들이 있었다는 사실을 알았다고 인정한 바 없지만, 거리에서도 탁아소가 보였기 때문에 그가 아이들이 있었는지 몰랐을 리 없다. 니콜스는 가석방이 불가한 종신형을 선고받았고 맥베이는 2001년 독물 주사를 받고 사형되었다.

테러 단체의 진화: “오래된” 것에서 “새로운” 것으로

많은 미국인들은 테러리즘과 2001년 9월 11일 벌어진 끔찍한 사건을 동일시한다. 그 날의 끔찍했던 공격과 계속되는 “테러와의 전쟁(War on Terrorism)”으로 테러리즘을 뚜렷한 구분을 지어 주었다. 테러리즘은 이전에 전세계의 나라들이 경험했던 것과 매우 상이한 것이었다. 즉, 미국은 이전에 경험했던 것과 매우 다른 “새로운” 테러리즘을 맹렬히 맞이하게 되었다.

정확한 날짜를 콕 짚어서 “테러리즘은 그 날 이후 달라졌다”와 같이 말할 수 없다. 진화는 지속적이며 점진적이었다. 9/11 사건은 미국 사회의 주요 사건이 되었지만, “테러리즘이 변화한” 순간은 아니었다. 즉 그 때는 대부분의 사람들이 그 변화를 깨달았던 순간이었다. 우리는 그 진화를 보고 단체 규모와 구조, 이념, 대표되는 사람들(constituents), 방법이라는 4가지 영역으로 분류했다.

단체의 규모와 구조

테러 단체는 점점 작아지고 있다. 이 챕터 앞부분에서 보여주었던 것처럼 테러리스트 네트워크는 탄력을 이어나가기 위한 대테러 노력의 발판이 된다. 네트워크가 더 클수록 네트워크를 규정하고 훼손하기가 더 쉬워진다. 테러리스트는 이성적이고 지능적이며 이 사실도 알고 있다. 정보부와 법 집행 기관이 테러리스트 단체를 대상으로 네트워크 규모와 구조를 이용하는데 더 능숙해질수록 테러 단체는 더 작아지고 있다. 조직은 더 독립적이 되고 주요 테러 네트워크와 완전히 단절된 상태일 수 있다. 소통하기 전에 가장 일반적인 지시와 목표만 조직에게 주어진다.

"오래된" 모델의 테러 단체는 수천 명의 활동적인 구성원이나 지원자까지는 아니라 수백 명 정도 회원이 있었다. "새로운" 모델의 현재 단체는 더 규모가 작다. 수십 명 이하의 구성원이다. 이 단체들은 기술과 인터넷을 이용하여 이념적인 유대감 (가맹점)을 유지한다. 하지만 오래된 모델의 형식적인 연계나 네트워크 없이는 이 단체들을 식별하고 추적하는 것은 어렵다.

규모의 감소로 중앙화 된 지시와 임무 부여 및 전통적 위계적 명령 및 통제 구조가 없어졌다. 더 작아지고 민첩한 조직 기반 네트워크는 명목상의 리더에게 일반적인 지침을 받고 자신의 임무와 목표를 세운다. 이 분산된 스타일은 다시 말해서 추적하기 힘들지만, 균열된 이념과 지리정치학적 플랫폼을 초래할 수 있다. 중앙화 된 통제와 지침 없이 개인적인 조직들은 다른 운영상의 우선 사항과 운영 방침을 가질 수 있다. 이 변화는 보안과 민첩성을 높였지만 일관적이고 통일된 메시지와 방법을 잃었다. 이 추세는 이념적 가맹점의 직접적인 결과이다.

그룹이 더 작아지면 다른 방식으로 테러리스트의 보안은 더 높아진다. 수백 명의 구성원이 있는 오래된 모델의 테러 단체는 법 집행부나 정부 관료들이 침입할 수 있다. 조직의 모든 사람이 개인적으로 다른 모든 사람들을 아는 것은 불가능하다. 새로운 모델의 더 작은 테러 단체의 경우 조직은 단일 가정, 씨족, 부족에서 유래되었다. 모든 사람이 다른 모든 사람들과 결혼이나 피로 맺어진 테러 단체를 침입하는 것은 불가능하다. 구성원의 배경이 다양하지 않아서 다양한 믿음 구조가 생긴다. 즉 모든 사람들은 같거나 유사한 배경을 가지지만 동일한 믿음 체계를 갖는 것은 아니다. 이는 오래된 모델의 테러리스트들이 성취하기 위하여 수년 간 노력해야 하는 믿음에 있어서 거의 자동적인 화합을 낳는다. 마지막으로 이 화합의 믿음 체계는 소규모 단체가 많은 대규모 테러 단체들이 과거 경험했던 균열과 분파를 저항할 수 있도록 해준다.

이념

우리는 이 글의 다른 부분에서 다른 유형의 테러리스트들을 무엇이 유도하는 가에 대해 논의했지만, 이념이 테러리즘을 동기부여하는 전반적인 방법의 변화에 대해 살펴보는 것은 중요하다. **이념**(Ideology)은 개념이나 생각의 체계와 개인이나 단체에게 일반적인 사고의 방식으로 규정된다. 이념은 단순히 정적인 믿음 체계가 아닌, 행동 지침이라 이해하는 것은 중요하다. 이념은 사람들이 무엇인가 하고, 소속되게 하고, 무엇인가를 옹호하게 한다.

1970년대와 1980년대에 가장 유명한 테러 단체가 반체제 개념과 지리정치학적 동기들을 기반으로 했었다. 그들의 이념은 정치적, 민족적, 국수주의적 목표와 이상을 기초로 했다. 즉 그들은 시간과 장소에 집중했다. 많은 팔레스타인 테러 단체와 같은 종교의 영향을 받은 분쟁 상황인 단체도 주로 지리정치학적 동기가 있다. 종교는 부차적이다.

현대 시대에서, 새로운 모델의 테러리스트들은 지배적으로 종교의 동기 부여 받았다. 이슬람 지하드와 알 카에다는 국수주의적 가치나 정치적 이득을 위해 싸우지 않는다. 그들은 인지된 신의 계시에 따라 서양 가치나 기관을 대상으로 전쟁을 벌인다. 이러한 종교적인 지침과 동기는 새로우며 위험하고 폭력적인 테러리스트를 양산한다. 게다가 이러한 새로운 종교적 테러리스트들은 성전을 일으킬 때 신성한 지침을 따르고 있으므로, 자신들이 실패할 수 있다고 생각하지 않는다.

반체제 모델에서 종교적 모델로 변화한 것은 잠깐 우리가 다룰 확대된 종말론적 테러리즘 모델을 만들어 냈다.

대표되는 사람들

인정받는 오래된 모델의 테러리스트들은 주로 반체제 테러리스트들이며 스스로를 누군가를 위해 싸우는 사람으로 생각한다. 그들은 억압된 민족이나 국가의 무리를 위해 대신해서 행동하고 있다. 그들은 자신이 **대표하는 사람들**(constituents, 주민)이 있다.

공직에 선출된 대표가 사람들을 대표하는 것과 유사하게 이러한 반체제 테러리스트 단체는 좌절감을 표현할 방법이 없는 사람들을 대표한다.

정치인들은 대표되는 인구를 기쁘게 하기 위해 자신들이 개인적으로 하고 싶지 않은 행동까지도 포함한 조치를 취한다. 이는 주민의 지지를 유지하기 위해서 필요하다. 그렇지 않으면 그 자리를 잃게 될 것이다. 유사한 방식으로 오래된 모델의 테러 단체는 대표되는 사람들의 욕망에 따라 조치를 취하고 공격을 실행한다. 그렇게 하지 못하면 사람들의 대의명분에 대한 지지는 바뀌거나 없어질 것이고 테러 단체는 위태로운 상태에 처하게 된다. 많은 방식으로 대표되는 사람들이 있는 것은 테러 단체가 실행하는 공격의 유형이나 범위를 제한하는 기준이 된다. 정부나 군대에 맞서 싸우는 테러 단체를 지지하는 것과 수백 명의 행인을 살인하는 공격을 감행하는 지지를 하는 것은 별개이다.

새로운 모델의 테러리스트들은 직접적으로 대표되는 사람들을 돕지는 않으며, 이는 이러한 단체가 운영되는 방식에 중요한 영향을 준다. 사람의 지지를 유지하는 필요 때문에 제한적인 요소가 없다면, 테러리스트는 자유롭게 더 크고 폭력적인 공격을 계획하고 실행한다. 많은 점에서 새로운 모델의 이념은 대표되는 사람들의 필요를 제쳐놓고 단체의 지도부만 충족시키는 활동을 하는 테러 단체를 양산했다. 수 천명의 사람들의 승인과 지지를 요구하는 것에서 소수의 폭력적인 극단주의자를 요구하는 테러리즘으로 변화했다. 이것과 극소수 그룹의 문화와 믿음 체계의 동질적인 속성을 고려해보면, 이 두 사실의 조화는 대상이나 사상자에 대한 제한이 없는 더 크고 더 파괴적인 공격의 원인이다.

방법

테러리스트들은 소규모의 확실한 공격에서 실패율이 높지만 인지율이 높은 공격으로 옮겨가고 있다. 정부 청사를 소규모로 폭발시키는 것보다 새로운 모델의 테러리스트들은 대중 교통이나 시민 단체를 대상으로 하는 대규모의 무서운 사건을 선호한다. 공중 납치 사건은 9/11 사건이 되었다. 납치는 대량 살상 무기 위협으로 대체되었다.

새로운 모델의 테러리스트들은 대표되는 사람들의 승인이 필요하지 않고 자유롭게 1960년대나 1970년대의 반체제 테러리스트들이 생각할 수 없는 규모의 무차별적인 공격을 한다. 1975년 공격으로 수십 명이 죽었다. 1995년 옴 진리교의 사린 테러로 12명이 죽었지만 더 많은 사람을 죽이려고 계획되었다. 1998년 8월 탄자니아와 케냐의 대사관 폭발로 223명이 사망했다. 9/11 사건에서는 약

3,000명이 사망했다.

1988년 테러리즘 분석가인 브라이언 젠킨스(Brian Jenkins)는 "테러리스트는 많은 사람이 듣고 보는 것을 원하며, 많은 사람이 죽지 않길 바란다."고 서술했다. 이러한 주장은 테러리스트가 사람들에게 특정한 메시지를 주기 위해 테러 공격과 활동을 이용한다는 사실을 보여준다. 2006년 젠킨스는 그가 했던 말을 다시 언급하면서 테러리스트들은 자제력을 잃고 있으며 공격은 더 잔혹해지고 있다고 결론 내렸다. (젠킨스Jenkins, 2006)

대테러 및 정보 전문가들은 오랫동안 테러 단체가 대량 살상 무기를 습득하는 것과 사용하는 것에 우려했다. 테러리스트가 화학, 생물, 핵 무기를 포함한 대량 살상무기를 습득하거나 이용했을 때 세계 어느 곳이든지 수천 명의 사람들이 사망할 수 있다. 오래된 모델의 테러리스트들은 대중의 지지와 단체의 이미지를 신경쓰기 때문에 이러한 유형의 무기를 사용하지 않았다. 종교적 정과 확신으로 움직이는 새로운 테러리스트들만 수천 명을 죽이거나 불구로 만들 수 있는 무기 사용을 고려한다. 그러한 종말론적인 생각을 가지고 있는 단체들만 그러한 공격이 일으킬 반발을 고려하지 않는다.

테러가 실제로 진화하고 있는가?

우리는 테러의 변천에 대해 다루었다... 하지만 테러가 진화하고 있는가, 아니면 지배적인 테러 방식이 지난 15년간 단순히 변화한 것인가? 다시 말해서, 북아일랜드 해방전선(IRA), 팔레스타인해방기구(PLO)에서 유래된 "전통적인" 테러 조직이 다시 활동적이 된다면 "새로운 테러" 방식으로 운영될 것인가, 아니면 과거에 사용했던 전술 방식대로 운영될 것인가?
현실은 반체제 테러 조직들은 구성원들을 고려하면서 운영되어야 한다는 것이다. 폭력은 관심을 끄는 수단이 될 수 있지만 과도한 폭력은 지지와 공감을 낮추며 역효과를 낼 수 있다.

우리가 적을 이해하려 노력하고 있을 때, 이렇게 테러 단체가 오래된 것에서 새로운 것으로 변화한 것은 분석가들에게 중요하다. 그러나 어떻게 미래에 테러리즘이 변할지 예상하는 것에는 유용하지 않다. 테러리즘의 진화는 새로운 기술과 무기의 접근성과 전세계 활동적인 테러리즘의 유형에 직접적인 관계가 있다. 향후 50년동안 종교적 테러리즘이 지배적일까? 아닐 수 있다. 새로운 유형의 테러리즘이 부상하여 지배적이 되는 모습을 보게 될까? 그럴 수 있다. 그런 일이 벌어졌을 때, 전체적으로 테러리즘이 한번 더 변화할 것이라고 말해도 무방하다. 오늘날까지 1990년대 옴 진리교의 테러 공격을 제외하고 어떠한 테러 단체도 대량 살상 무기를 사용하려 시도하거나 사용하지 않았다. 우리가 이에 대응하여 약 20년의 계획과 준비를 하고 있지만 어떠한 단체도 없었다. 일반적인 테러리스트 추세와 행동을 예측하는 것은 어려운 노력이다.

주요 용어

- 조직
- 이념
- 사슬 네트워크
- 외로운 늑대
- 채터(chatter)
- 전문가
- 대표되는 사람들
- 그물망/전체 경로 네트워크
- 가맹점
- 네트워크 위상 배치
- 관문
- 노드
- 위계적 조직
- 인식된 위협
- 허브 네트워크
- 주머니에 든 물건(칼림Kaleem, 2013)
- 이념적 가맹점
- 단일 행위자 테러리스트

토론 주제

1. 미국과 같은 개방 사회가 자생적 (homegrown) 외로운 늑대 테러리스트 위협에 어떻게 대응하는가?

2. 테러리즘이 미래에 어떻게 진화될 것인가? 우리가 오늘날 보는 심각하게 폭력적인 방식이 지속될 것인가 아니면 더 "길들여진(tame)" 테러리즘으로 바뀔 것인가?

3. 새로운 시대의 종교적 테러리스트들이 자신이 대표하는 사람들을 무시하고 있는가, 아니면 대표되는 사람들이 더 큰 규모의 폭력을 요구하고 있는가?

CHAPTER

08

매체와 테러리즘

8장

매체와 테러리즘

매체가 없다면 테러리즘이 있었을까? 라고 자문해 보아라. 테러리즘이 효과적이 되기 위하여 대의명분에 주의를 끌어야 하는데, 매체가 그 역할을 한다. 이 때문에 상호의존과 상호적인 필요 라는 매체와 테러 단체간의 상징적인 관계가 만들어진다. 매체는 "테러리스트의 시녀(Handmaiden to Terrorist)"라고 불려지기도 한다. 테러리즘은 정치적 무대이며 매체는 임무를 수행하기 위해 뉴스가 필요하다. 테러 단체는 자신의 사명을 퍼트리기 위해 매체가 필요하다. 한 팀으로 매체는 사건의 상황 설명을 해준다.

테러리즘은 특이 폭력 행위나 심각한 폭력 위협을 포함하며, 매체는 이러한 사건의 전달자이다. 어떠한 리포터나 에디터도 테러리즘이나 대규모의 사망 사건을 바라지 않는다는 것은 당연하다. 매체가 테러리즘 뿐만 아닌 많은 사건의 전달자라는 것과 매체는 개념상으로 사건과 공동체 간의 연결 고리라는 점을 기억하는 것은 중요하다.

심오한 의미가 있던 역사상 연관된 사건(punctuated events)을 살펴보면 흥미롭다. 미국의 9/11 사건과 같은 연관된 사건의 경우, 사건이 발생하고 인지와 이해에 상당한 변화가 있다. 매체는 우리가 반응하게 하고 반응을 구체화 해주며 우리가 현 상황을 판단하게 해준다.

부분적으로는 새로운 기술 때문이지만 또한 정보와 관련된 문화의 변화 때문에 매체의 역할은 변화하고 있다. 매체에서 사람간에 전달되는 정보와 가지고 다닐 수 있는 통신 장비는 우리가 매우 빠른 속도로 정보에 접근할 수 있게 해주었다. 세계가 만들어진 시기와 2003년 사이에 만들어진 정보의 양은 약 5엑사바이트이다. 대부분의 사람들은 "엑사바이트가 뭐야?"라고 물어볼 것이다. 엑사바이트는 1018바이트이다. 즉 큰 수이다. 2011년 우리는 같은 양의 정보를 만들어 냈다. 2년마다 5엑사바이트를 만들어낸다. 1분만 생각해보아라. 우리가 기록된 역사인 6,000년동안 만들어 낸 정보의 양을 2일마다 만들어낸다.

흥미롭게도, 정보의 접근성이 높아지면서 테러리스트, 극단주의자, 정치적 의제를 가지고 있는 사람들이 대중들에게 다가가는 방식 또한 바뀌었다. 매체가 사람들에게 정보를 줄 뿐만 아니라 소비자가 매체에게 정보를 제공한다. 친구가 여러분에게 보낸 최근 핫한 동영상이나 흥미로운 토막 정보에 대해서 생각해 보아라. 여러분들이 이미 보고 나서 이 정보들이 보도되는 뉴스가 된다는 사실도 생각해 보아라. CNN이나 폭스(FOX)는 여러분들이 이미 정보를 본 지 최소 하루가 지나고 나서 "이야기(story)"를 보도했다. 정보와 공유하는 능력은 무제한의 잠재력이 있다. 소비자인 여러분이 궁극적으로 매체의 효과성을 평가하기 때문에 매체는 추가적인 부담이 있다.

의미론과 부정성

의미론(Semantics)은 우리가 사람이나 상황을 설명하기 위해 선택하는 단어를 포함한다. 매체가 사건이나 상황을 묘사하는 데에 선택 사안들이 있고 단어의 선택은 **매체 편향**(media bias)을 나타내는 일부이다. 보수적인 뉴스 채널을 누군가 물어보았을 때 여러분은 쉽게 대답할 수 있다. 자연적인 매체나 특별한 유형의 출판물 또한 마찬가지다. 매체 편향의 존재는 사람들이 그 편향을 인지하고 있는 한 문제가 되지 않는다.

사람들은 나쁜 소식에 매혹되고 중립적이고 긍정적인 정보보다 부정적인 정보에 더 강력하게 반응한다. 역설적으로 우리는 부정적인 정보가 사실적인 정보를 더 담고 있다고 믿으며 긍정적인 정보보다 더 중요하다고 생각한다. 또한 우리는 실제 결과보다 부정적인 결과에 더 영향 받는다. 예를 들어 의사가 여러분이 죽을 확률이 50%라고 말한다면 살 확률이 50%라고 말하는 것보다 더 많은 정보를 받았다고 생각한다. 나쁜 소식에 대한 이 집착은 부정성 편향(negativity bias)이라고 부르며 매체는 우리가 정보를 찾을 때 극적인 것을 좋아한다는 사실을 잘 알고 있다. 우리가 실제 벌어진 것이 아닌 벌어질 수 있었던 일에 집중한다는 것을 의미하기 때문에, 부정성 편향의 영향은 매우 중요하다. 가능한 테러 공격과 연관된 부정적인 감정은 현실과 위협의 가능성을 압도할 수 있다.

부정성 편향과 1퍼센트 원칙

여러분이 **위협 평가**(threat assessment)를 한다면 **가능성**(probability)과 **영향**(impact)이라는 두 가지 요소를 측정한다. 가능성은 사건이 발생할 수 있는 가능성이며 영향은 사건이 발생할 시 벌어지는 결과이다. 예를 들어 여러분이 캘리포니아에 거주하는데 높은 가능성과 큰 영향력을 가진 사건이 지진이다. 지진은 이전에 발생했기 때문에 다시 발생할 가능성이 있어서 가능성이 높은 것이다. 캘리포니아에서의 지진은 역사적으로 광범위한 피해를 입혔으므로 향후 지진이 일어나면 큰 영향을 미친다고 생각할 수 있다. 높은 가능성과 큰 영향에 대한 평가를 감안하여, 가능하다면 가능성과 피해를 줄이는 데 자원(돈, 에너지, 시간)을 할당하는 것이 합당하다.

비행중인 비행기가 큰 빌딩에 격추되었던 것은 가능성이 낮다고 여겨졌기 때문에, 9/11 사건 이후 우리는 위협 평가를 재검토하기 시작했다. 낮은 가능성과 큰 영향력을 가진 사건이 재발하는 것을 방지하기 위해, 체니(Cheney) 부대통령은 (체니 독트린이라고도 불리는) "**1퍼센트 원칙**(One Percent Doctrine)"을 제안했다. 제안된 1퍼센트 원칙은 비록 공격 발생률이 1퍼센트여도 확실히 벌어질 것처럼 우리는 그에 대비해 계획하고 준비해야 한다는 것이다. 1퍼센트의 원칙은 대량 살상 무기 공격에 대응하여 계획하고 준비하는데 자원(시간, 에너지, 돈)을 소비했다. 문제는 제한된 자원으로 낮은 가능성의 사건 대응 준비를 할 시, 가능성이 높은 사건을 망각할 수 있다는 점이다. 9/11 사건 이후 대량 살상 무기에 대한 집중으로 멕시코 만의 허리케인처럼 가능성이 높은 사건이 우선 순위에서 뒤쳐졌다. 2005년 허리케인 카트리나가 발생한 이후에 가능성이 낮은 사건을 우선 순위로 두는 것은 가능성이 높은 사건 대응을 위해 계획하는 것보다 더 치명적일 수 있다는 것이 자명해졌다.

위협 평가가 사용되는 이유는 이 평가에서 역사적 사건, 정보 수집, 위해 요소 식별, 취약점 등의 모든 유형의 정보를 고려하기 때문이다. 위협 평가는 가장 효과적인 방법으로 자원을 분배하는데 사용될 수 있지만, 안타깝게도 모든 위협이 예상되는 것은 아니다. 부정성 편향과 나쁜 소식에 집착한다는 것을 인지하며 자원 할당은 현명하게 해야한다. 1퍼센트의 원칙은 자원의 제한이 없다면 효과적이지만, 폭풍에 대처하는 것처럼 낯선 상황에 대해 철저하게 계획해야한다는 것을 의미한다.

개인적인 의견 제시

분명히 우리가 뉴스와 정보를 소비하는 방식은 극적으로 변화했으며 신문이 현관 베란다로 던져지는 시대는 오래 전의 일이다. 우리가 현대 매체를 이야기할 때 "출판업이 죽었다(print is dead)"는 완곡 어법이 다시 적용되는 것 같지만, 사실 출판은 느린 것뿐이다. 뉴스로 실을만한 것을 인쇄하는데 걸리는 시간 안에 새로운 정보와 새로운 관점이 이미 원래 언어의 가치를 바꾼다. 새로운 정보의 이용가능성으로 우리는 너무나 많은 매체를 소비하고 있고 더 이상 우리는 한 가지 정보 매체로는 만족하지 않는다. 역설적으로 소비하고자 하는 욕망은 매체 편향을 부추겨 왔을 수 있다. 정보를 더 흥미롭게 하기 위해, 매체는 사건의 해석을 의미하며 의견과 선동을 포함할 수 있는 의견 제시(spin)를 한다. 같은 정보에 새로운 의견을 제시하기 위해서 매체는 개인의 중요도에 맞춘다. (보수, 진보, 오락) 흥미롭게도 대중들은 매체가 의견 제시를 한 같은 정보원에 접근을 더 많이 하며, 정보 촉진제로서의 역할을 없애며 매체를 완전히 사용하지 않기도 한다. 이 예는 보스턴 마라톤 폭발 사건이 있다. 이때 사람들은 무슨 일이 발생했는지 직접 듣기 위하여 보스턴 경찰 라디오 채널을 듣기 시작했다. 그 사건 이후, 공무원들이 열었던 모든 기자 회견은 인터넷으로 실시간 방송되었고 사람들이 매체와 같은 리포터의 말을 들을 수 있게 되었다.

매체가 하는 일

테러리즘과 관련하여 매체가 제공하는 여러 유형의 메시지가 있다.

- 정보성: 무엇인가 발생했다
- 경고: 조심해야 한다
- 교육용: 다음의 것을 해라
- 조장, 장려: 상이한 관점 제시
- 지지: 공동체 결속 및 회복력

이러한 메시지 중 많은 메시지들은 대응 기구가 매체에 제공되고 매체는 이 정보를 우리가 소비하게 하기 위해 포장할 것이다. 위해 전달의 각 유형에는 유명한 예시가 있으며 여러분은 일생 동안 소수의 경우만 생각할 수 있을 것이다.

정보성

조류 인플루엔자가 발생했을 때 당시 질병통제예방센터(CDC)의 센터장이었던 거버딩(Gerberding) 의사는 “공포의 가장 큰 치유제는 정보이다”라는 유명한 말을 했다. 정보성 위험 전달의 핵심은 속보이다. 중요한 일이 벌어졌을 때, (이상적으로) 매체는 생방송을 하며 계속해서 방송하기도 한다. 이 때가 모든 사람이 텔레비전이나 컴퓨터로 달려가서 현 상황을 더 알아가는 순간이다. 정보성 속보는 우리의 관심을 끌지만, 우리는 주의력이 짧기 때문에 즉시 새로운 정보에 대한 욕구가 생긴다.

경고

사건이 시작될 때 정보 범위가 제한될 수 있기 때문에 경고 메시지가 속보에 포함된다. 극적인 사건을 이해하고 "그래서?"라고 묻는 것은 자연스럽다. 경고 메시지는 우리의 부정성 편향 때문에 매우 좋은 매체이다. 우리가 부정적인 메시지로 관심을 가지게 되었으면 경고 메시지가 추가적인 사건의 가능성을 제공하며 우리가 그 사건에 계속 주의를 기울이게 한다.

사건 이전에 나오는 경고 메시지나 공적 정보 캠페인은 상반된 결과를 보여 왔다. 여전히 경고는 우리의 부정성 편향을 키우지만, 경고로 인해 발생하는 혼동 때문에 가끔 역효과가 있기도 하다. 전형적인 예는 2001년 도입되고 5개의 색깔로 경고 레벨을 표시한 국토안보 경보시스템 (HSAS: Homeland Security Advisory System)이다. 각 HSAS 레벨은 정부나 개인이 할 수 있는 활동과 연관되어 있다. 이러한 행동들의 문제는 모호하거나 공개되지 않았다. 예를 들어 '빨강/극심한'인 가장 높은 경고 수준에는 시민들은 "경계하고 주변을 주의하라"라고 지시된다. '빨강/극심한' 수준에서 정부가 취할 수 있는 조치에는 법 집행 강화가 있지만 일부 조치는 위헌이다. 궁극적으로 이 경고 체계는 실패작으로 여겨졌으며 2011년에 중단되었다.

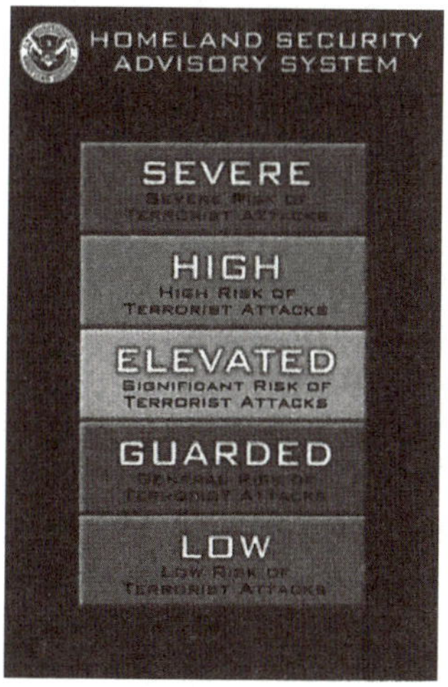

교육용

사건이 있을 때 도움을 주고 싶어하는 것이 사람의 본능이다. 우리는 참여하는 집단이며 부정성에 집착하며, 단체들은 이것을 알고 있다. 가장 적절한 예는 사건이 발생한 직후에 기부나 지원을 요청하는 것이다. 재난이 발생하고 우리는 너무나 돕고 싶어하여 필요하지도 않는데 많은 사람들이 헌혈한다.

교육용 메시지의 문제는 여러분이 분배한 메시지에 주의해야 한다는 것이다. (볼테르Voltaire와 스탠 리Stan Lee, 위대한 힘은 위대한 책임감에서 온다with great power comes great responsibility) 9/11 사건 이후 국토 안보부 국장 톰 리지(Tom Ridge)는 화학 테러 공격에서 대피하려면 시민들이 비닐 커버나 덕트 테이프를 사용하여 집을 막아야 한다고 말했다. 이 말로 인하여 즉각적으로 국가적인 위기감과 테러 공격이 임박했다는 인식이 생겨났고, 국토안보부는 불필요한 우려를 자아냈다고 비판을 받았다.

조장, 장려

장려 행위는 많은 정보가 필요하며 정보가 더 쉽게 소비되게 한다. 매체는 장려하는 행위에 능숙하지만 한정된 사실만 있을 때는 의견이나 해석 같은 다른 정보도 추가하기도 한다. 의견이나 해석이 유효하다고 평가받기 위하여 매체는 "**전문이 아닌 분야에서 아는 척하는 사람들**(Armchair Generals)"이나 그 분야의 전문가를 해설자로 종종 부른다. 이러한 전문가들은 조직적인 반응이나 사건에 통찰력을 제공하지만 그들이 제공하는 것은 의견(spin)이다.

다른 유형의 장려하는 매체는 상이한 의견을 가진 사람들이 논의, 토론을 하는 원탁 회의가 있다. 이러한 논의에서 종종 사건의 결과를 이해하거나 예측하는 시도를 하며 대체적인 시각을 제공하는데 유용하다. 매체가 게스트를 인터뷰할 때 이것 또한 장려하는 메시지가 될 수 있다. 앉아서 하는 인터뷰에서, 사건의 추가적인 정보나 통찰력을 제공하기 위하여, 매체는 단체를 대표하거나 단체의 상징인 특정한 개인에게 질문을 할 것이다. 이러한 인터뷰들은 상세하게 흥미로운 사실을 드러낼 수 있으며 감정도 보여주며 또한 사건의 추가적인 양상을 보여주기도 한다.

지지

지지 매체 보도는 때때로 부드러운 뉴스(soft news: 심각한 뉴스를 다루지 않음)라고 부른다. 이것은 긍정적이나 고무적인 뉴스와 회복 절차에 이해를 도와주는 사건을 보도한다. 가장 좋은 예는 공동체가 재건, 통일, 합치되었을 때이다. 이러한 유형의 단어를 매체 제목에서 보았을 때 이것이 지지 뉴스라는 것을 알게 된다. 흥미롭게도 매체는 부정성 편향을 인지하고 있기 때문에 지지 뉴스는 회복의 성공보다는 비극으로 그려진다. 나쁜 소식을 반복하며, 공동체의 낙관/합치/결집을 논의하는 지지 뉴스를 시작하고 마무리 멘트도 비극을 반복해서 말하는 것은 흔하다.

우리의 예상

주요한 위기 시기의 소통은 "일상" 시간에 하는 소통과 다르다. 주요 사건은 사람들이 반응하고 정보를 소비하는 방식을 바꾼다. 사람들은 주요 사건에 다르게 느끼며 대중에게 미치는 일부 심리적 영향은 두려움, 긴장, 혼동, 거부, 무기

력함이 있을 수 있다. 주요 위기 직후에 사람들은 다음의 사안들을 우려한다

- 내 가족과 나는 안전한가?
- 나에게 영향을 미칠 수 있는 것은 무엇인가
- 나 자신과 내 가정을 보호하기 위하여 무엇을 할 수 있는가?
- 누가 이것을 일으켰는가?
- 이것을 해결할 수 있는가?

이에 대한 대답을 얻기 위해 사람들은 관료들이나 매체를 이러한 질문을 해결하는 촉진제로서 의존한다. 매체는 약간 상이한 관점을 가지고 있으며 다른 질문에 집중한다. 그 예는 다음과 같다.

- 무엇이 발생했는가?
- 누가 이에 대한 책임자인가?
- 이것이 억제되어 있었는가?
- 피해자들은 도움을 받고 있는가?
- 우리가 무엇을 해야하는가?
- 왜 이 일이 벌어졌는가?
- 사전 경고가 있었는가?

대중의 우려와 매체가 추구하는 해답 간의 차이는 사건에 대한 우리의 인지에 직접적으로 영향을 미칠 수 있는 소통 간극을 만들어낸다. 매체가 할 수 있는 가장 최악의 일 중 하나는 대중들의 우려를 상관 없는 것으로 묘사하는 것이다. 그 예는 실시간으로 발생하는 소문과 근거 없는 믿음을 무시하거나 매체가 가부장적인 태도를 취하는 것이 있다. 위기 시기에 매체가 대중의 수요를 충족시키기

위해서 대중들은 권한을 부여 받았다고 느껴야 하며, 이것은 두려움과 무력감을 줄여줄 것이다. 권한이 신장되었다고 느끼는 것은 조치를 취하거나 불확실성을 해결함으로써 성취할 수 있다.

소비자인 우리는 우리가 그 시기에 어디에 있었는지에 따라 매체로부터 상이한 것을 원한다. 언제 어떻게 우리가 정보를 얻는 지와 관련 없이 매체는 다음의 "STARCC 원칙(STARCC Principle)"을 따라야 한다.

- **간단함**(Simple)
- **적절함**(Timely)
- **정확한**(Accurate)
- **관련 있는**(Relevant)
- **믿을 만한**(Credible)
- **일관적인**(Consistent)

정보의 간단함(simplicity)은 정보가 질이 낮아졌다는 의미가 아니다. 간단함은 정보가 소규모로 용이하게 처리된 소량의 정보로 제공된다는 것만을 의미한다. 예를 들어 다음의 두 문장을 비교해 보면 어느 것이 이해하기에 더 쉬운 지 자명하다.

예제 1 :

동조자가 선출될 수 있도록 하는 기관의 방식을 개발하기 위해, 다양한 종류의 의회 외부의 정치적 연합과 내부의 분파들은 그들의 가치관을 대중들에게 이야기하며 변화하는 조건을 이용했다. (공포에 의존하기 Turning to Terror 발췌, 와인버그Weinberg, 2011)

예제 2 :

정당의 기원은 상이한 관점을 가진 사람들이 공직에 선출되도록 하는 상황에서 탄생했다.

시기 적절함(timeliness)은 점점 더 달성하기 어려워진다. 과거에는 소수의 테러 사건이 있었고 증명된 사실이 밝혀지고 나면 사건 초기에 제공되는 다량의 정보가 잘못된 것으로 판명되었다. 소비자들은 정보를 빠르게 얻고 싶어하고 사실을 요구한다. 이로 인해 매체가 느끼는 적시에 대한 압박이 생긴다. 매체는 정보를 제공하고 싶어하며 여러분이 계속 매체를 이용하기를 바라지만 적시에 대한 요구는 종종 정확성을 대가로 발생한다.

정확성(Accuracy)은 적시와 계속된 대립관계이다. 정보가 정확한지 확실히 하기 위해 입증하는 데에는 시간이 걸린다. 정확하고 시기가 적절하게 정보를 제공하려고 할 때, 그 둘 중 하나의 요소는 희생된다. 이 상황은 흔하게 일어나지만 소비자들은 정확성이 의심스럽다는 사실을 점점 더 인지하고 있으며 매체의 메시지를 입증하기 위하여 이용 가능한 매체를 사용하고 있다. 이것은 소비자가 매체의 정보 제공자인 환경의 원인이 된다.

테러 사건에서 누가, 무엇을, 언제, 어디서, 왜, 어떻게 라는 육하원칙에 따라 사건의 복잡한 가능성이 있기 때문에 정보의 관련성(Relevance)은 까다롭다. 관련성을 결정하는 것은 소비자나 정보에 기반할 수 있으며 때로는 관련 분야에 전문 지식이 없는 사람이 무엇이 연관성이 있는가에 영향을 미칠 수 있다.

신뢰성(Credibility)은 사람이나 메시지의 기원에 따라 정해진다. 우리가 질병통제예방센터(CD: Centers for Disease Control and Prevention)의 센터장이 발표하는 것을 듣는다면 그 메시지는 유효한 원천에서 왔기 때문에 믿을만하다고 생각한다. 또한 우리는 실제 그 정보를 제공하는 사람의 자격에 기반해 메시지의 신뢰성을 판단한다. 예를 들어 질병통제예방센터(CDC) 센터장이 보통 의학 박사를 포함한 여러 학위를 보유하고 있으면, 이 학위 보유 소지로 그 사람이 정보 원천이 된다. 자격증 보유와 신뢰성은 정확성에 영향을 미칠 수 있다. 예를 들어 여러분이 국내 정책 소식을 "짐의 외래 반려동물과 수표 현금화 블로그(Jim's Exotic Pets and Check Cashing Blog)". 그 글의 신뢰성, 정확성은 그 정보를 제공하는 사람에게 달려있다.

일관성(Consistency)은 STARCC 원칙의 다른 요소들과 상당 부분 연계되어 있으며 명성의 초석이다. 여러분이 단일 출처에서 오는 정보가 정확하고 연관 관계가 있다는 것을 지속적으로 알게 되었을 때, 여러분은 그 출처에 의존할 것이다. 정보의 일관성은 그 출처의 단골을 만들어 주는 요소이다. 일관성은 매체 편향과 연계되어 있을 수 있는 데, 이 때문에 매체는 사용자가 이용할 수 있는 일관적인 관점을 제공하는 기회를 얻을 수 있다.

매체와 테러리스트

매체는 테러리즘 사건을 다뤄왔다. 9/11 사건이 예상치 못한 사건이라고 불리지만 완전히 맞는 말은 아니다. 먼저, 매체는 공중 납치 사건과 폭발을 포함한 대규모의 테러 공격을 수십 년간 다뤄왔다. 많은 사건은 미국내에서 벌어지지는 않았지만 테러리즘인 다른 대규모 사건들이 있었다. 적절한 예로는 1995년 뮤러 연방 정부 청사의 오클라호마 시티 폭탄 테러가 있다. 이 테러 사건으로 성인 미국인들은 테러리즘과 건물이 대상이 되는 것에 익숙해졌다. 같은 해에 일본 도쿄에서는 광신교 집단인 옴 진리교가 자행한 통근 열차에서 사린 가스 테러 공격이 발생했다. 다른 예로는 현대 역사의 특정 시기에서 매주 폭격이 있었던 이스라엘과 팔레스타인 분쟁이 있다. 중동 지역의 분쟁이 너무 자주 발생하여 대표적인 사건으로 보기 어렵다면, 20년 내에 아일랜드 공화국군(IRA: Irish Republican Army)이 잉글랜드에 저지른 공격이 우리가 아는 예들 중 가장 지리적으로 가까운 사건이다.

테러 사건과 소비자의 요구 뿐만 아니라 매체 법인의 출처와 우선 순위 또한 매체에 영향을 준다. 대부분의 주요한 테러 사건의 경우 국내 매체가 제공한 보도는 국제 매체에서 보도한 것과 매우 상이하다. 예를 들어 9/11 사건이 발생한지 2주 뒤 스위스인 무장 강도 프레드리히 레이바허(Freidrich Leibacher)가 정부청사에서 난동을 부리며 14명을 쏘고 자살했다. 이 사건은 스위스의 역사상 가장 최악의 대량 학살 사건에 속한다. 9/11 사건 이후에 발생했음에도 불구하고 스위스에서 발생한 테러 행위는 미국 뉴스[1]의 앞면을 장식하지 못했다.

매체가 테러리즘에서 무슨 정보가 중요한지 결정하는 사례는 많다. 많은 사람들은 미국인이 탄저균 테러(amerithrax) 전에 생물 테러를 경험했는지 모른다. 1984년 오리건 주의 종교 집단은 사람들을 병들게 해 다가오는 선거에서 투표권을 행사하지 못하게 하기 위하여, (설사, 발열, 구토를 일으키는 박테리아인) 살모넬라균(salmonella)을 동네 전체의 샐러드 바에서 살포했다. 그 종교 집단은 결국 751명의 건강을 악화시켰고 그중 45명은 입원을 해야 했다. 이 사건은 미 역사상 가장 대규모인 생물 테러 공격으로 여겨진다. 하지만 많은 사람들은 그 사건이 벌어진지 조차 모른다.

1) 2001년 9월 27, 28일자 뉴욕 타임즈와 월스트리트 저널 미국 판 검토

알 자지라 현상

카타르라는 중동의 작은 도시를 기반으로 한 알 자지라(al-Jazeera)는 중동 국가에 전례 없는 접근성과 보도 범위를 가지고 있는 24시간 뉴스 채널이다. 검열이 심한 지역에서 뉴스 보도를 장려하는 데에 알 자지라가 가지는 영향력은 매우 크다. 종종 다른 매체에서 거부하기도 하는 어떠한 관련된 정보든 공개할 의지가 있는 알 자지라는 빈 라덴 전체 영상을 방영했던 것으로 유명하다. 이러한 보도의 철학은 공개적인 정보 매체(open information media outlet)로 매체 편향을 인정하지만 의도적으로 상이한 편향을 제시한다. 이 모든 관점을 제시함으로써 알 자지라는 2011년에 프랭클린 루즈벨트(Franklin D Roosevelt)의 언론의 자유와 표현의 상(Freedom of Speech and Expression Medal)과 존 F. 케네디의(John F. Kennedy) 국제 저널리즘 보도 대상(Journalism Grand Prize for International Coverage)을 수여 받는 등 유명한 매스컴 보도 상을 받았다.

알 자지라를 언급하는 것은 다른 매체를 무시하려고 하는 것이 아니라, 공개적인 정보 접근 모델의 기준을 세우기 위한 것이다. 우리가 정보를 얻는 상당히 다양한 출처에서 오는 정보를 기반으로 고려해 볼 때, 소비자들은 단일 출처나 단일 관점에 만족하지 않는다. 그러나 2012년 코헛(Kohut)과 그 외 전문가들이 보도한 것에 따르면 우리가 사용하는 새로운 형식과 개인의 정치 지식 수준 간에 분명한 연관 관계는 없다. (23개의 정치 지식 질문 중 15개를 정확하게 대답할 수 있는) 박식한 사람들은 다양한 매체를 사용한다. 퓨 리서치 센터(Pew Research Center)의 15,000명 이상의 성인을 대상으로 한 심도 깊은 설문 조사 결과 다음의 것들이 밝혀졌다.

- 25-54%는 데일리쇼(The Daily Show)나 코벌트 리포트(Colbert Report)의 코미디 뉴스를 본다.
- 26-54%는 인터넷의 주요 뉴스 채널(특히 주류 신문 사이트)을 이용한다.
- 19-54%는 TV 방송을 본다
- 27-54%는 국영 라디오 방송인 거짓 대 진실(Myth vs. Realities)을 듣는다

공황

우리가 이전보다 더 많은 정보를 소비하고 요구하는 것은 분명하지만 정보를 주지 않는 것이 좋은 생각이라는 관점도 있다. 통신에 관련된 근거 없는 믿음과 진실이 있지만, 대응해야 할 가장 중요한 미신 중 하나는 공황의 개념이다. **공황**(Panic)은 히스테리나 부조리함을 일으킬 수 있는 비이성적으로 압도된 두려움을 의미한다. 이 문제에 대한 간단한 사실은 사람들은 잘 공황에 빠지지 않는다. 테러 사건에서 사람들이 경험하는 다양한 감정들이 있다. 가장 뚜렷한 감정은 보통 두려움이다. 두려움 속에서 무관심, 우려, 공포, 공황, 거부를 포함한 다른 다양한 감정이 있을 수 있다. 그러나 두려움의 하위 요소들 중 하나인 공황은 거의 발생하지 않는다. 여러분이 세계 무역 센터에 비행기가 충돌된 직후의 사람들의 사진을 본다면 사람들은 뛰고 움직이고 있지만 두려움, 히스테리, 비이성적인 상황에 압도되어 있지는 않다. 이것이 의미하는 바는 끔찍한 상황이 발생하는 동안에도 사람들은 자신이 부여 받은 정보를 처리하고 적절하게 행동할 수 있다. 사람들이 공황에 빠질까 우려되어 정보를 공유하지 않는다는 변명은 유효하지 않다.

정보를 공유하지 않는 것은 불신이라는 주요한 결과를 낳을 수 있다. 2011

년 일본이 쓰나미를 겪고 나서 후쿠시마와 다이치 핵발전소의 핵원자로 중 하나가 작동을 하지 않기 시작했다. 노심 용해를 예방하는 유일한 방법은 원자로를 소금물로 냉각시키는 것이었지만, 소금물로 냉각시킬 경우 원자로는 영구적으로 제기능을 못하게 된다. 원자로를 파괴하는 것과 관련된 엄청난 재정적 비용 때문에 회사와 정부 대표는 정보 공개를 연기했다. 결국 노심 용해를 막기 위해 원자로에 소금물을 채워 넣었지만 그 정보 공개가 연기된 사실로 인해 일본인 마음에는 2가지 생각이 생겨났다. "첫 번째, 앞으로 발생할 일은 지금까지 발생한 일보다 잠재적으로 더 큰 문제이다. 두 번째로 정부, 전문가, 당국은 향후 발생할 수 있는 사건에 대해 공개적인 발언을 계속해서 뒤늦게 한다." (샌드맨Sandman & 래너드Lanard, 2011) 신뢰성의 감소(STARCC 원칙)는 안전에 관한 향후 발언에 의심을 받을 수 있다는 것을 의미한다.

더 많은 미신들

테러리즘과 고위험 사건에 관하여 미국연방비상관리국(FEMA: Federal Emergency Management Agency)은 뉴욕에 있는 위험 커뮤니케이션 센터(Center for Risk Communication)의 센터장인 빈센트 코벨로(Vincent Covello)의 커뮤니케이션의 잘못된 믿음에 대해 가르친다. (Lindell린델, Perry페리 Prater프래터, &Nicholson니콜슨, 2006)

"미신: 위험에 대해 대중들에게 말하는 것은 사람들이 조용하게 하는 것이 아니라 놀래 킬 가능성이 크다.
현실: 정보를 주면 사람들이 자신의 우려 사항을 표현할 기회를 줌으로써 놀랄 가능성을 줄여준다."

여러분이 2001년 "탄저균 테러 공격(Amerithrax Attacks)"을 알지 못했다면 더 안전하다고 느꼈을 것이라고 주장할 수 있다. 하지만 정부가 계속 감추어 왔었고, 나중에 알게 되었다면 얼마나 화가 날 지에 대해 상상해보아라. 정부의 투명성은 민주 사회에서 중요한 요소이며 매체는 정보가 흐를 수 있게 해주는 수단이다. 위협과 문제에 관한 정보 없이는 미국 시민들은 분노와 불신을 가질 것이다. 이는 정치적 소요의 조짐으로 알려져 있다.

"미신: 우리가 위협에 대한 해결책을 가지기 전까지 공개해서는 안된다.
현실: 위험 관리 선택 사항에 대해 공개하고 토론하며 이해관계가 있는 전략에 공동체를 참여시켜야 한다."

공동체가 생물 테러 공격의 위협을 받았다고 가정해보아라. 누군가 지역 우물에 독약을 타겠다고 위협한다. 이 위협에 해결책이 없기 때문에 지도부는 이 위협에 대한 정보를 공개하지 않기로 결정한다. 자명하게도, 사람들에게 우물을 피하거나 문제를 해결할 기회를 주는 것이 안전성과 해결책의 가능성을 높인다.

FBI가 용의자나 공격 시간에 대해 단서를 줄 지 모르는 사진이나 영상을 공유해달라고 사람들에게 요청했던 2013년 보스턴 마라톤 폭발사건 이후에 이러한 현실은 두드러져 보였다. 공동체와 매체를 통하여 협력함으로써, 법 집행 기관은 빠르게 범인을 찾을 수 있었다.

"미신: 사람들이 이해하기에 사안이 너무 복잡하다
현실: 사람들이 당신의 정책과 의견이 맞지 않는 것과 기술적인 문제를 이해하지 못하는 것을 구별하라."

우리는 복잡한 문제를 가지고 간단하게 만들 수 있다. 이해하는데 어려움은 개념상의 어려움 때문이 아니라 묘사하는데 사용된 언어에 있을 수 있다. 어떤 전달자도 무슨 일이 일어나는지 알고 싶어하는 일반 대중의 능력을 과소평가한 적이 없다. 몇몇 생물 테러 사건의 초기 단계동안 복잡한 의학 정보는 깔끔하고 명확히 대중에게 전달되었다. 테러리즘은 아니었지만 2006년 H5N1 조류 인플루엔자 발생 시기에 이 질병이 병든 새와 지속적인 접촉을 통해서만 사람에게도 전염될 수 있다는 사실이 명확히 보도되기 전까지 사람들은 우려했다. 정부는 일반 미국 시민들이 바이러스에 감염된 야생 조류와 지속적으로 접촉하지 않는다는 사실을 재빨리 강조했다. 전세계 인구 중 566명이 감염되고 그 중 332명이 사망한 H5N1 조류 인플루엔자 발생 사건에 대해, 정보에 입각한 매체 보도를 통하여 미국 시민은 한 명도 사망하지 않았다.

우리는 어리석지도 않고 문맹도 아니다. 2010년을 기준으로 18세 이상의 미국 인구 중에서 85% 이상이 고졸이고 27%가 학사나 석사, 박사 학위를 땄다.

"미신: 전문적 결정은 소수의 전문가들에게 달려있어야 한다.
현실: 대중에게 정보를 제공하고 정책을 개발하는데 다양한 배경이 있는 사람들을 참여시켜야 한다"

9/11 사건과 탄저균 테러 공격(Amerithrax Attacks) 이후 대응 역할을 담당하는 기관들은 공동체를 대비하고 교육하기 위한 활동들을 시작했다. 이러한 많은 활동들은 생물, 화학, 방사능 공격에 초점이 맞춰져 있었다. 이 활동들의 목적은 향후 벌어질 수 있는 사건에 대한 인식과 이해를 높이는 것이지만, 해결될 수 있는 대응 문제를 규정하는 것이기도 하다.

특정한 생물 노출 시 대응훈련을 하는 동안, 병원의 오염 제거 과정이 테스트되었고 오염 제거가 필요한 사람들 중 한명은 법 집행 공무원이였다. 소독하는 동안 노출되었던 사람은 옷, 보석 등 몸에 걸친 모든 것을 제거하고 문질러 씻어 깨끗해지는 소독 텐트에 들어가라고 요청받았다. 그러나 지금까지 발생하지 않던 문제가 발생했다. 왜냐하면 그 공무원은 자신의 무기를 포기하지 않는다는 맹세를 하였고 무기가 소독될 수 있기 까지 적절하게 보관할 수 있는 현장 장치가 없었기 때문이다. 다양한 기관의 충돌하는 지시로 인하여 한 자원자가 "총을 작은 투명 봉투에 넣어서 샤워실로 가세요"라고 외치기 전까지 대응 훈련이 거의 중단될 지경에 처했다. 이것은 전문성에서 기인한 문제에 대해 예상치 못한 출처에서 나온 비 전문적인 해결책의 예시이다.

"미신: 위험 커뮤니케이션은 나의 일이 아니다.
현실: 사람들이 뭐라고 생각할까?"

알버트 슈바이처(Albert Schweitzer)는 노벨 평화상 수상자로 "… 여러분은 혼자서 삶을 살아갈 수 없다. 여러분의 형제들은 여기에 함께 있다"라는 유명한 말을 했다. 웹 2.0과 무제한의 정보 흐름의 시대에서 우리는 서로를 정보 출처로 이용하고 평가한다. 테러 사건이 벌어지는 동안 우리는 현장에 있던 개인을 증명된 정보를 제공해달라고 의지한다. 우리는 매체를 촉진제로 사용하지만 정보 탐색에는 사람을 이용하기도 한다.

사례 연구

● 매체 ●

계획이든지 우연이든지 간에, 9/11 사건은 매체 노출의 적절한 사례이다. 세계 무역 센터를 대상으로 한 것은 놀라울 정도로 야심찼으며 제시된 정보에 따르면 주중에 20,000명까지 두 빌딩에 있었을 수도 있다. 시기 또한 인상적이었으며 한 비행기가 세계 무역 타워를 향해 날아간 이후에 두번째 비행기가 근처 타워로 돌진한 시간 차이로 매체가 두 빌딩에 집중할 수 있게 하였다. 세 번째 비행기가 펜타곤의 일부를 부신 것까지 포함한 이 연속적인 사건들은 매체가 다음은 무엇일지 조사하게 하였다. 거의 바로, 시카고의 시어스 타워와 아틀란타의 CNN빌딩과 같이 그 국가의 상징적인 건물들에서 다음 목표는 그 곳일까 두려워하며 사람들을 대피시키기 시작했다.
우리는 7월 7일 런던 테러 사건 때 테러리스트가 매체를 두려움을 전파하는 수단으로 이용한 것을 보았다. 버스나 지하철을 포함한 다양한 교통 시스템을 대상으로 하여, 테러리스트들은 전체 런던 교통 시스템을 중단시켰다. 다양한 위치와 다양한 차량을 대상으로 하여 그 도시는 추가적인 폭발 가능성 때문에 모든 교통 수단을 조사하게 되었다.

테러 단체와 인터넷

모든 사람들은 인터넷을 사용한다. 여러분들의 부모님조차도 사용한다. 정부는 인터넷을 파견이나 소통의 수단으로 사용한다. 왜 우리는 테러리스트가 지금까지 발명된 것 중 가장 강력한 통신 수단을 사용하지 않을 거라고 생각할까? 우리는 예상하지 못했다. 그들은 확실히 대테러 전문가들이 테러리스트가 사용하지 않기를 바라는 방식으로 인터넷을 사용한다.

인터넷은 의사 소통과 관련되어 있으며 테러 단체는 인터넷을 기술적으로 전술적으로 이용하여 서로와 소통하며 대중에게도 메시지를 보낸다. 이메일, 채팅방, 전자 게시판은 테러리스트에게 저렴하고 쉬운 의사소통 수단이다. "안전한"이란 말을 쓰지 않았다는 것을 눈치챘을 것이다. 그건 실수가 아니다. 전세계 정보부 기관들은 많은 돈을 전자 소통을 수집하고 그 대화의 내용과 참여자를 추적하는 시스템에 들인다. 미국, 영국, 호주 그리고 기타 협력국은 수십 년간 디지털 전송을 가로채는 에셜론(ECHELON)이라는 프로그램을 운영해 왔다고 한다. (슈미드Schmid, 2001) 이 시스템은 주요 용어를 검색하여 특정 메시지를 분간할 수 있으며, 이 점에서 테러와의 전쟁은 의심할 여지 없이 훨씬 더 유능한 것으로 진화되었다.

테러 단체는 구글도 이용할 수 있다. 그래서 똑똑한 매체들이(위험한 매체들이) 이러한 유형의 역량을 잘 인지하고 있다. 왜 여러분은 오사마 빈 라덴이 오바타바드(Abbotabad)의 은신처에서 핸드폰이나 인터넷을 절대 쓰지 않을 것이라고 생각하는가? 결과적으로 민감한 전술적 전략적 소통은 보안 서비스가 쉽게 감시되고 추적될 수 있는 매체를 통해 잘 이루어지지 않는다.

인터넷이 테러리스트에게 매력적인 부분은 정보 제공에 있다. 인터넷은 우리가 정보를 얻는 방식을 바꾸어 왔다. 여러분이 1970년에 메시지를 사람들에게 전달하려 할 때, TV 방송국, 라디오 방송국 혹은 신문이 필요했다. 사업가는 말할 것도 없고 에디터, 리포터들이 이러한 배출 수단을 통제했다. 매체에서 보도되는 것이 테러리스트 동기의 일부분이며 동기를 전달하는 방식이다. 이것이 테러리스트가 공중 납치를 하고 테러 공격을 자행하는 이유이다. 2013년 여러분이 수백만 명의 사람들에게 메시지를 전달하고자 할 때 필요한 것은 공짜 트위터,

블로그 계정이나 CNN 아이리포트(CNN iReport)에 보고서를 제출하는 것이다. 인터넷은 중개업자를 없애고 스마트폰을 가진 모든 사람들을 중개자로 만들었다. 이것은 탈중개화(disintermediation)라고 부른다. 사람들은 정보를 만든 사람들과 직접적으로 연계될 수 있다. 매체 채널 중개자의 중요성을 줄어들었다.

테러리스트는 이 사실을 이해하고 있으며 그들의 역량은 증가했다. 소셜 미디어, (공개적, 비공개)전자 게시판, 블로그, 전통적 웹사이트를 포함한 인터넷은 테러리스트의 메시지를 전파하는데 사용된다. 2010년 후반에 알 카에다는 인스파이어(Inspire)라고 부르는 온라인 잡지를 출간하기 시작했다. 이 잡지는 전세계의 외로운 늑대와 자발적으로 급진화한 지하디스트를 대상으로 하고 있다. 이 잡지는 훌륭한 미국식 영어 어휘로 쓰여져 있다. 이 잡지에는 폭탄, 무기 제조 및 전술 계획 방법과 전세계 성공적인 테러리스트와 극단주의자들의 영감을 주는 이야기들이 실려있다. 보스턴 마라톤 폭파범이 인스파이어 잡지에 실린 "어떻게 식당에서 폭탄을 제조하는가"라는 기억하기 쉬운 제목의 기사에서 배워 폭발물을 설치했다는 것은 널리 보도되어 왔다.

유튜브와 기타 소셜 미디어 영상 사이트는 영상 카메라나 스마트폰이 있는 테러리스트들의 세계적 무대가 되고 있다. 극단주의자와 테러리스트들은 이러한 서비스를 서양에 반대하는 험담이나 증오를 설교하기 위한 설교단으로 이용하고 있다. 우리가 이를 막기 위해 할 수 있는 일은 거의 없다. TV 방송국이나 뉴스데스크만이 테러리스트의 영상 메시지를 보여줄 수 있는 시대는 지났다. 이제 모집하거나 활동하는 영상이 온라인으로 쉽게 게재될 수 있다. 모든 비용은 광고주가 지불한다.

우리는 인터넷을 주로 종교적, 이슬람 테러리스트들과 연계했지만, 단순히 그들이 오늘날 활동적인 테러리스트들 중 우세한 부류이기 때문일 수 있다. 이 현상은 줄어들지 않을 것이다. 즉 우리는 지금부터 극단주의자들이 기술을 사용하는 것을 볼 것이라 예상해야 한다.

단체간 의존

매체와 테러리스트 간의 관계는 불가피하게 서로 연관되어 있다. 매체와 테러리스트 둘 다 서로의 목표를 진척시키기 위하여 서로가 필요하다. 테러 단체는 사건이나 대의명분의 노출을 높이기 위하여 매체가 필요하며, 매체는 목적인 정보를 제공하는 것이기 때문에 이 필요에 응답할 것이다. 매체 없이도 테러리즘은 존재할 것이지만, 정치적 폭력 행위를 무시하는 일은 해결책이 아니다. 매체는 현재 발생하는 일에 대한 정보를 제공해야 할 임무가 있다. 이상적으로 이 임무는 편향적인 방식으로 수행된다.

매체와 테러 단체는 서로를 이용하지만, 서로를 비난하거나 서로를 강력히 지지해주는 일은 없다. 매체는 소비자에게 제공할 수 있는 정보를 발견하기 위하여 스스로를 더 많이 위험한 상황에 노출시킨다. 이에 대한 적절한 예는 이스라엘 이중 국적이 있던 미국인 리포터 다니엘 펄(Daniel Pearl)이다. 그는 월 스트리트 저널(Wall Street Journal)을 위해 일하고 있었다. 2002년 펄은 리차드 레이드(Richard Reid) ("신발 폭파범")가 시도한 테러 공격과 알 카에다 사이에 연관 관계를 밝히기 위해 파키스탄으로 갔다. 파키스탄에 있을 당시 펄은 테러 단체에 납치당했고 몸값과 모든 미국에 있는 파키스탄 테러 죄수들을 풀어주고, F-16 전투기를 파키스탄에 지속적으로 수송하는 것을 대가로 요구 받았다. 펄을 납치한 사람들은 납치 기간 동안 그가 신문을 쥐고 총을 머리로 겨눈 사진을 방송했다. 몸값 요구는 충족되지 않았으며 9일째 되던 날 펄은 참수되었고 그 영상은 납치한 자들이 공개했다.

이 악명 높은 사건은 어떠한 조직이든 폭력적인 극단주의자를 대처할 때 겪는 미약하고 위험한 관계를 더 자세히 보여주며, 매체도 예외는 아니다.

주요 용어

- 연관된 사건
- 영향
- 의미론
- 1%원칙
- 매체 편향
- 비전문가(Armchair Generals)
- 부정성 편향
- 부드러운 뉴스(soft news)
- 위협 평가
- 공항
- 가능성

토론 주제

1. 매체가 테러리즘 행위를 보도할 때 무엇을 고려해야 하는가?

2. 매체의 의견 제시(spin)의 목적, 이득은 무엇인가?

3. 매체의 보도가 줄어드는 것이 테러 단체에 영향을 미치는가? 보도가 늘어나는 때는 어떠한가?

CHAPTER 09

테러리즘 종식

9장

테러리즘 종식

어떻게 테러리즘은 존재하게 되었는지, 무슨 형태인지, 테러리스트가 사용하는 무기와 전술은 무엇인지에 대해 설명하는데 이 책의 대부분을 할애했다. 그러면 우리가 어떻게 테러리즘을 막을까? 간단하게 대답하자면, 우리는 못 막는다. 우리는 위협을 경감하거나 피해를 줄일 수는 있지만 테러리즘이 발생하는 것을 예방하지는 못한다. 이것은 불가능한 지시이다.

하지만 우리는 수십억 달러를 매년 안보, 법 집행, 정보부 작전, 군 작전에 소비한다. 우리가 테러리즘을 막을 수 없다면, 왜 우리가 돈을 "낭비하고" 있는가? 냉소적인 사람(이거나 음모 이론가)은 미국의 산군복합체와 정치인이 계속된 대테러 지출의 원인이라고 지목할 것이다. 사실 가장 간단한 대답이 가장 개연성 있다. 바로 정부가 시민을 보호할 의무가 있다는 것이다. 대테러 정책이나 프로그램이 불완전함에도 불구하고 정부는 계속해서 이러한 프로그램이 시민을 대상으로 한 테러 위협에 긍정적인 영향을 미칠 것이라는 희망에서 자본을 소비할 것이다.

얼마나 많은 돈인가?

9/11 사건 이후로 미국이 대테러에 사용한 돈의 양은 정확히 계산하기 어렵다. 이 액수는 우리가 아프가니스탄과 이라크 전쟁의 비용을 포함하는 지에 따라 달라진다. 싱크 탱크나 정부 감시 단체는 이 액수를 국내에서는 3천 5백억에서 4천 5백억 달러로 예상하며, 해외 전투 작전에서는 2조 5천억 달러가 넘을 것이라 예측한다.

문제는 우리가 이 돈으로 무엇을 얻었는지 알지 못하다는 것이다. 9/11 사건의 범위와 규모의 테러 사건이 더 발생하지는 않았지만, 우리가 명확히 이 성공을 지출이 관련 있다고 할 수 있을까?

국토 안보와 테러 대응에 사용되는 비용이 줄기 시작했다. 도심 지역 안보 이니셔티브(UASI: Urban Areas Security Initiative)는 대도시 지역이 테러 공격에 대응하여 계획, 조직, 장비를 갖추기, 교육하는 능력을 증강시키기 위한 연방 보조금 프로그램이다. 2013 회계 연도에 이 프로그램은 5억 8천 8백만 달러가 가용자금으로 있었다. 이 자금은 25개의 고밀도 고위협 도심 지역에 분배되었다. 2008 재정 연도에 60개 도심 지역에 7억 8천 1백만 달러가 지급되었고, 2011 재정연도에는 31개의 도심 지역에 6억 6천 2백만 달러로 지급되었는데 계속 지급 액수가 줄고 있다. (미국연방비상관리국 FEMA, 2013) 도심 지역 안보 이니셔티브(UASI) 보조금 관련 의회 보고서는 최근 상당히 "미심쩍은" 지출을 발견했다. 톰 코번(Tom Coburn) 상원의원은 2012년 국토안보부 보조금 지출에 대한 상세한 보고서를 제출했다. 보고서에서 톰 코번은 국토안보부가 소도시 지역의 장갑차 구매 및 기타 유사한 장비 구매에 재정 지출을 한 것을 비판했다. 9/11 사건 이후 이런 종류의 구매가 쉽게 정당화되었지만, 재정적 상황을 보면 국토안보부의 지출에 새로운 관점이 필요하다.

장비 구매와 기타 구매에 보조금을 지원하는 것은 미국이 테러리즘을 예방하거나 "막기" 위하여 하는 것들 중 일부에 불과하다. 여러분 모두 일부 대테러 정책을 경험해봤을 것이다. 일부 정책은 효과적이었을 수 있다. 9/11 사건 이후에 대중들의 요구는 그와 같은 사건이 재발하지 않는 것이었다. 그 기만적일정도로 단순한 정서는 12년 이상 미국의 외교 및 국내 정책에 영향을 주었다.

정책과 법

현대 대테러 시대에 (9/11사건 이후) 미국은 테러와의 정책을 인가하고 통제하는 정책과 법률을 고안해왔다. 이러한 법과 법률들로 정부가 국내외의 다양한 차원에서 테러 단체와 지지자들을 조사, 구속, 체포, 공격할 수 있게 되었다.

이 책을 저술하던 당시, 미국 의회는 테러리즘과 관련된 68개의 법안 통과를 고려하거나 이미 통과시켰다. 이 법안 대부분은 의회 표결에 부쳐지지 않거나 통과되지 않을 것이다. 게다가 많은 법안은 일부분만 테러리즘에 관련되어 있다. 즉, 미국 의회는 단일 법안에 다양한 주제와 조항을 끼워 넣음으로써 파문을 일으키고 싶어한다. 예를 들어 S.645 법안은 상원에 제출되었으며 이 법안은 "이민자 보호에 미국의 역사적인 헌신을 재확인" 하기 위한 것이다. (113회 회의, 2013)

미국 의회와 관련된 이러한 복잡성에도 불구하고 모든 연방 대테러 조치는 의회 승인과 감독이 필요하다. 국토안보부, 연방수사국, 국방부와 같은 기존 기관과 프로그램이라도 의회에서 오는 연간 예산 지원이 필요하다.

지출 법안

의회가 재정을 관리한다는 것이 미국 정부에서는 기본적인 개념이다. 미국 대통령이나 기타 행정 부서를 포함한 다른 어떠한 연방 독립체도 예산을 책정(소비)할 수 없다. 이는 의회가 정책을 세우는 데 **지출 법안**(appropriations bills)이라는 강력한 도구를 준다. 이 법안은 정부가 특정 프로그램에 특정 기간 동안 (보통 1년) 특정한 액수의 돈을 지출하는 것을 허가해준다. 의회가 법안을 내기 때문에 자금의 할당이나 인가를 통해 정책 우선 순위를 부여할 수 있고 심지어 기존 정책의 적용 여부도 통제할 수 있다.

매년 의회는 대통령이 서명하고 법이 되는 연간 예산안(해당 년도 주요 지출 법안)을 통과해야한다. 의회와 대통령이 예산안에 동의할 수 없거나 세울 수 없을 때, **예산 결속 결의안**(CR: continuing resolution)이 통과되어 일시적으로 현재 지출 수준으로 연방 정부의 자금을 지원해줄 수 있다. 게다가 의회는 특별 용도와 목적으로 추가 세출안을 통과할 수 있다. 이러한 법안들은 재난 구조나 군사 작전 지원에 쓰일 수 있다. 이것은 정치적으로 복잡한 이야기가 아니기 때문에 이에 대한 상세한 사항은 다루지 않겠다. 세출안과 관련하여 연방 정부가 상당히 많은 정책을 세우기 때문에, 테러리즘과 대테러 관점에서 이 개념들을 이해하는 것은 중요하다.

예를 들어 보겠다. 오바마 대통령이 2007년 대선 선거 운동을 시작했을 때, 오바마 대통령은 쿠바에 있는 관타나모 베이(Guantanamo Bay)의 해군 포로 수용소를 폐쇄하겠다는 공약을 세웠다. 또한 2009년 대통령 당선이 된지 첫 날에 그렇게 할 의사를 재천명했다. 이 책을 쓰고 있는 지금도 "기트모(Gitmo: 관타나모 미 해군기지에 있는 수용소)"는 운영되고 있으며 160명 이상의 포로를 수용하고 있다. 왜 그럴까? 많은 이유가 있지만, 가장 큰 이유는 이것이다. 투옥된 포로들을 어떻게 해야할 지 방침이 없기 때문이다.

2013 통합 및 지속 세출법(Consolidated and Further Continuing Appropriations) HR.933 530 조항 타이틀 V는 연방 자금으로 관타나모 베이의 현재 미국의 포로 수감자들을 지원하는 것을 금하고 있다. 미국 교도소의 지원을 금지하는 연방법은 없지만 자금 지원 없이 포로들은 수용되어야 한다. 이것이 세출안을 통한 정책 입안이다.

일반법 107-40: 군사력 사용 허가

2001년 9월 18일 미국 의회는 9월 11일 테러 공격을 "계획, 허가, 자행 혹은 도운"것으로 밝혀진 "국가, 기관, 사람들"을 대상으로 군사력을 사용하는 것을 허가하는 공동 결의안을 통과했다. 약 13년 후, 이 **군사력 이용 허가권** (AUMF: Authorization for the Use of Military Force)은 여전히 효력이 있으며 그 범위는 상당히 증가했다. 미국이 알 카에다와 그 지원 세력을 공격하기 위한 인가하기 위해 만들어진 결의안은 아프가니스탄 침공 및 이라크 전쟁과 기타 많은 지역에서의 계속되는 무인 공격의 기반이 되었다.

"국가, 기관, 사람들"이라는 말은 시간이 지나 미국을 대상으로 한 테러 의도에 가담된 누구나 포함되는 것으로 해석되었으며 군사력 사용 대상은 9/11 사건 당시 7, 8세에 불과한 사람들도 포함되었다. 9/11 사건을 돕고 실행하였다는 정의를 당시 초등학생이었던 사람까지 확장하는 것은 곤란한 일이다.

군사력 이용 허가권(AUMF)은 국내외적으로 정치적 논란이 되었다. 2010년 9월, 바바라 리(Barbara Lee) 캘리포니아 출신 민주당원은 군사력 이용 허가권(AUMF)을 폐지하는 H.R. 6282 법안을 제출했다. 이 법안은 전체 의원이 참여한 국회 투표를 거치지 못했고 위원회에서 무산되었다. 리 하원의원은 H.R.2859로 법안을 다시 제출하였고 조치없이 다시 또 무산되었다. 2013년 1월 H.R.198로 다시 제출되었지만 통과되지 않았다. 이 법안들은 미국 내에서 군사력 이용 허가권(AUMF)을 폐지하려는 정치적 욕구를 보여준다. 하지만 단순한 현실은 허가 없이는, 아프가니스탄에서 계속되는 작전을 포함하여 대부분의 해외 군사 대테러 활동은 인가되지 못하고 불법이며 중단되어야 할 것이다. 아프가니스탄의 개입과 계속된 타국 무인기 공격에 대한 반대에도 불구하고 이 프로그램은 대테러 방벽 1선으로 12년 동안 인지되어오고 있다. 즉, 군사력 이용 허가권(AUMF)을 통해 미국은 해외 테러 단체가 미국에 진입하기 전에 격퇴하는 방법을 가지게 된다. 그래서 미국이 직접적인 대테러 작전을 허가하는 더 정교하게 조정된 방법을 원하고 필요하지만, 대체안이 법으로 통과될 때까지 기존 허가 법안을 폐지할 수 없다.

미국 애국법

9/11 사건이 벌어진 주에 미국 의회는 미국의 대테러 역량을 강화하기 위하여 미국 애국법(USA Patriot Act) 초안을 작성하고 통과시켰다. 당연히 그 법안 명은 앞 글자를 딴 약어였다. 전체 법안 명은 테러리즘 차단 및 방해를 위한 적절한 도구 제공을 통한 미국 통합 및 강화 (Uniting and Strengthening America by Providing Appropriate Tools Required to Intercept and Obstruct Terrorism)이다. 법안 명이 이렇게 길지만 약칭은 잘 쓰이지 않고 애국법(PATRIOT ACT)으로 간단히 불린다.

이 법안은 9/11 사건을 예방하지 못한 미국 법 집행 및 정보 기관의 인지된 결함들을 직접적으로 대응하고자 세워졌다. 애국법은 양당의 지지를 받고 상원에서 98대 1로, 하원에서 357대 66표의 차이로 통과했다. 조지 부시(George W. Bush) 대통령은 법안 상정에 서명하였고, 시민 단체들은 즉시 이 법이 미국 시민의 사생활과 자유를 어떻게 침해하는 지에 대해 이야기하기 시작했다. 사실 정부는 애국법을 테러리즘 조사 외에 시민들을 감시하기 위해 사용한다는 주장이 그중 가장 강력하게 제기되고 있다. 왜 이러한 주장이 나오는 것일까?

애국법 조항과 관련하여 가장 많이 제기되는 주장은 판매 정보를 포함한 사기업 정보, 은행 정보 및 도서관 정보에 대한 접근성을 새로 부여한다는 것이다. 정부가 시민들의 도서관 대출 기록을 열람할 수 있다는 것은 시민의 자유나 안보인가에 대한 논쟁의 중심 주제이다. 사실은 훨씬 덜 위협적이다. 애국법의 핵심은 수사관들이 테러리스트가 자신이 조사되고 있다는 사실을 인지하기 전에 테러리스트를 적발하는 능력을 주기 위해 고안되었다. 이 기밀성으로 향후 테러리스트가 될 수 있는 사람들이 조사를 방해하고 그로 인한 더 심각한 테러리스트나 테러 단체의 위협이 생기지 못하도록 증거를 없애는 것을 방지할 수 있다.

어떤 사람이 사기나 돈 세탁 혐의가 있을 때 연방 법 집행 기관은 회사 기록과 은행 계좌 정보를 조사할 것이다. 간단하게 조사하기 위하여 검찰관은 기소하기에 충분한 증거가 있는지 판단하는 시민으로 구성된 대배심을 소집한다. 배심원은 그 소집 기간 동안 수십 개의 사건을 심리할 수 있으며 소환장을 발행할 수 있는 권한이 있다. 소환장은 개인이 증언을 하기 위해 법원에 출두하라는 서류이다. 이러한 소환장은 특정 서류나 기록을 가져오거나 만들도록 요구할 수도 있다. 간단히 말해서, 검찰이 사기 혐의로 형사 사건을 기소할 때, 이미 개인이나 단체에 기업 정보, 은행 입출금 내역서, 도서관 기록 제출을 강제할 수 있다. 그러나 검찰이 소환장을 발행할 수 있는 권한이 없다는 것을 기억하는 것은 중요하다. 검찰은 배심원들에게 해당 정보가 관련 있으며 필요하다는 사실을 설득시켜야 한다. 대배심원들만 증언과 증거를 강제로 요구할 권한이 있다.

국가 보안 사례에서 배심원들은 조사와 기소를 하기 위한 적절한 수단이 아니다. 대배심 절차는 비밀리에 이루어지지만 복무 요청을 받은 일반 시민으로 구성되어 있다. 이 시민들은 비밀 정보 사용 허가권이 없으며 정부 조사나 작전에 관한 정보를 완전히 들을 수 없다. 그러므로 애국법 이전에 수사관이나 검찰이 테러리스트 용의자 관련 기업 정보를 얻기 위한 안전한 방법이 없었다. 애국법은 그 현실을 바꾸었다.

국가 보안 사례에서 수사관들은 대배심 절차를 생략하고 **해외정보감독법원** (FISC: Foreign Intelligence Surveillance Court)에 기업 정보 접근을 위한 소환장 신청서를 제출할 수 있다. 해외정보감독법원(FISC)은 기밀 정보 접근 권한이 있는 연방법원 판사들로 구성되어 있으며 1978년에 해외정보감독법(FISA: Foreign Intelligence Surveillance Act)의 일환으로 창설되었다. 해외정보감독법(FISA)은 연방 수사관들이 **국외 정보**(foreign intelligence information) 수집 목적으로 **해외 세력** (foreign power)의 시민이나 시설에 물리적 전자적 감시할 수 있는 권한을 주기 위해 고안되었다. 해외정보감독법(FISA)은 냉전 지지와 반대라는 "게임(game)"의 일부였으며, 분쟁이 20년 후 효과적으로 종결되기 전까지 광범위하게 사용되었다. 대상이 미국 내에서 활동하는 외국 스파이인 경우에 많은 해외정보감독법(FISA) 조사와 전자 감시가 영장없이 시행될 수 있었다. 해외정보감독법(FISA)은 미국 시민을 대상으로 영장 없는 감시를 허가하지는 않았다. 미국내의 해외 스파이 감시 작전은 위헌 법률 심사권이나 영장 없이 최대 1년간 시행할 수 있었다. 감시 대상에 국내 미국 시민이 포함되어야 한다면 해외정보감독법원(FISC) 판사로부터 감시가 시작된지 72시간 내에 영장이 발부 되어야 한다.

그래서…… 해외정보감독법(FISA)에서 해외 세력(foreign power)이란 무엇인가? 국외 정보란 무엇인가? 해외 세력은 (1978년에) 타국의 정부나 정부 조직이나 정부들, 해외 정부나 국제 테러 단체가 직접적으로 인정하거나 통제하는 기관이나 독립체로 규정되었다. 해외 정부의 조직이나 독립체가 다수의 미국 시민들로 구성되어 있을 수 없으며, 국제 테러 단체는 미국 외에서 활동하는 단체로 규정되었다. 국외 정보는 실제로 발생하거나 향후 발생 가능성이 있는 공격, 방해 행위 혹은 국제 테러에서 보호하기 위하여 미국이 필요한 정보로 정의된다. 1978

년 이러한 정의는 주요 테러 공격의 가능성을 염두 하지 않고 직접적인 국가의 지원이나 통제 없이 미국에서 세워졌다. 우리가 여러 나라와 지역에서 활동하며 해외 세력의 통제나 지지없이 독립적인, 유능하고 완강한 적들을 마주하는 새로운 테러리즘의 시대로 접어들면서, 방어를 위한 우리의 법적 체계가 시대에 뒤쳐져 있었다.

애국법으로 효과적으로 해외정보감독법(FISA)을 수정하였고 미국 내의 테러리스트와 용의자들을 승인된 감시 대상 목록에 추가하였다. 애국법은 이러한 행위자들이 직접적인 국가 후원이 없을 수도 있으며 외국 세력으로부터 통제 받지 않을 수 있다는 것을 인정했다. 해외정보감독법원(FISC)은 배심원들이 소환장으로 할 수 있는 것처럼 같은 종류의 기록을 입수하기 위하여 명령을 내릴 수 있다. 하지만 다른 점은 기밀 정보나 민감한 정보를 시민으로 구성된 대배심원단에 유출하지 않아도 된다는 점이다. 게다가 해외정보감독법(FISA)에 처음 규정된 승인된 감시 대상 목록을 확대함으로써, 애국법은 수사관들에게 테러 용의자가 미국 내에 있고 미국 시민이 아닐 경우, 영장 없는 감시를 할 수 있도록 하였다.

애국법은 법 집행 기관이나 기타 수사 기관에 테러 용의자에 대한 감시 정보나 기록을 수집할 수 있는 능력을 부여했었다. 하지만 실제로 권한을 상당히 확대한 것이 아니다. 단지 절차를 간소화하고 정부가 일부 활동을 비밀리에 할 수 있도록 허가한 것이다. 이 기밀성만으로 일부 미국인들은 우려할 수 있으며, 우려하는게 당연하다. 하지만 반론은 간단하다. 바로 우리가 더 많이 정부 활동을 알수록, 우리의 적도 더 많이 알게 되며 이것은 좋은 일이 아니라는 점이다. 한 가지 확실한 것은 이에 대한 논의는 향후에 계속될 것이라는 점이다.

애국법의 그 외 기능은 무엇인가? 감시 활동의 확장과 수정 이외에도 애국법은 조사관과 기관이 정보를 더 잘 공유할 수 있도록 해준다. 애국법 이전에는 FBI가 형사 사건을 조사하는 동안 수집된 정보는 국가 보안이나 테러 사건을 조사하는 FBI 요원들이 이용할 수 없었다. 두 가지 유형의 FBI 사건들 (형사 및 국가 보안) 사이의 "벽(wall)"은 법과 정책의 행정적 해석을 통해 만들어졌다. 즉 정보 공유에 분명한 금지가 없었다. 그 관행은 국가 보안 관련 사건에서 수집된 증거와 정보와는 달리, 형사 사건 조사 동안 모든 수집된 정보는 법원에 제출될 준비가 되어야한다는 사실에서 기인했다. 이러한 상이한 기준으로 정보가 섞이게 되면 사건 입증이 불가능할 수도 있다는 두려움을 낳았다. 사기죄와 돈세탁 사건을 조사하는 조사관들이 가지고 있던 정보에 미국의 19명의 납치범 정보가 있었기 때문에, 이 벽은 9/11 사건에 직접적인 영향을 주었다. 당시 형사 사건 조사가에게 공유되었다면 9/11 사건을 예방할 수 있는 "명백한" 증거는 없었지만, 정보 분석 기술은 미래 상황 예측을 위해 현재 벌어지고 있는 상황을 분석하려면 가능한 많은 정보가 필요하다. 마지막 구절이 복잡하게 들린다면 실제 과제를 완수하기 위해 노력하는 것에 비교하면 그 구절은 아무것도 아니다.

인권 운동가들과 매체가 애국법으로 부여된 확장된 감시 권한에 대해 이야기했지만, 매우 소수만이 …… 가장 중요한! 법에 있는 정보 공유 권한에 대해 다루었다. 감시 규정은 중요하며 효과적이지만 (진정한 사생활 침해가 아니다) 테러 작전과 미국과 관련된 정보에 완전한 이해 없이는 쓸모 없다. 국가적 논의가 무엇이 중요한 가가 아닌 공포로 좌지우지되고 있었다.

제재

2002년에 부시 대통령은 "악의 축(Axis of Evil)"을 이라크, 이란, 북한으로 규정했다. 부시 대통령은 이 나라들이 국제 테러를 지원 및 조장하고 대량 살상 무기를 생산 및 이용하기 위한 역량을 구축하려는 것에 대해 비판했다. 그 다음 해에 부시 행정부는 사담 후세인(Saddam Hussein)체제의 미국에 대한 위협을 제거하기 위하여 이라크를 침공했다. (그 직후 이라크의 위협은 거짓인 것이 드러났다)

이란 제재

미국은 1987년 이래로 이란의 경제적 제재를 지원해왔다. 그 당시, 로널드 레이건(Ronald Reagan) 미국 대통령은 페르시아 만(Persian Gulf)의 중립국 선박에 테러와 폭력적인 행위를 지원하는 것을 이유로, 석유를 포함한 모든 이란 재화나 서비스가 미국에 수입되는 것을 금지했다. 1995년, 클린턴(Clinton) 대통령은 미국 회사의 이란 석유 탐사와 개발을 금지하면서 제재를 강화했다.

그러나 이 제재들은 이란 대미 외교를 포함한 외교 정책에 거의 영향을 끼치지 않았다. 모든 경제 제재는 지배 엘리트층이 아닌 중, 저소득층이 그 영향을 체감한다. 이로 인해 서민층이 갖는 국가 제재에 관한 반감이 커진다. 바로 이것이 이란에서 벌어지고 있는 일이다. 경제적 영향을 전국 국민들이 느끼면서, 대미 관계 발전에 대한 대중들의 지지가 약해졌다. 국내에서 정책 변화를 요구하는 압력 없이는 (모두 효과적일 것이라는 의미는 아니다) 목표 국가가 변화하게 하는 동기가 적다.

미국이 이란 석유 수입을 금지하였지만 다른 나라들은 따르고 있지 않다. 유럽과 아시아에서 구매하려는 사람들이 있기 때문에, 이란 석유 산업은 미국 조치로 인해 심각한 피해를 입게 되지 않았다.

– 2008년 이란은 핵개발 프로그램을 재개했다. 공공연하게 이 연구는 전기 생산을 위한 핵원자로 건설을 하기 위함이라고 밝혔지만 대부분의 나라는 이 핵 확산 조치를 반대했다. 2008년과 2009년, 돈의 출처와 도착지가 이란 기관이 아니더라도, 미국 은행에 이란과 연계된 어떠한 은행과도 거래를 금하는 수정된 미국 제재가 시행되었다. 주로 음식과 러그와 관련된 수입 제재에 관한 모든 예외 조항은 취소가 되었으며, 이 모든 노력은 이란이 핵무기 프로그램을 포기하도록 하기 위한 것이었다.

미국 제재에도 불구하고 이란은 계속해서 돈을 기부하거나 물자를 보내고 헤즈볼라(Hezbollah)나 하마스(Hamas)에서 교육을 통하여 레바논(Lebanon)과 팔레스타인(Palestine)의 국제 테러를 계속 지원하였다. (그리고 여전히 지원하고 있다) 또한 미국 제재들은 원치 않는 적대적 외국 조치들을 통제하는데 효과적이지 않았다.
이란 정부가 핵연구를 중단하고 헤즈볼라와 하마스를 지원하는 것을 멈추게 하기 위해, 2012년 유럽 연합(European Union)은 (마침내) 이란 석유 금수 조치에 참여했다. 이것을 저술하고 있던 당시, 남은 시장(주로 중국, 러시아, 다른 아시아 국가들)이 일반적으로 유럽에 판매되었던 남은 석유에 대한 수요가 없기 때문에, 이 조치로 인하여 연간 이란 석유 수입은 40% 이상 줄어들었다. 이번에는 제재가 이란에 타격을 입혔다. 그러나 이란 정부와 국민들은 핵프로그램을 국방 문제와 국민적 자부심으로 여기고 있으며, 국제 경제 압력으로 인해 핵 개발을 포기하려는 조짐을 보이고 있지는 않다.

2003년 이라크 침공과 같은 군사 작전 이전에 "불량(rogue)" 국가들의 부적절한 행동을 예방하기 위해 어떠한 선택을 해야 하는가? 어떻게 우리가 전세계 이라크와 이란 사람들이 테러를 지원하는 것을 방지할 수 있을까? 심각한 어휘와 군사 작전을 차치하고 유일하게 현실적인 선택 안은 "경제적 제재(economic sanctions)"이다. 제재는 다른 국가나 여러 국가에 의해 한 국가에 적용되는 국제적으로 인정되는 처벌이다. 제재는 대상이 되는 나라의 경제에 어려움을 가할 수 있으며, 처벌하거나 정책 합의나(/와) 협력을 강제하기 위해 고안되었다. 효과적이기 위해서 제재는 대상국의 경제에 상당한 영향력을 끼쳐야 하며 쉽게 우회할 수 있는 것이어서는 안된다. 예를 들어 에이블 국가(Country Able)가 테러리즘을 지원하고 베이커 국가(Country Baker)가 반대할 때, 베이커 국가는 에이블 국가의 제품 구매를 사실상 금지하는 수출입 금지 조치를 내릴 수 있다. 물론 베이커 국가가 에이블 국가의 중요한 교역국이며 에이블 국가의 제품에 다른 수출입 금수 조치가 없는 시장이 없을 경우에만 효과적이다. 만약 찰리(Charlie)국가와 데이비드(David) 국가가 에이블 국가와 교역하고 싶어하고 베이커 국가가 제재를 가했을 때도 에이블 국과 교역을 원한다면, 그 금지 조치는 효과적이지 않을 것이며 의도된 협력을 이끌어 내지 못할 것이다. 금지 조치가 경제적으로 효과가 있더라도 의도한 것을 성취할 것이라는 의미는 아니다.

팔레스타인 제재

팔레스타인 지역은 두 개의 지리적 지역으로 나뉜다. 이스라엘과 요르단 사이에 있는 예루살렘 동쪽 지역에 위치한 요르단 강 서안지구 (West Bank)와 지중해 연안을 따라 이스라엘 남서단 지역에 이집트 인근에 위치한 가자 지구(Gaza Strip)이다. 2006년 테러 조직이 만든 정당 하마스(Hamas)가 팔레스타인 의회 선거에서 과반수의 의석을 차지하여 정부를 구성하게 되었다. 분명히 이스라엘과 미국은 테러 조직이 팔레스타인에서 정부를 구성했다는 결과에 기뻐하지 않았다. (이것보다는 더 복잡한 이야기이지만 하던 이야기를 계속해보겠다...) 그래서 두 국가가 (그리고 유럽 연합과 대부분의 아랍국가들이) 경제 제재를 시행했고 가자 지구로 가는 모든 대외 원조를 중단하였다. 이 제재는 단순히 목표 국가와의 무역을 중단하는 것보다 더 강력했다. 팔레스타인 자치 정부(Palestine National Authority: PNA)는 정부 주요 수입으로 대외 원조에 의존하고 있었고 기본 정부 서비스가 이 구조를 통해 지원받고 있었다. 즉 외국 자본 유입 없이는 새 정부는 제 기능을 하지 못하는 것이다. 하마스 정부는 오래가지 못했다. 2006년 말과 2007년에 선거 전에 의회를 통제했던 팔레스타인 민족해방기구(Palestinian Liberation Organization: PLO)의 정당인 파타(Fatah)와 하마스 간의 설전이 총격전으로 비화되었다. 2007년 여름 가자 전쟁(Gaza War)

당시 하마스가 파타 대표의원과 지지자들을 가자 지역에서 내쫓았고 파타는 서안지구에 통제소를 건설했다.
2012년 양 당은 다시 논의를 시작하면서 연합 정부 건설을 하겠다고 발표했다. 가자 전쟁 이후에 파타의 지배를 받던 서안지구에서 일부 제재가 완화되었지만, 하마스 지배를 받던 가자 지구는 외부 세계와 단절되어 있었다. 만약에 양당이 새로운 팔레스타인 연합 정부를 건설한다면, 연합 정부는 이스라엘 문제를 신중히 다루어야 한다. 지난 6년간 하마스가 선전한 것 같은 강경한 입장을 보일 시 새로운 차원의 비난과 제재를 맞이하게 될 것이다.
미국과 다른 국가들이 어떻게 팔레스타인의 일부 지역을 (가자) 다른 지역보다 (서안 지구) 더 목표로 삼는 것인가? 이란과 다른 목표 국가들과는 달리 팔레스타인 자치 정부나 팔레스타인 지역에 미국의 전면 금수 조치가 없다. 미국 정부나 미국이나 다른 나라의 자선 단체의 대외 원조가 팔레스타인 수입의 큰 부분을 차지한다는 것을 유념해야 한다. 팔레스타인으로 유입되는 자금이나 재화의 흐름을 제어하기 위해 미국은 2001년 첫 제정된 미국 테러 제재 규정(U.S. Terrorism Sanction Regulations)을 적용하였다. 이 규정에 따르면, 미국 기업이나 단체가 팔레스타인 지역의 수십 개의 특정 기구와 자선 단체와 거래하거나 재정적인 도움을 주어서는 안된다. 미국무부(U.S. State Department)와 재무부(Department of the Treasury)가 돈 유입이 금지되고 허용되는 부분을 세부 관리하고, 이 금지 리스트를 마음대로 바꿀 수 있는 여력이 거의 없다.
팔레스타인 지역 문제는 하루 아침에 해결되지 않을 것이다. 우리는 지금 가자와 서안 지구가 통일 정부를 건설하고 이스라엘과 외교 관계를 재수립하려는 새로운 시대로 향하고 있다.

가장 유명한 미국 제재는 1963년 7월부터 시행된 쿠바 무역 금지 조치이다. 공식적인 명칭은 쿠바 자산 동결 규정(Cuban Assets Control Regulations)로 이 연방 법률은 쿠바 국가나 쿠파 회사의 제품이나 물자를 수입이나 수출하는 것뿐만 아니라 미국 시민이 쿠바로 여행 가거나 쿠바에서 오는 것을 금지한다. 쿠바 무역 제재는 사실상 약 60년간 시행되었으며 이 제재로 인해 어떠한 정치적 사회적 변화도 일어나지 않았다.

미국인이 쿠바에 출국이나 입국하는 것이 금지되었고 쿠바산 담배나 기타 재화를 구매할 수 없지만 이러한 제재는 전세계의 다른 나라들은 그렇지 않았다. 캐나다인들은 쿠바로 입국하여 재화를 구매할 수 있었고 멕시코인이나 독일인, 중국인 (거의 모든 국가들이) 모두 할 수 있었다. 미국은 어느 나라나 중요한 교역 상대국이며 쿠바와 밀접한 곳에 위치해 있지만, 미국의 금수 조치는 쿠바 국내 정치나 정부에 영향을 줄만 큼 충분한 경제적 효과를 불러일으키지 못했다.

국내 및 지역 대테러 노력

현대 시대에 대테러 노력은 정부, 민간 부문, 그리고 평균적인 시민의 거의 모든 차원으로 이루어진다. 미국은 공공 정부와 지역 정부가 테러리즘을 막기 위한 노력을 기울이지 않았다는 것을 깨닫고, 이러한 인구와 기관을 포함시키기 위해 9/11 사건 이후에 수많은 노력이 이루어졌다.

공공 참여

현 테러리즘 시대에 전세계 시민들은 테러와 극단주의에 맞서는 노력을 하고 있다. 미국에서 테러리즘은 새로운 현상처럼 보이지만, 실제로 그렇지 않다. 미국인들은 상대적으로 국내의 테러 공격을 대처하는데 익숙하지 않다.

왜 대중들이 대테러에 가담해야 하는가? 두 가지 이유가 있다. 첫 번째로 대비와 예방 활동에 대중들을 참여하는 것은 초조함과 불확실함을 발산하는 배출 수단이다. 즉 사람들은 일정 정도의 통제력을 행사할 때 더 긍정적인 기분을 느낀다. 예를 들어, 미국 적십자(American Red Cross)는 사람들이 가족 의사소통 계획 및 한 공격 사건 이후에 향후 예상되는 일의 목록 등을 포함하여 테러 공격에 사람들을 대비시키는 단순한 방법을 제시하고 있다. 이러한 유형의 정보는 시민들이 공격 당시 일어날 수 있는 상황을 더 잘 이해하게 해준다. 대비 단계 방법이 이용된 적 없더라도 그러한 방법들이 안정감을 줄 수 있으며 불확실함에 대한 스트레스를 완화할 수 있다. (미국 적십자American Red Cross, 2013) 미국 심리 학회(American Psychological Association)는 테러 공격 이후 트라우마에 대처하는 방법을 시민들에게 제공한다. 이것은 시민들에게 테러 이후 일어나지 않을 상황에 대한 이해를 돕는다. (필즈Fields와 마골린Margolin, 2001)

사미 오스마크(Sami Osmakac)

2012년 1월 FBI가 플로리다주의 탬파(Tampa)에서 25세의 사미 오스마크를 체포했다. 그는 나이트클럽과 경찰서를 공격할 계획을 세우고 있었고, 폭발물과 무기를 구매하기 위하여 위장 근무 요원과 접촉하였다. 애초에 그가 어떻게 위장 근무 요원과 연락할 수 있었을까?
오스마크는 이전에 유고슬로비아(Yugoslavia)였던 곳에서 태어난 미국 시민이다. 그와 그의 가족은 이슬람교를 믿고 있었고 그는 지방 정부와 기독교에 대한 반대의 목소리를 강력히 표현했었다. 이러한 일들이 있기 전에 그는 유튜브에 자신의 의견을 담은 몇 개의 비디오를 올렸고, 지역 경찰관과 시민들과 몇 번의 말싸움을 하였다. 탬파를 공격할 계획을 세웠을 때, 그는 그 계획들을 다른 신도들에게 간접적으로 알렸고... 신도들은 FBI에 신고했다.
FBI는 조사를 착수하고 오스크마와 연락할 요원을 위장시켰다. 그가 요원에게서 우지 기관단 총(Uzi Sub- Machine Gun)인 AK-47과 폭발 장치를 구매하려고 했을 때까지 계획이 전개되었을 때 체포되었다. 이 일은 특이한 경우가 아니다. 지역 사회는 우리가 테러, 특히 이러한 단독 테러범 사건들에서 가장 잘 방어할 수 있는 곳이며, 이러한 지역 사회가 계속해서 테러 방지 노력을 보여주었다.

우리가 대중들을 대테러 작전에 참여시켜야 하는 두 번째 이유는 간단한데, 바로 정보때문이다. 대중들은 정보를 가지고 있으며 대테러 요원들은 그 정보가 필요하다. 이것이 "봤으면 신고하십시오(See Something, Say Something)" 캠페인의 근거이다. 이 캠페인은 테러 공격에서 우리를 보호하게 해주는 정보를 대중들이 보고하도록 격려한다. 실제 공동체 정보는 테러리즘을 포함한 모든 종류의 범죄와 위협을 퇴치하는데 효과적이다. 여러 공동체의 일반 시민의 수는 항상 미국의 법집행 공무원들의 수보다 많다. 일반 시민은 중요한 정보를 알게 되는 경우가 있으며 이 정보가 당국에 보고되었을 때 정보를 기반으로 잠재 테러 공격을 더 구체적으로 예상할 수 있다.

시민 개입은 쌍방향 통신으로 이루어진다. 대중들은 테러 위협에 대한 준비된 정보가 필요하고 정부는 공동체에 발생하는 상황에 대한 정보가 필요하다. 이 채널 둘다 효과적으로 작동되면 공동체와 대테러 노력은 더 잘 준비된다.

크라우드 소싱(Crowdsourcing) 테러 방지 대책

2013년 보스턴 마라톤 결승선에서 두 개의 폭탄이 터졌을 때 전세계가 보고 있었다. 여러 텔레비전 방송국은 카메라로 찍고 있었고 폭발이 다양한 각도와 좋은 위치에서 촬영되었다. 구경꾼들과 마라톤 팬들은 핸드폰으로 사진이나 영상을 찍고 있었고 주자들이 경기를 찍기 위해 비디오 카메라를 몸에 달고 있는 경우도 있었다. 결승선 근처의 소매점이나 숙박업소의 CCTV와 교통 감시 카메라들은 폭발 이전, 도중, 그 후의 영상을 충실히 녹화하고 있었다. 요컨대, 이 사건은 증거가 많았다.

보스턴 경찰과 FBI는 사건 발생 몇 시간 전에 촬영한 것이더라도, 그 지역의 사진과 영상을 찍은 사람들에게 분석을 위해 당국으로 제출해달라고 요청했다. 수사관들은 수천 개의 자료를 가능한 많은 사람들이 보이는 시간 순서대로 조합하고자 했다. 분명히 범인은 있었고 누군가 범인의 사진이나 영상을 촬영했을 것이라고 가정했다. 이것은 단지 시민들과 테러리스트를 구분하는 문제였다.

수사관이 이 과정을 시작하자 인터넷도 조사에 활용되었다. 전세계 사람들이 용의자를 찾기 위하여 게재된 사건 사진을 샅샅이 뒤졌다. FBI가 공개한 범죄 현장 사진에는 사제 폭탄을 담았었던 넝마가 된 검은 가방 잔해가 있었다. 즉시, 검은 가방을 든 사람의 사진이 전자 게시판, SNS에 넘쳐났다. 그리고 뉴욕의 한 신문은 앞면에 사진과 "이 사람들을 보셨나요?"라는 문구를 실었다. 이 모든 일은 FBI가 두 명의 진짜 용의자인 차르나예프 형제의 사진을 공개하기 전 날까지 일어났다.

사실상 이 사건은 크라우드 소싱 테러 방지 대책과 관련되었다. 대중들을 참여시키고 특정한 정보(사진이나 영상)를 요구하고 수사관은 이 많은 정보원을 활용하는 것이다.

테러 사건이 벌어진 지 3일이 지나서, CCTV와 구경꾼의 스냅 사진을 조합한 경찰은 두 명의 용의자 사진을 공개했지만 이름은 몰랐다. 하지만 실명을 확인하는 데에 시간이 오래 걸리지 않았다. 수십 명의 사람들이 그 형제가 누구인지 안다고 신고하였기 때문이다. 다시 말해, 이 도움 요청은 대중들의 손에 "무엇인가 하는" 힘을 부여하며 매우 효과적이었다. 그 형제의 신분은 확인이 되었고 결국 한 명은 사망했고 한 명은 시민들의 테러 방지 노력 덕분에 체포될 수 있었다.

유사 안보

테러리즘은 현대 사회의 위협이다. 그러면 얼마나 큰 위협인가? 여러분이 지출된 돈의 규모, 정부의 모든 차원에서의 대테러 작전의 정치적 강조 및 범위를 살펴본다면 테러리즘이 1년에 수십만 명의 사람들을 죽이거나 불구로 만들 것이라고 예상할 것이다. 그렇지는 않다. 2010년에서 2011년 사이에 전세계 약 25,000명의 사람들이 테러 공격으로 사망했다. 그중 32명만이 미국인이었으며 이 모든 미국인들은 국외에서 사망했다. 그에 비해 같은 시기 동안 약 300명의 미국인들이 가구나 텔레비전에 깔려 사망한 것으로 추정된다. 게다가 한 해에 약 23,000명의 미국인들이 술과 관련된 사고로 사망하며 18,000명의 미국인들이 매년 살해된다. 분명히 생명에 대한 위험은 테러리스트보다 위스키 제조장에서 기인한 위협이 더 크다. 테러리즘에 대한 비이성적인 공포는 많은 다양한 원인에서 기인하며 대부분의 공포는 심리적인 요인 때문이다. 그리고 우리의 엉성한 비교사항들을 너무 자세히 읽지는 말아주길 바란다. 그 비교들은 설명하기 위한 것이지 정치적인 내용이 아니다.

또한 테러리즘의 새로운 시대는 **유사 안보**(pseudo-security)의 시대로 불리기도 한다. 우리가 취하는 행동과 정책은 더 안전하게 "느끼게" 하지만, 우리의 안전이나 안보를 증강시켜주지는 않는다. 그것은 거짓 안보이며 우리가 "더 나은 기분을 느끼" 도록 사용된다. 즉 정부는 우리가 더 안전하게 느끼기 위하여 "무엇인가 한다"

이러한 예는 많다. 지방 정부 사무실이나 건물에 갈 때 우리는 서명하거나 신원 확인을 해야한다. 이 과정은 지위가 낮은 이사 보좌관이나 민간 경비원이 감독한다. 신원 증명서를 보여주거나 서명하는 것이 건물이나 그 건물의 사용자의 테러 공격을 막거나 예방하지는 않는다. 공항 터미널 앞에서 주차하거나 기다리는 것이 9/11 사건 이후 많은 관할권에서 주차 위반이 되었다. 공식적인 이유로는 이 조치는 자동차 폭탄을 가진 테러리스트를 저지하기 위함이다. 정말일까? 50달러 딱지의 위협이 테러리스트가 공항 앞에서 폭발물을 폭발시키는 것을 막거나 예방할까? 이러한 유형의 많은 정책들은 테러리즘의 위험이라는 이름 아래 실행되었지만 똑똑하지 않거나 계획을 가진 테러리스트를 가정하는 것이다. 정책 입안은 아이러니의 온상이다.

사회는 압도적인 테러리즘의 공포를 떨칠 필요가 있으며 우리가 우리를 더 안전하게 만들지 못하는 것들에 돈을 소비하고 있다는 것을 깨닫고 있다. (예를 들어 프론트 데스크에 임시 경비원이나 "주차 금지" 표지판이 있다.) 사실상, 테러리즘은 지방 교육 위원회가 경비원이 필요하다는 끊임없는 위협은 우리 적의 역량이나 협박을 부풀린다.

확대된 정보 수집

여러분이 중간 크기의 미국 마을에서 마약 밀매 혹은 장물아비나 차량 도둑 구속과 관련하여 무슨 일이 벌어지는지 알고 싶다면 어디에 연락하면 될까? FBI? 아니다. 지역 경찰서에 전화하면 된다. 지역 법 집행 기관은 누구보다 그 관할권 패턴, 추세 그리고 범죄에 대해 잘 알고 있다. 지난 10년 동안 지역 법 집행 기관 정보는 전체 국가 대테러 및 정보 수집 작전에 포함되기 시작했다. 테러리스트나 테러 기관이 지역 범죄를 이용하여 작전에 자금을 대고 있다면 그 정보를 수집하는 가장 좋은 방법은 지역 법 집행 기관을 통해서 얻는 것이다. 테러 단체와 함께 혹은 테러 단체를 지원하기 위한 마약 밀매가 벌어지고 있다면 지역 법 집행 기관 정보를 통해 이 사실을 가장 잘 알 수 있다.

지역 법 집행 기관 정보는 지역 수준에서 전국적이나 지역적 융합 센터(fusion centers)까지 공급된다. 이러한 융합 센터에서 분석가들은 범죄 행동 및 활동의 보고서와 패턴을 살피고 그것을 잠재적인 테러리즘이나 국가 안보 위협과 연계시킨다. 분석된 정보는 주 융합 센터에서 국가나 연방 수준의 기관이나 연방 융합 센터까지 위로 전달된다. 게다가 지역 당국에게 중요한 정보는 국가적 수준에서 지역 수준으로 융합 센터를 통해 아래로 전달된다.

테러 방지 및 폭력적인 극단주의 대응 (CVE: Countering Violent Extremism)

이 책을 통하여 테러리스트와 직접 싸우기 및 공격하는 것을 더 어렵게 만들기와 같은 대테러리즘에 대해 일부 내용을 다루어 보았다. 대부분의 정책과 직접적인 노력은 이에 해당한다. 그럼 테러리스트가 애초에 급진화 되는 것을 예방하는 노력은 어떠한가? 우리가 극단주의자가 우리를 공격하고 싶어하는 것을 예방할 수 있을까? 이러한 노력은 테러 방지(anti-terrorism)라는 항목에 속한다.

2011 대테러 작전을 위한 국가 전략(National Strategy for Counter-Terrorism)은 국내외 테러 방지를 위한 8가지 목표를 규정한다. 이 목록의 7번째 목표는 알카에다 이념 및 영향 대응 및 알 카에다가 이용하는 폭력의 특정 원인 줄이기이

다. 이 목표에서는 테러리스트가 처음부터 급진화하는 것을 예방 필요성이 인식되고 있다. 2장에서 다룬 것처럼 테러리스트들은 다양한 이유로 급진화하고 폭력의 길을 선택한다. 그 중 하나의 이유는 폭력과 그들의 대의명분은 정당하다는 것이다. 그들은 정당성의 관점을 다양한 수단으로 만들어내며, 우리는 이 관점을 폭력적인 메시지에서 회복할 수 있도록 해주는 장기적 정책과 프로그램으로 대응해야 한다. 그 전략 문서에는 다음과 같이 쓰여 있다.

"모든 종교적 문화적 전통에서 대다수의 사람들과 함께 우리는 알 카에다가 공개적으로 폭넓게 사람들에게 우리의 열망과 걱정거리와 상관 없는 것으로 거부되는 세상을 목표로 한다. 또한 우리는 알 카에다의 이념이 세계와 지역 사건의 인식을 만들거나 폭력을 조장하거나 어떤 조직이나 그 추종자를 모집하는 수단으로 사용되지 않는 세상을 목표로 한다. 이 목표를 달성하는 것은 장기간의 집중된 노력이 필요해 보이지만, 우리는 폭력을 저지를까 이미 망설이는 사람들이 알 카에다 이념을 포용하거나 폭력에 의지하는 것을 예방하기 위한 단기 문제를 해결하는데 총력을 기울여야 한다. 우리는 알 카에다 이념을 불명예스럽게 만들고 그 영향력을 줄이기 위하여 지역 및 전세계 협력 단체, 정부 내외 기관과 와 긴밀하게 협조할 것이다. 우리는 알 카에다는 무너뜨리고자 하지만 미국이 세우고자 하는 보편적인 인권을 위해 타국의 참여와 지원에 긍정적인 전망을 가질 것이다. 우리는 해외에 집중적인 대외 및 개발 원조를 할 것이다. 동시에 우리는 계속해서 지역 공동체를 지원, 참여, 연결시켜서 해외 및 국내에서 그들이 전체적인 회복력을 높일 수 있도록 할 것이다. 이러한 노력들은 알 카에다라는 이름으로 급진화, 폭력활동으로 세력 모집 및 동원하는 것을 막는 방어물을 강화시키고 향후 알 카에다가 이용하는 것으로 알고 있는 원인들을 특히 집중할 것이다. (백악관, 2011)"

현대 시대의 테러리스트는 인터넷을 사용하여 폭력이나 증오의 메시지를 퍼트린다. 웹은 폭력적인 극단주의의 온상과 모집 수단이 되었다. 2012년 안보 회의에서 성전, 테러리즘, 폭력을 조장하는 웹사이트가 17,000개 이상이라는 말도 나왔다. 미국은 20개 미만의 활발히 관리하는 기관들을 통해 이런 확산되는 메시지에 대응하고 있다. 이 비율은 끔찍할 정도이며 해결될 필요가 있다.

그러나 폭력적인 극단주의에 대응하는 (CVE) 노력은 정부에서 올 수 없다. 여러분이 모두 "정부에서 여러분들을 도와주기 위해 왔습니다"라는 우스갯소리를 한 번쯤 들어보았을 것이라 확신한다. 이 풍자는 100% 사실일 경우가 매우 드물다는 사실에서 유래되었다. 진짜로 해당될 때는 정부 노력은 종종 도움을 받는 사람들의 필요사항들을 충족시키지 못한다.

파키스탄, 아프가니스탄, 사우디아라비아, 이라크에 이러한 말을 적용해보자. 서양 국가 정부의 대표로써 이 지역의 21세 국민들에게 그가 미국이나 서양에 대해 들었던 것들에 대해 확신이 들게 하기 위해서는 얼마나 많은 신뢰가 필요한가? 어떻게 그 사람의 종교나 문화를 없애는 데에는 어떤가? 우리랑 싸우는 것이 테러리즘이다든가 잘못되었다고 설득할 때는 얼마나 필요한가? 그 잠재적 테러리스트가 여러분의 메시지를 신뢰할까? 그 사람이 서양 국가는 어떠한 것도 원하지 않는다고 믿을 것인가? 아니면 여러분의 노력이 거짓말과 술수라고 믿고 등을 돌릴 것인가?

유일하게 효과적 폭력적인 극단주의 대응 (CVE)방법은 정부가 아닌 그 공동체에서 나온다. 미국에서조차 그렇다. 테러리즘의 가장 큰 위협은 "자생적(homegrown)"테러리스트에 있으며 우리 공동체들이 이 위협에 가장 최상의 방어책이다. 청년 단체, 공동체 단체 및 종교 기관은 급진화에 대응한 일선 방어책을 꾸리고 있다. 많은 방식으로 폭력적인 극단주의 대응(CVE)은 해외보다 국내에서 더 수월하다. 미국에서 시민들은 정부를 향한 좌절이나 분노를 배출하는 수단을 가지고 있다. 선거는 자유롭게 이루어지며 의사 표현의 자유는 보장된다. 이러한 요소는 급진화와 폭력의 유혹을 최대한 줄여준다. 미국인들이 당연하게 여기는 자유가 보장되지 않고 빈곤이 만연하고 억압적이며 정부가 부패하고 무관심한 사회에서는 급진화가 활발하고 테러리즘이 널리 받아들여진다. 안타깝게도 서양의 가치와 문화는 전세계 가난한 지역 상황의 결과라고 판단되는 데 일부분 지역에서 사실이기도 하다. 서양은 음식, 문화, 영화, 음악, 패션, 차, 그 외 수많은 물자와 사회적 재화들을 수출한다. 하지만 이러한 사치품들은 어떤 사람들은 영원히 누릴 수 없는 것이며 일부 소수의 부유한 사람들만 누린다. 이러한 서양 물품과 가치를 얻지 못하는 무능력은 분노를 낳고 극단주의나 테러리즘에 의지하는 다른 길로 이끈다.

이러한 급진화에 대응하는 것은 궁극적으로 교육과 정보 제공이 필요하다. 이것은 공동체 기반 대테러 활동과 대단히 유사하다. 급진화는 외국 정부가 아닌 잠재 테러리스트의 공동체의 일원들에 의해 늦춰지거나 중지될 수 있다. 이것을 이해하고 격려하는 것은 전세계 정부들이 해야 하는 일이다.

주요 용어

- 테러 방지
- 해외정보감독법
- 지출 법안
- 해외정보감독법원
- 군사력 이용 허가권
- 해외 세력
- 계속되는 결의안
- 유사 안보
- 경제적 제재
- 미국 애국법
- 국외 정보

토론 주제

1. 정부가 국민에 의해 선출되거나 설득되지 않았을 시에, 제재가 테러리즘을 지원하는 국가에 가해져야 하는가?

2. 해외정보감독법(FISA)은 국내 테러리즘 대응을 위한 적절하고 합법적인 수단인가? 아니면 조사관이 더 전통적인 방법을 사용해야 하는가?

참고 문헌

Alderdice, J. (2009). Values, empathy, and fairness across social barriers. *Annals of the NY Academy of Sciences, 1167*, 158–173.

American Red Cross. (2013, January 1). *Terrorism preparedness*. Retrieved March 14, 2013, from American Red Cross: www.redcross.org/prepare/disaster/terrorism

Anderton, C. & Carter, J. (2006). On rational choice theory and the study of terrorism. *Defence and Peace Econmice, 16.4*, 275–282.

Annan, K. (2006). *Uniting against terrorism: Recommendations for a global*. New York: United Nations General Assembly.

Blanchard, M. (2007). *Al Qaeda: Statements and Evolving Ideology*. Congressional Reserch Service, Foreign Affairs, Defense, and Trade Division. Washington, DC: Report for Congress.

Bonante, L. (1979). Some unintended consequences of terrorism. *Journal of Peace Research, 16*, 197–213.

Bongar, B. M., Brown, L. M., Beutler, L.E., Breckenridge, J. N., & Zimbardo, P. G. (2007). *Psychology of terrorism*. New York: Oxford University Press.

Caplan, B. (2005). Terrorism: The relevance of the rational choice model. *Public Choice, 128*,91–107.

Chaliand, B. (2007). *The History of Terrorism from Antiquity to Al Qaeda*. Berkeley: University of California Press.

Coburn, Tom. Safety at any price: Assessing the impact of Homeland Security spending in U.S. cities. December 2012, Office of Senator Tom Coburn. Homeland Security and Governmental Affairs Committee.

Corte, L. (2007). Explaining terrorism: A psychosocial approach. *Perspectives on Terrorism, 1.2.*

Creshaw, M. (1981). The causes of terrorism. *Comparative Politics, 13.4*, 379–399.

Dannenbaum, T. (2011). Bombs, ballots, and coercion: The Madrid bombings, electoral politics, and terrorist strategy. *Security Studies, 20*, 303–349.

Davis, P. & Cragin, K. (Eds). (2009). *Social science of counterterrorism: Putting the pieces togther*. Santa Monica, CA: The RAND Corporation.

Ernst-Vintila, A., Delouvee, S., & Roland-Levy, C. (2011). Lay thinking about terrorism and the three-dimensional model of personal involvement: A social psychological analysis. *Journal of Risk Research, 14.3,* 297–324.

Federal Bureau of Investigation. (2012, December 11). *Alabama Men Arrested on Terrorism Charges*. Retrieved January 22, 2013, from Federal Bureau of Investigation: www.fbi.gov/mobile/press-releases/2012/alabama-men-arrested-on-terrorism-charges

Federal Emergency Management Agency. (2013, May 20). *FY 2013 Homeland Security Grant Program (HSGP)*. Retrieved May 25, 2013, from Federal Emergency Management Agency: www.fema.gov/fy-2013-homeland-security-grant-program-hsgp-0

Federation of American Scientists. (1998, May 1). *Trident II D-5 Fleet Ballistic Missile*. Retrieved February 5, 2013, from Federation of American Scientists: www.fas.org/nuke/guide/usa/slbm/d-5.htm

Fields, R. M. & Margolin, J. (2001, September 30). *Managing traumatic stress: Coping with terrorism*. Retrieved May 12, 2013, from American Psychological Association: www.apa.org/helpcenter/terrorism.aspx

Forst, B. (2009). *Terrorism, crime, and public policy*. Cambridge, England: Cambridge University Press.

Freedman, L. (2007). Terrorism as a strategy. *Government and Opposition*, *42.3*, 314–339.

Ganor, B. (2002). Defining terrorism: Is one man's terrorist another man's freedom fighter? (Routledge, Ed.) *Police Practice and Research, 3*(4), 287–304.

Jenkins, B. M. (2006). *The New Age of Terrorism. The McGraw-Hill Homeland Security Handbook*. Retrieved from www.rand.org/pubs/reprints/RP1215.

Kaleem, J. (2013, April 19). Boston bombing suspects' Muslim identity provides few clues to motivation for bombing. Retrieved May 2, 2013, from Huffington Post: www.huffingtonpost.com/2013/04/19/boston-bombing-suspects-muslim_n_3116299.html

Kamm, F. (2006). Terrorism and several moral distinctions. *Legal Theory, 12*, 19–69.

Kohut, A., Morin, R., & Keeters, S. (2007). What Americans know: 1989–2007, public knowledge of current affairs little changed by news and information revolutions. *The Pew Research Center for the People & the Press*, 2.

Krieger, T. & Meierrieks, D. (2011). What causes terrorism? *Public Choice, 147.1–2*. 3–27.

Kruglanski, A. & Fishman, S. (2007). The psychology of terrorism: "Syndrome" versus "tool" perspectives. *Terrorism and Political Violence, 18.2*, 193–215.

Kuznar, L. & Lutz, J. (2007). Risk sensitivity and terrorism. *Political Studies, 55*, 341–361.

Kydd, A. & Walter, B. (2006). The strategies of terrorism. *International Security, 31.1*, 49–80.

Laquer, W. (1999). *The New Terrorism*. Oxford University Press.

Lindell, M. K., Perry, R. W., Prater, C., & Nicholson, W. C. (2006). Fundamentals of emergency management. *FEMA*.

Loza, W. (2007). The psychology of extremism and terrorism: A Middle-Eastern perspective. *Aggression and Violent Behavior, 12*, 141–155

Lygre, R., Eid, J., Larsson, G., & Ranstop, M. (2011). Terrorism as a process: A critical review of Moghaddam's "Staircase Terrorism." *Scandinavian Journal of Psychology, 52*, 609–616.

Martin, G. (2013). *Understanding terrorism*. Thousand Oaks, CA: Sage.

Mazarr, M. (2004). The psychological sources of Islamic terrorism. *Policy Review, 125*, 39–60.

Moghaddam, F. (2005). The Staircase to Terrorism. *American Psychological Association, 60.2*, 161–169.

Office for Victims of Crime. (2000). *Responding to Terrorism Victims, Oklahoma City and Beyond*. U.S. Department of Justice. Washington, DC: U.S. Department of Justice.

Office of Foreign Assets Control. (2001). *Terrorism sanctions regulations, Title 31 Part 595 of the U.S. Code of Federal Regulations*. Washington, DC: U.S. Department of the Treasury.

Office of Foreign Assets Control. (2013, May 23). *Sanctions programs and country information*. Retrieved May 25, 2013, from U.S. Department fo the Treasury: www. treasury.gov/resource-center/sanctions/Programs/Pages/Programs.aspx

Post, J. (2010). When hatred is bred in the bone: The social psychology of terrorism. *Annals of the NY Academy of Sciences, 1208*, 15–23.

Public Broadasting Corporation. (2001, November 1). *Interviews with Biowarriors: Bill Patrick*. Retrieved February 2, 2013, from Nova Online: www.pbs.org/wgbh/nova/bioterror/biow_patrick.html

Pyszczynski, T., Rothschild, Z., & Abdollahi, A. (2008). Terrorism, violence, and hope for peace. *Current Direction in Psychological Science, 17.5*, 318–322

Reich, R. (1998). *Origins of terrorism: Psychologies, ideologies, theologies, states of mind.*

Washongton, DC: Woodrow Wilson Center Press.

S. 645–113th Congress: Refugee Protection Act of 2013. (2013). In www.GovTrack.us/Retrieved May 24, 2013, from www.govtrack.us/congress/bills/113/s645

Sageman, M. (2004). *Understanding terror networks*. Philadelphia: University of Pennsylvania Press.

Sandman, P. M & Lanard, J. (2003). *Risk communication recommendations for infectious disease outbreaks*. World Health Organization SARS Scientific Research Advisory Committee, Geneva, Switzerland.

Sandman, P. M & Lanard, J. (2011). It is rational to doubt Fukushima reports. *Nature 473*(7345), 31–31.

Sanger, D. E. (2012). *Confront and conceal: Obama's secret wars and surprising use of American power*. New York: Crown Publishers.

Schelling, T. (1966). The diplomacy of violence, arms and influence. New Haven: Yale University Press. At www.americaandtheworld.com/assets/media/pdfs/Schelling.pdf

Scheuer, J. (1990). Moral dimensions of terrorism. *Forum of World Affairs, 14*, 145–160.

Schmid, A. P. (1983). *Politecal terrorism: A research guide to concepts, theorise, data bases and Literature*. New Rrunswick, NJ: Transaction Publishers.

Schmid, A. P. & A. J. Jongman (2005). *Political Terrorism: A New Guide to Actors, Concepts, Data Bases, Thories and viterlature*. New Brunswick: Transaction Books.

Schmid, Gerhard. (2001). *REPORT on the existence of a global system for the interception of private and commercial communications (ECHELON interception system)*. Temporary Committee on the ECHELON interception System, European Parliament. Brussels, Belgium.

Schmitt, E., Schmidt, M. S., & Barry, E. (2013, April 20). *Inquiry Shifts to Suspect's Russian Trip*. Retrieved May 2, 2013, from The New York Times: www.nytimes.com/2013/02/21/us/boston-marathon-bombings.html?_r=0

Shughart, W. (2011). Terrorism in rational choice perspective. In C. Coyne & R. Mathers (Eds.), *Political economy of war* (pp. 126–153). Northampton, MA: Edward Elgar Publishing.

Smilansky, S. (2004). Terrorism, justification, and illusion. *Ethics, 114.4*, 790–805.

Tangel, A. & Powers, A. (2013, April 20). FBI: Boston suspect Tamerlan Tsarnaev followed 'radical

Islam'. Retrieved May 2, 2013, from Los Angeles Times: http://articles.latimes.com/2013/apr/20/nation/la-na-nn-boston-bombing-suspect-radical-fbi-20130420

Taylor, M. (2010). Is terrorism a group phenomenon? *Aggression and Violent Behavior, 15*, 211–129.

Terrorist Threats to the United States, Testimony Before the House (House Special Oversight Panel on Terrorism May 23, 2000).

The White House. (2011). *National strategy for counterterrorism, June 2011*. Washington, DC: The White House.

Tversky, A. & Kahneman, D. (1986). Rational choice and the framing of decisions. *Journal of Business*, S251–S278.

United Nations General Assembly GA/L/3433. (2012, October 8). Legal committee urges conclusion of draft comprehensive convention on international terrorism. *Sixty-seventh General Assembly, Sixth Committee, 1st & 2nd Meetings*. New York: UN Department of Public Information.

U.S. Census Bureau. (2007). *Death and death rates by selected causes*. Washington, DC: U.S. Census Bureau.

U.S. Department of Justice. (2001). *The USA PATRIOT ACT: Preserving life and liberty*. Washington, DC: U.S. Department of Justice.

U.S. Nuclear Regulatory Commission. (2003, October 1). Fact Sheet on Plutonium. Retrieved February 5, 2013, from U.S. Nuclear Regulatory Commission: www.nrc.gov/reading-rm/doc-collections/fact-sheets/plutonium.html

UShistory.org. (2012, December 19). *The Sons of Liberty*. Retrieved from www.ushistory.org/declaration/related/sons.htm

von Clausewitz, C.(1832/1984). *On war, indexed edition*. Princeton, New Jersey: Princeton University Press.

Walker, G. (2005, March 1). *The First Atomic Test*. Retrieved February 3, 2013, from Trinity Atomic Web Site: www.cddc.vt.edu/host/atomic/trinity/trinity1.htm

Wilkinson, P. (1974). Concepts of Terror and Terrorism. In P. Wilkinson, *Political Terrorism* (pp. 13–17). New York: John Wiley.

Wu, X. (2006, December 13). Kofi Annan's legacy on counterterroism. *Harvard Center for Public Leadership News*, pp. Op–Ed.

Zarakol, A. (2011). What makes terrorism modern? Terrorism, legitimacy, and the international system. *Review of International Studies, 37.5*, 2311–2336

107th Congress. (2001). Public LAW 107–40. United States Congress. Washington, D.C. Congressional Record.

역자 소개

역자 소개

조호대(趙皓旲)

- 동국대학교 경찰학 박사
- 현 순천향대학교 경찰행정학과 교수
- 전 세한(대불)대학교 경찰행정학과 교수
- 전 민간경비학회 회장
- 현 국가위기관리학회 부회장, 치안행정학회 부회장

조민상(趙敏相)

- 순천향대학교 경찰학 박사
- 현 백석대학교 경찰학부 교수
- 현 국가위기관리학회 연구위원회 이사

김동준(金鍊俊)

- 호서대학교 공학박사(소방방재전공)
- 순천향대학교 경찰학 박사수료
- 현 화재공학연구소 소장
- 현 한국화재정책학회 편집위원장